D1733905

Mannheimer Geschichtsblätter

remmagazin 15/2008

Herausgeber
Prof. Dr. Hermann Wiegand
Prof. Dr. Alfried Wieczorek
Dr. Petra Hesse-Mohr
PD Dr. Wilhelm Kreutz

rem-Highlights

rem-Aktuell

Personalia

Impressum

Vorwort der Herausgeber

Bunte Vielfalt kennzeichnet den neuen Halbjahresband der Mannheimer Geschichtsblätter mit rem-Magazin. In bewährter Qualität enthält er sowohl Beiträge zur Regionalgeschichte der Kurpfalz von ausgewiesenen Autoren als auch Arbeiten aus den Reiss-Engelhorn-Museen – meist im Zusammenhang mit laufenden Ausstellungen und Forschungsprojekten. Damit soll der Kreis möglicher Interessenten erweitert und die wissenschaftliche Arbeit wichtiger Kulturträger in der Stadt – nicht zuletzt auch für ein überregionales Publikum – umfassend dokumentiert werden. Auch das Stadtarchiv Mannheim – Institut für Stadtgeschichte – ist mit wichtigen Beiträgen vertreten: Zeichen enger Kooperationen der Institutionen in Mannheim, denen die Pflege historischen Erinnerns am Herzen liegt.

Die neu eingeführten Rubriken sollen rasche Orientierung ermöglichen. Sie werden auch in den künftigen Halbjahresbänden der Mannheimer Geschichtsblätter mit allfällig notwendig werdenden Modifikationen zu finden sein. Wir hoffen, damit einem möglichst breiten Interesse entgegenkommen zu können.

Der bisherige Schwerpunkt der Mannheimer Geschichtsblätter, die Geschichte Mannheims, der alten Kurpfalz und der Region, wird weiterhin als Schwerpunkt vom Altertumsverein (verantwortlich: PD Dr. Wilhelm Kreutz/Prof. Dr. Hermann Wiegand) betreut, in enger Kooperation mit Frau Dr. Hesse-Mohr und Frau Rückert von den rem. Beide Damen zeichnen zugleich verantwortlich für die wissenschaftlichen Beiträge aus der Arbeit der Museen sowie für das rem-Magazin, bei dem wir um Aktualität bemüht sein werden. Satz und Layout erarbeitete Sofia Wagner.

Die Herausgeber danken dem Redaktionsteam für ihre mühevolle und – wie wir meinen – gelungene und auch optisch ansprechende Arbeit herzlich und wünschen den Lesern viel Vergnügen!

Mannheim, im Juni 2008

Prof. Dr. Alfried Wieczorek   Prof. Dr. Hermann Wiegand
Dr. Petra Hesse-Mohr   PD Dr. Wilhelm Kreutz

Hans-Erhard Lessing

Delphine Ladenburg, Karl Gutzkow und die Draisens
Eine Mannheimer Begebenheit mit Folgen

Vier Lebenswege wurden in Mannheim schicksalhaft verknüpft, und es ist nicht eindeutig auszumachen, was mehr dazu verholfen hat, der Salon einer bezaubernden Frau, eben Delphine Ladenburg (1814–1882) aus besten Mannheimer Kreisen, oder die Entscheidung des Verlegers Zacharias Löwenthal alias Löning, sich einstweilen in Mannheim niederzulassen.

Arno Schmidt, der Sprachartist und Literaturhistoriker, hat in den 1960ern mit seinem Rundfunk-Essay „Der Ritter vom Geist"[1] eine veritable Renaissance des vergessenen jungdeutschen Schriftstellers Karl Gutzkow (1811–1878) angestoßen. Vom Buchversand Zweitausendeins wurden jüngst bibliophile Neuausgaben bereitgestellt, die Literaturhistoriker an Universitäten begannen die literaturwissenschaftliche Kommentierung und mit Mitteln der Deutschen Forschungsgemeinschaft auch die kommentierte digitale Gutzkow-Ausgabe[2], koordiniert von der University of Exeter (Prof. Martina Lauster, Prof. Gert Vonhoff). Auch Mannheim rückt als schicksalhafte Station in den Blickpunkt, aber nicht allein für Gutzkow. Denn damit eng verknüpft erweist sich der gesellschaftliche Niedergang des Zweiraderfinders Karl Drais (1785–1851)[3]. Gutzkows Rufmord 1837 an Drais erledigte den Demokraten vollends gesellschaftlich, doch begonnen hatte all dies schon 18 Jahre früher mit dem politischen Mord am Theaterautor Kotzebue durch den Burschenschafter Karl Sand und dem Todesurteil durch den Vater des Erfinders, Oberhofrichter Wilhelm Freiherr von Drais (1755–1830).

Delphine Picard, verheiratete Ladenburg

Außer dem mächtigen Grabmal für sie an der nördlichen Mauer des jüdischen Friedhofs erinnert nicht mehr viel an die am 2. Januar 1882 verstorbene Delphine Ladenburg in Mannheim (Abb.1). Ihr trauernder Gemahl, der jüdische Obergerichtsadvokat und kommunalpolitisch vielfach engagierte Dr. iur. Leopold Ladenburg (1809–1889) aus der Bankiersfamilie, fand sieben Jahre später darin die letzte Ruhe. Die am 24. April 1814 in Straßburg

Abb. 1
Delphine Picard wurde nach Erscheinen des Romans mit ihrem fünf Jahre älteren Onkel Leopold Ladenburg verheiratet,
Foto: privat
(Gemälde in Privatbesitz)

Delphine Ladenburg, Karl Gutzkow und die Draisens

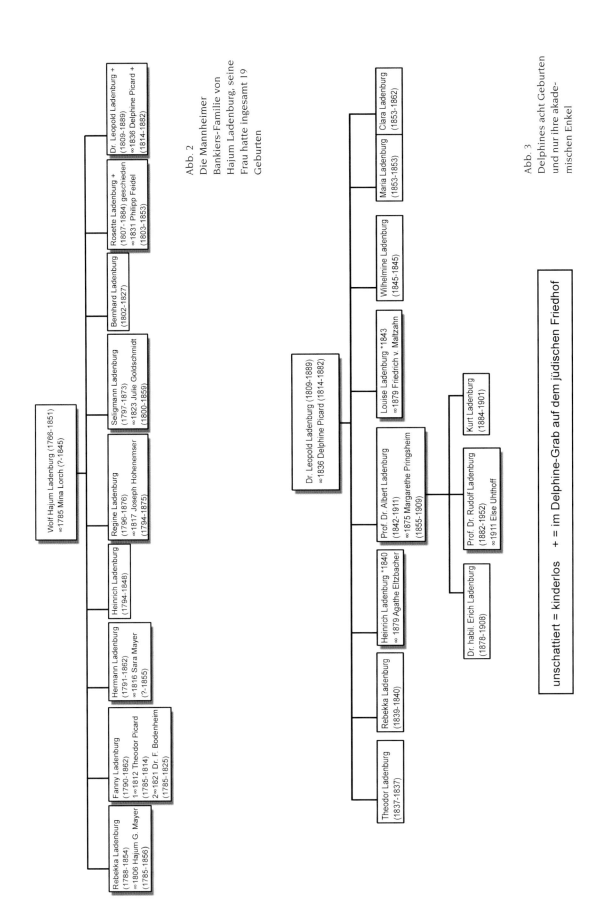

Abb. 2
Die Mannheimer
Bankiers-Familie von
Hajum Ladenburg, seine
Frau hatte ingesamt 19
Geburten

Abb. 3
Delphines acht Geburten
und nur ihre akade-
mischen Enkel

unschattiert = kinderlos   + = im Delphine-Grab auf dem jüdischen Friedhof

Hans-Erhard Lessing

geborene Delphine Picard kam selbst aus dieser Bankiersfamilie, denn ihre Mutter Fanny Picard war eine geborene Ladenburg und die ältere Schwester von Leopold Ladenburg gewesen, wie dem Buch „Alte Mannheimer Familien"[4] zu entnehmen ist (Abb. 2). Delphine Ladenburg wird dort als geistig hochstehende, feingebildete Frau geschildert. In ihrem Salon seien Gutzkow, Robert Schumann und die Gebrüder Lachner (Kapellmeister und Komponisten) verkehrt, und sie sei im alten Mannheim ein Mittelpunkt anregender Geselligkeit gewesen. An den sozialen Bestrebungen ihres Mannes und der Förderung des Bildungswesens habe sie lebhaften Anteil genommen. Auch Clara Schumann pflegte bei ihren Konzerten im Hause der Ladenburgs in D3, 12 (kriegszerstört) zu wohnen.

Dank der Lebenserinnerungen eines Sohns, des Chemieprofessors und Naturstoffsynthese-Pioniers[5] Albert Ladenburg (1842–1911), ist etwas mehr über die Jugend der Mutter zu erfahren (Abb. 3): „Mein Vater war ein sehr gebildeter Rechtsanwalt, der bei meiner Geburt bereits 33 Jahre zählte, [er] hatte sich mit meiner Mutter 1836 verheiratet. Sie war damals 22 Jahre und muß außerordentlich reizend gewesen sein, wie ich nicht nur daher weiß, dass vor der Heirat sehr viele angesehene Christen (sie war Jüdin) um sie warben, unter Anderen der viel genannte [Friedrich Daniel] Bassermann (der Gestalten[6]), der als Freund meines Vaters viel in das Haus kam, in dem auch meine Mutter lebte (Abb. 6). Er sah sie dort öfter und hielt schließlich um ihre Hand an.[7] Doch wurde der Antrag aus mir unbekannten Gründen zurückgewiesen, obgleich auch meine Mutter ihn liebte. Später habe ich noch authentisch erfahren, dass Gutzkow sie hoch verehrte und in einem, vielleicht nur noch Wenigen bekannten Roman beschrieben hat – (siehe Wally[8], Tagebuch; unter Delphine ist sie beschrieben). Die Eltern und Verwandten verlangten schließlich eine Verbindung mit meinem Vater, die dann zustande kam."[9]

Es ist nicht geklärt, ob der journalistisch tätige Karl Gutzkow, immerhin bereits mit Doktortitel der Universität Jena versehen, schon als 21-jähriger Student der Rechte in Heidelberg im Wintersemester 1832 ins benachbarte Mannheim kam, um die 18-jährige Delphine Picard zu umwerben. Das Studium dauerte nur ein Semester, dann studierte Gutzkow (Abb. 5) ein Semester in München und nahm eine Stellung bei dem damaligen Kritikerpapst Wolfgang Menzel bei den Zeitungen Cottas in Stuttgart an. Der Chronologie halber sei erwähnt, dass im November 1832 der 47-jährige Karl Drais, damals noch Freiherr, von seiner Englandreise zurückkam, wo er seine Stenomaschine auf Lochstreifen namens Schnellschreibmaschine den englischen Parlamentsstenografen schmackhaft machen wollte – allerdings ohne Erfolg.[10]

Der Mannheimer Eklat

Immerhin muss Gutzkow sich zeitgleich mit Bassermann, also um 1834, um Delphine bemüht haben, denn die Problematik Christ-will-Jüdin-heiraten beschäftigte ihn selbst so sehr, dass er dies in seinen dritten Roman „Wally, die Zweiflerin" aufnahm. In einer Hymne auf Delphine, dort als Wallys Tagebucheintrag und Delphine als Freundin der Hauptfigur Wally (der Erzählerin in Ich-Form) ausgegeben, geht er auch darauf ein – vielleicht als Revanche dafür, dass er selbst nicht erhört worden war.

Abb. 4
Titelblatt von Wally, die Zweiflerin, geschrieben 1835 von Karl Gutzkow

Wally,
die
Zweiflerin.

———

Roman
von
Karl Gutzkow.

— Des Friedens Wund' ist Sicherheit,
Sorglose Sicherheit; doch weiser Zweifel
Wird Leuchte der Vernunft, des Arztes Sonde,
Der Wunde Grund zu prüfen.
Shakspeare.

➤➤➤✹✹✹◀◀◀

Mannheim.
C. Löwenthals Verlagshandlung.
1835.

Delphine Ladenburg, Karl Gutzkow und die Draisens

(Zitiert aus „Wally, die Zweiflerin", S. 205 – 218):

„Ich will einige meiner alten Freundinnen zu schildern suchen. Ich vernachlässige alle; wenn ich sie sehe, zeig' ich ihnen, was ich von ihnen schrieb und daß ich sie doch liebe. Ich will Delphinen charakterisieren, sie ist so verschieden von mir.

Delphine gefällt, ohne schön zu sein. Man kann ihr nicht einmal einen ausgezeichneten Wuchs zugestehen, nur ihre Haltung, ihr schwebender Gang kann den Mann veranlassen, auf sie zu achten. Sie trägt sich mit erstaunenswerter Einfachheit. Ihr Haar ist gescheitelt; ein weißer Kantenstrich, wie man ihn unter Hüten trägt, hebt diese Einfachheit zu dem lieblichsten Eindruck. Weiß und hellblau stehen ihr gut; eine rote Schleife auf der Brust gibt dieser Monotonie der Toilette eine lachende Auffrischung. Delphine hat einen kleinen Fuß. Sie geht sehr schön. Das will viel sagen! Das Blaue in Delphinens Auge ist nicht rein, es ist mit zu viel Weiß gemischt. Für die Augenbrauen ist eine schöne Wölbung da; aber sie ist nicht stark aufgetragen; dieser Reiz verschwindet. Sie hat einige hübsche Gewohnheiten. So faßt sie z.B. oft mit der linken Hand in die Gegend der Stirn, öffnet sie, schließt mit dem Daumen und dem Zeigefinger einen Kreis und beginnt diesen Kreis allmählich zu öffnen, indem sie aus der Tränendrüse des linken Auges zurückfährt, das ganze Auge umkreist und die Öffnung der beiden Finger wieder schließt am Ende des Auges. Diese sonderbare Bewegung erfolgt mit Blitzesschnelle und ist deshalb so hinreißend, weil sie immer mit einer Erregung ihrer Seele zusammenhängt. Der größte Zauber in Delphinens Erscheinung kömmt aber von ihrer eigentümlichen Seelenstimmung her. Diese muß man, um kurz zu sein, sentimental nennen; obschon der Ausdruck sie nicht ganz erschöpft. Besser würde man sagen, sie ist musikalisch gestimmt. Denn Musik drückt ihr ganzes Wesen aus: und zwar nach jener einseitigen Richtung hin, wo die Musik nur Wollust der Empfindung ist. Für plastische Gestalten-

schöpfung in der Musik, soweit die Musik diese erreichen kann, für Opern im französischen Geschmack, kurz, für das Dramatische in der Musik ist sie nicht. Die Richtung ihrer Seele ist lyrisch. Alles, was sie mit einem wunderlieblichen Organe spricht, nimmt den Ausdruck des Zarten, Schonenden und Bittenden an. Bittend sind die meisten Töne ihres Lautregisters. Nichts kann hinreißender sein als dies flehende, mit einer gewissen lächelnden und doch schmerzlichen Selbstironie hervorgebrachte: ‚O Gott!', womit sie so vieles begleitet, was sie spricht. ‚O Gott!' Dieser Ausdruck soll ihr ewiges Überwundensein, ihre Hingebung an die Menschheit, an die sie glaubt, ausdrücken. Wer könnte widerstehen, wo solche Töne anschlagen! Delphine ist so willenlos, daß sie die Beute jeder prononcierten Absicht wird. Mit liebenswürdiger Naivetät gestand sie mir einst: Sie würde jeden lieben, der sie liebt. Oh, wie nötig ist es, bei einer solchen Willensschwäche, daß sie in die Hut eines Mannes kömmt, der so viel geistiges Leben besitzt, um sie ganz durchströmen zu können mit seiner eignen Willenskraft! Delphine liebte unglücklich, mehrmals; aber sie ist so unentweiht, ihre früheren Zärtlichkeiten sind so wenig sichtbar in ihrem Benehmen, daß sie dem Manne immer noch als kaum erschlossene Knospe erscheinen muß. Delphine besitzt äußerlich die Reize nicht, einen Mann auf die Länge zu fesseln, aber wer sie einmal, sei es aus Liebe oder Illusion, eroberte, der wird sie nie verlassen können, weil ihre Hülflosigkeit, ihre Hingebung entwaffnet. Vielleicht arbeitet sie noch mehr an ihrem Geiste. Sie hält einige Minuten lang die Dialektik eines bloß verständigen logischen Gesprächs aus; aber dann kann sie es nur fortsetzen, wenn es entweder auf einen gemütlichen und Gefühlston übergeht oder auf einen bestimmten vorliegenden Fall, den sie erlebt hat. Über einen Fall, den man ihr bloß erzählt, kann sie nicht urteilen, weil sie alle Menschen für gut hält und alle nach sich selbst richtet. Delphine sollte viel lesen. Sie liest, aber fragmentarisch. Sie ist reich, sie sollte sich durch vielfache Lektüre darin zu bilden suchen, was über die Musik und das bloße Gefühl

Hans-Erhard Lessing

Abb. 5
Karl Gutzkow bemühte sich vergeblich um Delphine (Cover von Eitel Wolf Dobert: Karl Gutzkow und seine Zeit, Bern 1968)

hinausliegt. Ihr Organ macht, daß sie schön, ihre keusche Seele, daß sie fast alles richtig liest. Ich hörte sie Gretchen im ‚Faust' lesen, so wahr und hold, wie es der Peche in Wien und Höffert in Braunschweig kaum gelingen möchte. Cäsar muß ihr Bücher geben. Was er wohl über sie urteilt! Er ist ihr diametral entgegengesetzt und sagte mir doch einmal: er müsse jede lieben, die ihn liebe, und würde auch jeder treu sein in seiner Art. Bei ihm ist das Egoismus, bei Delphinen Schwäche. Sie können sich aber nicht begegnen. Delphine ist eine Jüdin.

Ich habe das gestern nur so hingeworfen, daß Delphine eine Jüdin ist. Aber welche eigentümliche Richtung mußte dies ihrem Wesen geben! Sie wurde unter sehr glänzenden Verhältnissen erzogen. Das Judentum in seinem Schmutz, mit seinen Zeremonien und Priestern nahte sich ihr niemals. Sie findet keine Reue darin, irgendeines der jüdischen Gebote zu übertreten, von welchen sie den größten Teil gar nicht kannte. Wie originell ist doch ein Mädchen, das den ganzen Bildungsgang christlicher Ideen nicht durchmachte und doch auf einer Stufe steht, welche ganz Gefühl ist, und das so viel Liebenswürdigkeit entwickelt! Delphine kann von der Religion nur wenige Nachrichten haben, einen weiblichen Gottesdienst gibt es in ihrem Glau-

ben nicht, eine häusliche Verehrung kömmt in Form von Zeremonien, Gesang oder sonst einer Weise nicht vor, die Konfirmation ist unter uns den Juden nicht erlaubt – wie auffallend ist dies alles, und doch hat man es dicht neben sich!

Glücklich ist Delphine zu nennen, denn niemals wird ihr die Religion irgendeine Ängstlichkeit verursachen. Ein gewisses unbestimmtes Dämmern des Gefühls muß für sie schon hinreichend sein, die Nähe des Himmels zu spüren. Sie braucht jene Stufenleiter von positiven Lehren und historischen Tatsachen nicht, die die Christin erst erklimmen muß, um eine Einsicht in das Wesen der Religion zu bekommen. Wir sind weit schwieriger in diesem Betracht gestellt und sollten im Grunde, wenn die Religion die Tugend befördert, weit weniger tugendhaft als die Juden sein; denn unsere Religion ist ein so hoher Münster, daß man ihn zwar ersteigen, aber nicht zu jedem Sims, zu jedem Vorsprunge, zu jedem Seitenturme gelangen kann. Eins aber bemerk' ich, was charakteristisch ist. Niemals könnt' ich als Christin über meine Religion zu Delphinen sprechen und sie eine Verzweiflung über meinen Glauben blicken lassen. Es ist dies eine Scham und ein Stolz, welcher unvertilgbar in uns niedergelegt ist und die uns nicht verlassen würde, selbst wenn vom Christentum alles in uns morsch geworden ist.

Für christliche Männer, welche widerspenstig gegen den Katechismus sind, muß die Liebe einer Jüdin von besonderm Reize sein. Sie nehmen hier weder Bigottismus noch eine Zerrissenheit wie die meinige in den Kauf, sondern weiden sich an der reinen, ungetrübten, natürlichen Weiblichkeit, an einem sinnlichen Schmelz der Liebe, welcher die der Christinnen bei weitem übertreffen soll. Bei einer Jüdin reduziert sich alles einseitig auf ihre Liebe, Rücksichten tauchen nirgends auf: ihre Liebe ist ganz pflanzenartiger Natur, orientalisch, wie eingeschlossen in das Treibhaus

Delphine Ladenburg, Karl Gutzkow und die Draisens

eines Harems, der alles erlaubt, jedes Spiel, jede weibliche (aber wollüstig-ergreifende) Gedankenlosigkeit, alles, alles: darum schwillt Delphine von Liebe. Das Segel ihres Herzens ist niemals schlaff, sondern immer aufgebläht, rund und voll, immer auf rauschender Fahrt.

Cäsar entdeckt, glaub' ich, in der Liebe zu Jüdinnen noch einen andern Reiz. Er hat eine ganz heillose Ansicht von der Ehe und will die letztere durchaus nicht als ein Institut der Kirche gelten lassen. Das Sakrament der Ehe ist nach seiner Theorie die Liebe, nicht des Priesters Segen. Wie glücklich würde Cäsar sein, wenn er je heiratete, es ohne kirchliche Zeremonie tun zu dürfen!

Eine Ehe zwischen einer Jüdin und einem Christen kann zwar nicht bei uns, aber in andern Ländern geschlossen werden; natürlich ist dies eine Ehe ohne den christlichen oder jüdischen Priester; es ist eine rein zivile Ehe vor den Gerichten, ein Akt der geselligen Übereinkunft. Ich glaube fast, Cäsar könnte deshalb seine Neigung zu Delphinen ins Äußerste treiben. Schon bemerk' ich, wie eifrig er sie sucht."[11]

Wie Gutzkow später vor Gericht einräumte, verbarg sich hinter Cäsar sein Alter Ego. Den Roman hatte der Verleger Zacharias Löwenthal (alias Löning), damals in Mannheim, 1835 herausgebracht, der später den Verlag Rütten & Löning in Frankfurt gründete (heute Label des Aufbau-Verlags). Gutzkow hatte sich darin die Popularisierung der zeitgleichen Botschaft des Ludwigsburger Theologen David Friedrich Strauß[12] vorgenommen, der den Gott der Bibel als Fiktion bezeichnet und darum sein Amt verloren hatte. Wie es nun zum Eklat kam, schildert unnachahmlich Arno Schmidt in seinem Radio-Essay:

Abb. 6
Nach seinem von der Familie Ladenburg abgelehnten Heiratsantrag heiratete Daniel Friedrich Bassermann eine Pfarrerstochter. Er erschoss sich 1855 nach dem Scheitern seiner politischen Hoffnungen
Foto: privat
(Grafik in Privatbesitz)

„B.: Waren unter seinen Lehrern bekannte Namen?
A.: Das kommt auf den Umfang der ‚Bekanntheit' an. Es waren schon ‚Namen' darunter; ob Berlin ob Heidelberg ob München: Schleiermacher; Lachmann, der Mittelhochdeutsche, oder Friedrich von der Hagen, dem Gutzkow eine Handschrift des ‚jüngeren Titurel' gratis kopiert hat — was immerhin eine der schönsten Szenen dann in der ‚Wally' ergab: wie Sigune, um ihren Jugendliebsten Schionatulander gegen fremde Liebe zu feien, sich ihm — aber nun wirlich ‚tauig-keusch' bibbernd & blushing! — fünf Sekunden lang nackt zeigt: es gibt kaum etwas Netteres & Züchtigeres in all-unsrer Literatur!
[...]
A.: Bei dem [Menzel] also dient Gutzkow als Adjutant, das heisst verreißt wacker Bücher mit — Menzel lobt dafür Gutzkows erste kleine Romane: ‚Maha Guru', und die ‚Briefe eines Narren an eine Närrin'. Bis dann eben, ob erwähnter ‚Wally, die Zweiflerin' der vorauszusehende Bruch erfolgt: das erwähnte liebliche & rührend-ernste ‚strip'-Szenchen; umrankt von Wendungen wie: ‚Ach hätte die Welt nie von Gott gewusst, sie würde glücklicher sein', brachten Menzel derartig auf, dass er in zwei unglaublichen Kritiken ‚Sturm läutete', und ‚alle guten Patrioten alarmierte' gegen ‚die französische Affenschande, die hier mit ihrem

Hans-Erhard Lessing

Bordell-Gift durch die Schriften von Hurern & Buben den deutschen Volkskörper verseuchen wolle!' Die bekannte Methode der ‚herausgebrochenen Zitate', vereint mit Entstellungen, Verdrehungen, persönlichen Verdächtigungen & Beleidigungen.– (mit Entschiedenheit): Wenn man heute diese beiden Nummern 93 & 94 des ‚Literaturblatts' unvoreingenommen nachliest, kann das Ergebnis nur lauten: eine öffentliche Aufforderung an die Staatsanwaltschaften, einzugreifen; formuliert von einem zu eigenen Schöpfungen unfähigen, also künstlerisch-impotenten, dabei ebenso verbissenen wie beschränkten Christen.

[...]

B. (aufmerksam): Und?

A. (trocken): ... und Gutzkow hat dann, vier [Wochen] lang, in Mannheim als ‚Pornograph & Gotteslästerer' dafür sitzen müssen! Es war nämlich gerade eine jener in Deutschland anscheinend unvermeidlichen periodischen Kulturschweinereien erfolgt: jener berüchtigte ‚Bundestagsbeschluss'...

B. (erschöpft murmelnd): ... Bu - - Meingott: „Alles schon dagewesen!"

A. (unerschütterlich fortfahrend): ... vom 10. Dezember 1835; in dem einer ganzen literarischen Richtung, offiziell & pauschal, der Garaus gemacht werden sollte. Und wenn das, selbstverständlich, auch nicht gelang–denn ‚was bleibt' stiften erfreulicherweise immer noch die Dichter!; nicht Politiker oder Generäle!–das bürgerliche Leben ihnen so recht gehässig-con-amore zu erschweren: das schaffte man mit Gottes & einiger Richter Hülfe durchaus!"[13]

Abb. 7
Ermordung August von Kotzebues 1819, kolorierter Kupferstich 1820, © rem

August v. Kotzebues Ermordung.

Delphine Ladenburg, Karl Gutzkow und die Draisens

Gegen diesen als Literaturkritik getarnten Rufmord und Versuch der Existenzvernichtung wehrte sich Gutzkow mit veröffentlichten Gegendarstellungen und forderte Menzel zum Duell, der aber ablehnte. Die Anklage vor dem Hofgericht in Mannheim als Verlagsort gegen Autor und Verleger erfolgte prompt, und der 23-jährige Gutzkow wurde im Januar 1836 zu vier Wochen Gefängnishaft verurteilt, nachdem er bereits sieben Wochen in einer heizbaren Arrestzelle des Kaufhauses in Untersuchunghaft gesessen hatte. Immerhin ist daraus die humoristische Erzählung „Zwei Gefangene" entstanden, welche er dreißig Jahre später in dem Familienblatt „Über Land und Meer" veröffentlichte.[14]

Am 10. Februar 1836 war Gutzkow freigekommen und aus dem Großherzogtum Baden abgeschoben worden. An eine Verbindung mit Delphine Picard war nicht mehr zu denken. Sie heiratete wie gesagt auf Drängen der Familie ihren Onkel Dr. Leopold Ladenburg am 24. August 1836. Bemühungen, den Namen Delphine aus dem Roman entfernen zu lassen, blieben erfolglos. Ein bundesdeutsches Gericht hätte die Verbreitung verboten, wie jüngst auf Betreiben einer Ex-Geliebten den Roman „Esra" von Maxim Biller.[15] Gutzkow ehelichte Ende 1836 die Frankfurterin Susanna Mathilde Amalie Klönne, wodurch der Verfemte Heimatrecht in Frankfurt erhielt.

Zwei Hassgründe

Gutzkow lernte schnell, und so muss man feststellen, dass er bereits 1837 seinerseits einen als soziologische Charakterzeichnung getarnten Rufmord beging[16], und zwar an keinem geringeren als dem Zweirad-Erfinder Karl Drais. Was sollte ihn dazu bewegt haben, diesen gleichermaßen politisch verfolgten frühen Demokraten zu bekämpfen? Hierzu muss man 18 Jahre zurückgehen bis zur Ermordung des Bühnenautors Kotzbue durch den Burschenschafter Sand, der 1820 am Ort des heutigen Wasserturms enthauptet wurde.

Sands Ende auf dem Schaffot
den 20t. May 1820.

Abb. 8
Ludwig Sands Hinrichtung 1820. Am Hinrichtungsort steht heute der Wasserturm
kolorierter Kupferstich
© rem

Hans-Erhard Lessing

Ein politischer Mord spaltet die Deutschen: „Kotzebue hat während des Angriffs gar nicht gesprochen, sondern nur ein bloßes Gewimmer hervorgebracht, selbst da, als er schon sah, dass ich mit aufgehobenem Arm auf ihn los kam. Er hielt nur die Hände vor und fiel gleich am Eingange des Zimmers linkerhand zusammen [...] Dann sah ich ihm nochmals in die Augen, um zu sehen, wie es mit ihm stehe" (Vernehmungsprotokoll Sands) (Abb. 7).

„Der erste Schwertstreich des Scharfrichters trennte zwar das Haupt vom Rumpfe, doch blieb es an den vorderen Fleischteilen des Halses hängen, worauf der bestürzte Scharfrichter einen zweiten, zweifellos zu heftigen und zu tief abwärts gerichteten Hieb aus-

führte, der das Schwert bis tief zum Knochen in den Schenkel trieb" (Friedrich Walter[17]) Arno Schmidts Rundfunk-Essay zitiert hierzu aus dessen Jugenderinnerungen Gutzkow, der damals neun Jahre alt war:

„C. (munter): Hatte schon die Hinrichtung Ludwig Sands den Grund zu einer Lebensanschauung gelegt, die mit wohlgemuther Ergebung auf eine Laufbahn der Märtyrerschaft hinausgehen wollte; hatte der Knabe in seiner Kammer – wie oft! – die Situation nachgeahmt: sich auf einen Stuhl zu setzen; den Hals zu entblößen; und den tödtlichen Streich zu empfangen, grade wie auf dem Wiesenrain bei Mannheim; so wurden die Wirrsale des Kopfes immer heißer & bedenklicher."[18]

Abb. 9
Oberhofrichter Wilhelm von Drais nach Verleihung des Kommandeur-Kreuzes des großherzoglichen Hausordens der Treue 1810
© rem

Delphine Ladenburg, Karl Gutzkow und die Draisens

Bei soviel Identifikation mit Sand, dem Idol der Burschenschafter, liegt Gutzkows Hassgrund No.1 gegen den Oberhofrichter Wilhelm von Drais auf der Hand (Abb.9): Drais senior hatte seinen Helden auf dem Gewissen, weil unter seinem Vorsitz ein Begnadigungsgesuch beim Herrscher abgelehnt worden war. Zu Lebzeiten des Oberhofrichters war Gutzkow noch Gymnasiast in Berlin gewesen und hatte somit keine Möglichkeit, irgendwelche Rache an ihm zu nehmen.

Die Sand-Sympathisanten rächten sich damals, da sie dem Oberhofrichter nichts anhaben konnten, stattdessen an seinem Sohn – eine Art Sippenhaft, die unser Rechtssystem außer zu Nazi-Zeiten nicht kannte und kennt. Ein jüngst aufgetauchtes Zeitzeugnis belegt[19], dass der Erfinder Karl Drais in Mannheim seit der Hinrichtung Sands 1820 von Mannheimer Sand-Sympathisanten öffentlich angegriffen wurde. Offenbar konnte er sich im ganzen Deutschen Bund nicht mehr blicken lassen und wanderte deshalb 1821 für sechs Jahre als Geometer nach Brasilien aus.

Von der Forschung noch nicht erfasst ist ein weiterer Hassgrund Gutzkows. Der Vater hatte sich schon ein Jahrzehnt vor seiner Laufbahn als Oberhofrichter mit der Zensur befasst. Er war selbst ein Literat, der im Stile Klopstocks dichtete, was damals bei Hofe in Karlsruhe durchaus karrierefördernd war. Nach der unter Pseudonym beschriebenen Selbstheilung seiner Epilepsie war er bald wieder für Sonderaufträge unterwegs, so 1799 als Polizeichef des ergebnislosen Friedenskongresses zu Rastatt, bei dessen Ende es zu dem nie aufgeklärten Rastatter Gesandtenmord kam. Die Zeitungen stellten unangenehme Fragen, und Drais'-Vater entwarf flugs ein Zensur-Edikt, auch um in der Fürstenrunde von seiner Machtlosigkeit in diesem Fall abzulenken:

„Entwurf einer literarischen Censurverordnung für Deutsche, im Häberlinschen Staatsarchiv, 18. Heft (1800) S.183-228. Friedrich Wilhelm II., König von Preußen, fand diesen Aufsatz so gründlich, dass er seine Staatsminister, den Großkanzler von Staatsbek und dem Grafen von Alvensleben, durch ein eigenhändiges Schreiben darauf aufmerksam machte und ihn ihnen zur Prüfung und Ausarbeitung eines neuen, hiernächst der Gesetzkommission zum Gutachten vorzulegenden Censur-Edicts empfahl."[20]

Diese Rolle des Vaters Drais als Stichwortgeber der Zensur scheint bislang noch nicht erkannt worden zu sein, auch nicht in den Standardwerken von Heinrich Hubert Houben. Drais senior wurde dann nach dem Übergang Mannheims an Baden dort 1810 Präsident des Oberhofgerichts, schrieb historische Werke, aber auch noch ein Buch zur Preßfreiheit[21], also zur Zensur, worüber der Verleger Brockhaus im Vorwort des „Hermes oder kritischen Jahrbuchs der Literatur für das Jahr 1820" die Hände über dem Kopf zusammenschlug. Gutzkow als von der Zensur extrem Geschädigtem muss diese Rolle bekannt gewesen sein: sie lieferte seinen Hassgrund No. 2.

Am Oberhofrichter Freiherr von Drais rächten sich die Sand-Anhänger – mittlerweile in Amt und Würden – erst lange nach seinem Tod anno 1830. Als der lutherische Friedhof Mannheims 1869 aufgelassen wurde, bettete man Kotzebue und Sand in den neuen Friedhof um – nicht aber den Mannheimer Ehrenbürger und zweifachen Ehrendoktor (Freiburgs und Heidelbergs) Drais senior. Er dürfte heute noch in der Innenstadt liegen – unter einem Baumarkt. Eine andere Grabstätte ist jedenfalls bislang nicht bekannt. Und noch das Ehrenbürger-Buch des Mannheimer Stadtarchivs[22] zitiert die Anti-Drais-Anekdote eines Sand-Anhängers aus einer Zeitung der Jahrhundertwende.

Späte Rache am Sohn

Es gibt keine Selbstzeugnisse Gutzkows zu dieser Angelegenheit, und so ist man auf Mutmaßungen angewiesen, wann Gutzkow die Witterung von Karl Drais (Abb.10) aufgenommen hatte. Schon im Jahr

Hans-Erhard Lessing

1836 dürfte ein erster unfreundlicher Akt genau Gutzkows Handschrift tragen: Am 11. Oktober 1836 hatte Cottas Deutscher Courier berichtet, dass der Freiherr von Drais den Kammerherrnstatus verloren habe. Tatsächlich hatte er 1835 den Kammerherrnschlüssel abgeben müssen, nachdem er in eine – höchstwahrscheinlich inszenierte – Schlägerei verwickelt worden war. Akten von Drais' gewonnenen Prozessen gegen seine Widersacher, selbst im Stadtamt, sind verschwunden (wahrscheinlich während der Badischen Revolution) – offenbar hielten die Gerichte noch zum Sohn des Oberhofgerichtspräsidenten. Der Vater war bei ihnen offenbar beliebt gewesen. Offiziell sollte der Entzug des Kammerherrnschlüssels zu Drais' Schonung geheimgehalten werden. Es ist nicht bekannt, wo die undichte Stelle lag. Aber da die Stadtregierung selbst zu Drais' Gegnern zählte, liegt eine Indiskretion von dort nahe. Doch dass solch ein Internum in die Zeitung fand, war damals ungewöhnlich, noch dazu erst 1836, also ein Jahr danach. Es ist höchst wahrscheinlich, dass Gutzkow erst spät von der Sache Wind bekam und dann dafür sorgte, dass sie in Cottas Deutschen Courier kam.

Im Jahr 1837 erschien dann ein zweibändiges Werk „Die Zeitgenossen. Ihre Schicksale, ihre Tendenzen, ihre großen Charaktere. Aus dem Englischen von E. L. Bulwer" im Verlag der Classiker, Stuttgart. In Literaturkreisen war relativ bald klar, dass sich hinter dem beliebten englischen Autorennamen kein anderer als Gutzkow verbarg, um durch die Zensur zu schlüpfen. Die Anwürfe des nun 26-jährigen Gutzkow in „Die Zeitgenossen" gegen den 52-jährigen Drais junior lassen jede Zurückhaltung vermissen (Abb. 10). Drais setzte eine Gegendarstellung in den Deutschen Courier vom 22. Dezember 1837:

So erzählte mir jüngst ein Gentleman, welcher zerrütteter Vermögensumstände halber gezwungen war, eine Zeit lang auf dem Kontinente zu leben, und das Städtchen Mannheim am Rheine, angelockt von mehreren dort angesiedelten englischen Familien, zu seinem Aufenthalt gewählt hatte, von einem wunderlichen Adeligen, dem Sproß einer in dortigen Landen achtbarem Familie. Dieser Herr von D.... hatte das Glück gehabt, mit Hülfe eines ihm wirklich von der Natur gestatteten erfinderischen Geistes ein Fuhrwerk zusammenzusetzen, welches, auf zwei Rädern ruhend, fast die Gestalt einer Spinnmaschine hat. Die ganze Einrichtung ist so getroffen, dass man mit einigen geschickt angebrachten Bewegungen sich selbst auf diesen zwei Rädern fortspinnen kann. Die Maschine gibt einen schnurrenden Ton von sich und erlaubt Jedem, der sie gut zu führen im Stande ist, sich mit einer Schnelligkeit fortzubewegen, die etwa an einen kleinen Pferde- oder, besser gesagt, Hundetrab erinnert. Die ganze Maschine ist auf Lächerlichkeit angelegt, denn nur Kinder können sich derselben, der komischen Gestikulationen wegen, die man dabei machen muß, bedienen. Es sieht fast so aus, wenn man auf der Maschine sitzt, als wollte man auf dem Straßenpflaster Schlittschuh laufen. Genug, seit Erfindung dieses ganz zwecklosen Kinderspielzeugs hat Hr. von D., so zu sagen, seinen Verstand verloren. Die Zwecklosigkeit seines Fuhrwerks wohl fühlend, strebte er nach höherer Anwendung der Gesetze, auf deren Grund es konstruiert war; aber nicht ein einziges Projekt ist ihm mehr gelungen. Bald hat er eine neue Flugmaschine fertig, bei deren Benutzung man sich unfehlbar den Hals brechen würde, bald will er die Kunst entdeckt haben, beim Luftballon ein Steuerruder anzubringen. Er hat wirklich ein Projekt durch die Zeitungen bekannt machen lassen, nach welchem man künftig, um bei Fuhrwerken eine größere Schnelligkeit zu erreichen, besser thäte, die Pferde hinter den Wagen anzuspannen. Alle Erfindungen des Herrn von D. sind mechanische Hirngespinste; von Kenntniß der Physik hat er keine Vorstellung. Hier einen Druck, dort eine Feder, hier eine Spindel, die um sich selbst läuft, dort ein wellenförmiges Rad; aus solchen kindisch-winzigen Hülfsmitteln will er Hülfswerkzeuge für die außerordentlichsten

Delphine Ladenburg, Karl Gutzkow und die Draisens

Naturerscheinungen herstellen. Genug, Herr von D. ist ein Narr.

Aber man käme schön an, wenn man Herrn von D. nur die bedenklichste Miene und das leiseste Kopfschütteln über seine Tollheiten verriethe. Mein Freund kam gerade nach Mannheim, wo die Stadt von einer gräßlichen Geschiche über Herrn von D. erfüllt war. Er hatte sich nämlich anheischig gemacht, Todte durch Einblasen seines Odems frisch nach ausgehauchter Seele wieder ins Leben zurückzurufen. Er hatte den Moment abgepaßt, wo einer armen Frau in der Vorstadt eben ihr krankes Kind gestorben war. Herr von D. stürzt in das Haus hinein, über die kalte Leiche her und beginnt aus Leibeskräften ihrem krampfhaft offen stehenden Munde seinen Athem einzublasen; die Mutter schreit, die Bewohner und Nachbarn des Hauses kommen zusammen; Herr von D. läßt sich nicht stören, sondern schrie, während man ihn von hinten wegziehen wollte, einmal über das andere: „Es lebt schon, es lebt schon." Als ihn endlich die Polizeibehörde ergriff und von der Leiche fortriß, bewegte sie sich in der That; allein es war dies nur das allmähliche Einfallen des von Herrn von D. wie ein Schlauch aufgeblähten Leibes; er mußte sein blasphemisches Blasen eine Zeit lang mit dem Gefängnisse büßen.

Seither hat sich Herr von D. wieder ganz auf die Mechanik geworfen. In Folge jener mißlungenen Todtenerweckung hat er gesagt, die Physiologie gäbe keine genügenden Resultate. Das vielfache Gespräch über Eisenbahnen, der Luftballon des Herrn Green haben ihn um die letzte Dosis von Verstand gebracht. Sieht man ihn an öffentlichen Orten, in der Stadt oder auf der Straße, so kann man ihm ohne Weiteres in den Weg treten und ihn anreden: „Herr von D., ich habe gehört, daß Sie sich gegenwärtig mit der Untersuchung beschäftigen, Vögel so abzurichten, daß sich die bisherige Luftschifffahrt in Luftfuhrwerk verwandeln lasse?" Herr von D. wird stolz, mit einem etwas mißtrauischen, übrigens boshaften Blicke antworten: „Ja, Sir" – und sogleich anfragen: „wollen Sie eine Aktie nehmen?" Diese Zudringlichkeit verleidet jeden Scherz, den man sich mit ihm machen möchte; man wird ihn nicht los, er verfolgt uns sogar in unsere Wohnung und setzt uns das Messer an die Kehle oder, was ihm noch lieber wäre, an unsern Geldbeutel. Er hat hundert Ideen zu gleicher Zeit und ist im Stande, uns seine Vogelflugfahrluftmaschine durch die Tauben, welche vor den Wagen der Venus gespannt waren, oder durch die Greife der Tausend und Einen Nacht zu beweisen.

Die Zeitgenossen.

Ihre Schicksale, ihre Tendenzen,

ihre großen Charaktere.

Aus dem Englischen

von

E. L. Bulwer.

—

Erster Band.

—

Stuttgart.

Verlag der Classiker.

1837.

Hans-Erhard Lessing

Abb. 10
Erfinder Karl Drais,
damals noch Freiherr,
um 1820, vor seiner Ein-
schiffung nach Brasilien
(Gemälde in Privatbesitz)

„Das in dem Verlag der Classiker in Stuttgart herausgekommene Buch ‚Die Zeitgenossen, ihre Schicksale, ihre Tendenzen, ihre Charaktere, von Bulwer', enthält ein Gemisch von sehr entstellten Erzählungen und totalen Lügen. Ich warne daher das Publikum, dieselben für Wahrheit zu halten, umso mehr, als mehrere darin angegriffene Männer die in diesem Buch gegen sie geworfene Gifthauche nicht verdienen sollen, und ich meine Ehre in jeder Haupthinsicht gegen alle Angriffe nach Wahrheit gründlich verteidigen kann[...]."

Zum Prozessieren – noch dazu außerhalb Badens – fehlte Drais vermutlich das Geld. War Gutzkow noch soeben selbst Opfer eines als Literaturkritik getarnten Rufmords gewesen, so hatte er nun dasselbe Mittel gegen den Sohn seines Hass-Subjekts eingesetzt. Ein Zeitgenosse schrieb damals:[23]

„Gutzkow ist ein genialer Schnüffler von starken Geruchswerkzeugen, ein Spürhund, der die Schwächen, Lächerlichkeiten und deutschen Micheleien herauswittert. Ein solches kauerndes, immer auf dem Sprunge liegendes Ungetüm, welches bald eine schwächliche Gazelle der schwindsüchtigen Empfindelei, bald ein Kalb der Dummheit, bald eine hochnäsige Giraffe der Prunksucht anspringt und erledigt, hat bis dahin in unserm mit Affen und Papageien übervölkerten Literaturwalde kaum noch existiert."

Nur – Karl Drais war kein Teilnehmer am Literaturbetrieb. Er produzierte keine Literatur, sondern Jahrhunderterfindungen.

Nachfolgend sollen die Textstellen Gutzkows aus „Die Zeitgenossen"[24] im Einzelnen kommentiert werden:

„... Sproß einer dort achtbaren Familie ... ihm wirklich von der Natur gestatteten erfinderischen Geistes ..."
Lediglich zur Tarnung seines Rufmords bewundert Gutzkow hier den Oberhofrichter und dessen Sohn.

„kleinen Pferde- oder, besser gesagt, kleinen Hundetrab ..."
Bei der Erstfahrt des Zweirads in Mannheim 1817 hatte Drais 13 km/h erreicht und war somit schneller als die Postkutsche. Bei einem Rennen in München 1829 hatte der Sieger 22 km/h erzielt.

„Nur Kinder können sich derselben bedienen ... ganz zweckloses Kinderspielzeug ..."
Gutzkow vermag den Zusammenhang mit Hungersnot und Pferdesterben von 1816/17 nicht herzustellen (er war damals fünf Jahre alt).[25] Das Journal de Paris schrieb damals, dass die Zweiräder „den Luxus von Pferden abzuschaffen und den Hafer- und

Delphine Ladenburg, Karl Gutzkow und die Draisens

Heupreis zu senken gedacht sind." Das günstige Zeitfenster für diese Erfindung war in der Tat kurz gewesen, denn bereits im Herbst 1817 wurde zum Glück wieder eine gute Ernte eingefahren, worauf das Fahren mit den Zweirädern (konnten nur auf den Gehwegen balanciert werden) von den Obrigkeiten weltweit verboten wurden. 1833 hatte es dann eine Renaissance dieser Laufmaschinen alias Draisinen als Kinderfahrzeuge gegeben.[26]

„Flugmaschine ... Luftballon mit Steuerruder ..."
Drais beteiligte sich in den Mannheimer Zeitungen an der damaligen Diskussion um die Beschleunigung der Montgolfieren.

„Fuhrwerk ... Pferde hinter den Wagen anzuspannen ..."
Drais hat tatsächlich 1834 auf dem Mannheimer Maimarkt ein solches Fuhrwerk vorgeführt, welche Nachricht bis nach New York lief. Ziel war nicht die Erhöhung der Schnelligkeit, sondern Vermeidung des Einstäubens der Insassen durch den von Zugpferden aufgewirbelten Staub.[27] Die Diskussion wiederholte sich in unserer Nachkriegszeit um Frontmotor oder Heckmotor beim PKW.

„Mechanische Hirngespinste...von Kenntnis der Physik hat er keine Vorstellung..."
Anders als Gutzkow hat Drais bei den Technologen der Universität Heidelberg Mathematik, Physik und Baukunst studiert.[28] Seine ergonomischen Problemlösungen sind beispielhaft, etwa die erste Tastenschreibmaschine. Als Gegenstimme soll aus dem Bewerbungsvortrag „On the Velocipede" des Mathematikers Thomas Stephens Davies 1837 vor der Royal Military Academy in Woolwich zitiert werden (bekannt durch die Davies-Koordinaten):[29]

„Die Neuheit und Genialität der Idee brachte diese Erfindung [des Zweirads] in allgemeinen Gebrauch... So einleuchtend waren die Vorteile, daß zuerst jedermann mit mechanischer Neigung von der Genialität der Idee erfreut und überrascht war, dass einem selbst nie der Gedanke gekommen war, solch einen Apparat zu erfinden."

Mit der nachfolgenden Passage beweist Gutzkow sein grundlegendes Unverständnis, was Technik eigentlich ist – für ihn vermutlich ein Unterschichten-Phänomen, denn die Technik lag noch ganz in den Händen oft analphabetischer Handwerker:

„Hier ein Druck, dort eine Feder, hier eine Spindel, die um sich selbst läuft, dort ein wellenförmiges Rad; aus solch kindisch-winzigen Hülfsmitteln will er Hülfswerkzeuge für die ausserordentlichen Naturerscheinungen herstellen."
Diese kindisch-winzigen Hilfsmittel hat seit 1708 der schwedische Technologe Christopher Polhem zu seinem „mechanischen Alphabet" zusammengestellt. In Deutschland wird es in den 1890ern Franz Reuleaux als „System der Maschinenelemente" propagieren – heute noch Basis jedes Maschinenbaustudiums. Die Technikhistoriografie hat auch den Mythos, Technik sei lediglich angewandte Naturwissenschaft, ad acta gelegt. Techniker kreieren oft intuitiv Problemlösungen, an deren Theorie sich dann die Naturforscher manchmal die Zähne ausbeißen – Drais' Zweirad ist so ein Beispiel.

„Misslungene Todtenerweckung ... eine Zeit lang mit dem Gefängnisse büßen"
In den Mannheimer Geschichtsblättern findet sich eine Notiz vom 16.11.1838 aus den Akten der Harmoniegesellschaft,[30] deren Original wohl durch Kriegseinwirkung verloren gegangen ist. Der den Demokraten Drais schikanierende Polizei-Kommissär Hoffmann meldet darin:

„Herr von Drais war zwar bis jetzt noch nicht im polizeilichen Verwahr. Was demselben hauptsächlich zum Vorwurfe gemacht werden muss, ist sein Besuchen selbst der geringsten Wirtshäuser ..."
Wenn also Drais' Gefängnishaft nicht zutrifft, darf man auch auf die Unwahrheit dieses Melodrams am toten Kind der armen Mutter schließen! Der eisern sparende Junggeselle besuchte eben die billigsten Wirtshäuser, um von seiner kargen Erfinderpension weitere Projekte finanzieren zu können.

„.... er verfolgt uns sogar in unsere Wohnung ..."
Unglaubhaft, da der Ich-Erzähler alias Gutzkow damals im Mannheimer Gefängnis einsaß!

Hans-Erhard Lessing

Die Folgen dieses Rufmords waren indessen verheerend für Drais. Er wurde aus der Harmonie-Gesellschaft ausgeschlossen, konnte also nicht mehr deren Bibliothek benutzen. Er war endgültig gesellschaftlich erledigt. Eine mit dem Kaufmann und späteren Bürgermeister Eduard Moll gegründete, innovative Aktiengesellschaft zur Verwertung seines Holzsparherds wurde durch anonyme Zeitungsanzeigen torpediert. Nach einem glücklich überlebten Mordanschlag zog Drais in das 50 km entfernte Dorf Waldkatzenbach im Odenwald.

Alle Indizien würden einem heutigen Gericht wohl genügen, Gutzkow wegen falscher Tatsachenbehauptung der üblen Nachrede schuldig zu sprechen. Dies war eindeutig ein als soziologische Charakterzeichnung getarnter Rufmord am Sohn des verhassten Oberhofrichters, des Liquidators seines Jugendhelden Sand und Stichwortgebers der Zensur. Da der Oberhofrichter nicht mehr lebte, rächte sich Gutzkow eben am Sohn genau wie 1820 die Mannheimer Sand-Anhänger (Kinder haften für die Eltern?). Besonders verwerflich erscheint heute, dass Gutzkow einem gleich ihm selbst von der Obrigkeit verfolgten Demokraten keine Solidarität entgegenbrachte oder Schonung gewährte. Der Literat und Mediziner Gottfried Benn attestierte Gutzkow posthum eine ausgewachsene Paranoia. Gutzkow scheute keine Gelegenheit anzuecken und musste vor allem den Kirchen als die Verkörperung der Blasphemie erscheinen, wie man beim Lesen seines modifizierten Glaubensbekenntnisses auch heute noch erahnen kann:

Ich glaube an die *Zeit*, die allmächtige Schöpferin des Himmels und der Erden, und ihren eingeborenen Sohn, die *Kunst*, welche viel gelitten hat unter Pontius und Pilatus, von Krethi und Plethi, und doch die Welt erlösen helfen wird, und bis dahin glaub'ich an den heiligen Geist der Kritik, welchen die Zeit gesandt hat, zu richten die Lebendigen und die Toten.[31]
Karl Gutzkow 1835

Nachtrag
Nach Redaktionsschluss erhielt ich von Frau Dr. Tilde Bayer (Jena) dankenswerterweise das Typoskript ihres Vortrags[32] 2000 in Mannheim, das auf einen früheren Aufsatz von Bernd Wegener in den Mannheimer Blättern[33] zum antisemitischen Hintergrund hinweist. Ohne weiter darauf einzugehen, soll hier aus dem Vortrag wenigstens eine Briefstelle[34] übernommen werden, wo der Verleger 1851 Gutzkow bat, den Namen in Adolphine zu ändern: „Du erinnerst Dich doch, welcher Sturm von Feindschaften und Gehässigkeiten vor sechzehn Jahren in meinen engeren Freundesverhältnissen hereinbrach, als Du die gute Delphine zum Gegenstand der Öffentlichkeit machtest [...] was allein geblieben ist und leicht seine Schärfe wiedererlangen könnte, ist die Bitterkeit über das, was die Leute von hier herum damals Indiskretion nannten, als Du den Namen Delphine in so handgreiflichen Zügen der öffentlichen Ausstellung übergabst."

Delphine Ladenburg, Karl Gutzkow und die Draisens

1   Skript in: Schmidt, Arno: Die Ritter vom Geist – von vergessenen Kollegen, Karlsruhe 1965, S. 7–54.

2   Vgl. www.gutzkow.de.

3   Lessing, Hans-Erhard: Automobilität – Karl Drais und die unglaublichen Anfänge, Leipzig 2003.

4   Waldeck, Florian von: Alte Mannheimer Familien I, Mannheim 1920 (Reprint 1986), S. 67–84.

5   Lessing, Hans-Erhard: Mannheimer Pioniere, Mannheim 2007, S. 65–76.

6   Zum geflügelten Wort der Bassermannschen Gestalten kam es durch Bassermanns unsolidarischen Bericht über das revolutionäre Berlin 1849: „Spät kam ich an, durchwanderte aber noch die Straßen und muß gestehen, daß mich die Bevölkerung, welche ich auf denselben, namentlich in der Nähe des Sitzungslokals der Stände, erblickte, erschreckte. Ich sah hier Gestalten die Straße bevölkern, die ich nicht schildern will."

7   Dies widerspricht der Darstellung in: Gall, Lothar: Bürgertum in Deutschland, Berlin 1989, S. 234, wonach Bassermann die dann 1834 geheiratete Pfarrerstochter Emilie Karbach bereits seit 1831 umwarb.

8   Gutzkow, Karl: Wally, die Zweiflerin, Mannheim 1835, S. 205–215 (Reprint Göttingen 1965 und bei Reclam), vgl. online: http://gutenberg.spiegel.de/?id=5&xid=1033&kapitel=1#gb_found.

9   Ladenburg, Albert: Lebenserinnerungen, Breslau 1912, S. 17.

10 Lessing: Automobilität, S. 424.

11 Gutzkow: Wally, die Zweiflerin, S. 205–218.

12 Strauß, David Friedrich: Das Leben Jesu, Tübingen 1835/36.

13 Schmidt: Ritter vom Geist, S. 23 und 25.

14 Vgl. Walter, Friedrich: Geschichte Mannheims, Band II, Mannheim 1907 (Reprint 1978), S. 197.

15 Süddeutsche Zeitung, 12.10.2007.

16 Lessing, Hans-Erhard: Rezeptionsgeschichte von Erfindungen am Beispiel des Zweirads. Ferrum (Schaffhausen) #55(1984), sowie Mannheimer Geschichtsblätter Neue Folge, 3/1996, S. 275–359.

17 Walter, Geschichte Mannheims, S. 140.

18 Schmidt: Die Ritter vom Geist, S. 17.

19 Reisetagebuch des Wiener Klavierbauers Johann Baptist Streicher 1821/22 (Uta Goebl-Streicher, persönliche Mitteilung).

20 Gradmann, Johann Jacob: Das gelehrte Schwaben, Ravensburg 1802 (Reprint Hildesheim 1979), S. 107.

21 Drais, Karl Wilhelm Ludwig Friedrich Freiherr von: Materialien zur Gesetzgebung über die Preßfreiheit der Teutschen, besonders zur Grundbestimmung auf dem Bundestag, Zürich 1819.

22 Nieß, Ulrich / Caroli, Michael (Hrsg.): Die höchste Auszeichnung der Stadt – 42 Ehrenbürger im Porträt, Mannheim 2002.

23 Marggraff, Hermann: Deutschlands jüngste Literatur- und Kulturepoche, Leipzig 1839, S. 330.

24 Bulwer, Elmer Lytton (tatsächlich Karl Gutzkow): Die Zeitgenossen, 1837, Verlag der Classiker, Stuttgart, S. 254–257.

25 Der amerikanische Historiker John D. Post bezeichnet die superkolossale Stauberuption des Tambora bei Bali mit nachfolgender weltweiter Klimakatastrophe 1816 als die letzte große Überlebenskrise der Menschheit.

26 Die Technikgeschichte kennt weitere Beispiele der Renaissance einer von Erwachsenen abgelegten Technik als Kinderfahrzeug: Das Curry-Landskiff von 1926 fand als Steiff-Ruderrenner ab 1936 weite Verbreitung.

27 Eine drastische solche Szene zeigt der 1963er Film nach dem Roman „Der Leopard" von Tomasi di Lampedusa.

28 Lessing, Hans-Erhard: Technologen an der Universität Heidelberg, in: Doerr, Wilhelm (Hrsg.): SEMPER APERTUS – 600 Jahre Ruprecht-Karls-Universität Heidelberg, Band II, Heidelberg 1985, S. 105–131.

29 Lessing: Automobilität, S. 442–451.

30 Mannheimer Geschichtsblätter, 1903, Spalte 276.

31 Literaturbeilage Nr. 13 zum „Phönix" Nr. 78, 1835, S.311.

32 Bayer, Tilde: Delphine Ladenburg und Wally die Zweiflerin, Vortrag Mannheim April 2000

33 Wegener, Bernd: Gutzkows Wally und die Folgen. Anmerkungen zu antisemitischen Elementen in der Literaturkritik des Vormärz, in: Mannheimer Hefte 1/1977, S. 51-59.

34 Brief Löwenthals an Gutzkow vom 3. Dezember 1851, abgedruckt bei Houben, Heinrich Hubert: Gutzkow-Funde. Beiträge zur Literatur- und Kulturgeschichte des neunzehnten Jahrhunderts, Berlin 1901, S. 163f.

Manfred Loimeier

Meisterwerke europäischer Waffenschmiedekunst

Die Büchsenmacherfamilie Cloeter und ihre Mannheimer Jahre

Die Stadt Mannheim war im ausgehenden 17. Jahrhundert mehrere Jahrzehnte lang Sitz einer der maßgeblichsten Büchsenmacherwerkstätten Europas: Sie gehörte dem Waffenschmied Jan Cloeter und seinen Söhnen, allen voran Peter und Christian Cloeter. Aber auch Jan Cloeters weitere Söhne, Jacob und Johannes, spielten in Mannheim und Heidelberg ebenso wie in Weinheim eine nicht unbeträchtliche Rolle. Jan Cloeters Herkunft ist ungeklärt. Seine Vorfahren dürften französische Reformierte gewesen sein, die wegen der Hugenottenverfolgung im 16. Jahrhundert aus Frankreich flohen. Jan Cloeter kam in der ersten Hälfte des 17.Jahrhunderts in den niederländischen Städten Lüttich (Luik) und Maastricht offenbar zu Wohlstand.[1] Er betrieb dort eine Waffenschmiede und stellte – Lüttich und Maastricht waren Zentren der Waffenfabrikation – stahlgeschäftete Flinten und Pistolen her. So legt es der Amsterdamer Waffenkundler und Seniorkurator Jan Piet Puype nahe. Er berichtet von einem Pistolenpaar, welches das Amsterdamer Rijksmuseum 2002 aus der Sammlung Henk Visser erwarb, hergestellt von „Jan Cloeter aus dem nahe bei Aachen gelegenen Grevenbroich. Wahrscheinlich ist es derselbe Cloeter, der auch in Maastricht und Lüttich gewirkt hat".[2] Waren eisengeschäftete Feuerwaffen im 16. Jahrhundert „durchaus nicht ungewöhnlich [...], so bildeten sie", wie Alfred Geibig von den Kunstsammlungen Coburg schreibt, „im 17. Jahrhundert eine weitaus exklusivere Gruppe".[3] Da man derlei Prunkwaffen vornehmlich europäischen Herrschern überreichte, sind sie in Waffensammlungen gut erhalten.

Ungeklärte Herkunft

Nachdem die Gegenreformation auch die südlichen Niederlande erreicht hatte, war Jan Cloeter um die Mitte des 17. Jahrhunderts wohl gezwungen, sein in Maastricht erworbenes Hab und Gut zu verlassen. Er ließ sich unmittelbar hinter der niederländischen Grenze im damals zum Herzogtum Jülich gehörenden Grevenbroich bei Aachen nieder. Noch heute ist der Name Cloeter – in der Schreibweise Klöter – dort zu finden. In der Liste der Gefallenen des Ersten Weltkriegs aus Grevenbroich wird etwa ein Hub Klöter geführt. Eine genauere Zuordnung ist indes nicht möglich. Nach Auskunft des Personenstandsarchivs Brühl des Landesarchivs Nordrhein-Westfalen „hat sich herausgestellt, dass das Kirchenbuch der reformierten Gemeinde Wevelinghofen erst im Jahre 1655, dass das Kirchenbuch der kath[olischen] Pfarre Grevenbroich sogar erst im Jahre 1701 beginnt; ältere Kirchenbücher beider Gemeinden sind nicht bekannt."[4]

Im Kirchenbuch der evangelisch reformierten Kirchengemeinde Wevelinghoven, die seinerzeit für die reformierten Einwohner der Ortschaft Grevenbroich zuständig war, finden sich in den Jahren 1656 und 1657 zwei Taufeintragungen unter dem Namen Clöters. Am 17. März 1656 wird als Tochter eines Arnolt Clöters und einer Lisabet Kettens (die exakte Schreibweise lässt sich aufgrund der eingeschränkten Lesbarkeit nicht ermitteln) eine Keten (für Käthe beziehungsweise Catharina) Clöters vermerkt, und am 9. November 1657 als Tochter von Johann Clöters und Sophia Mundt eine Elisabeth Dorothea Clöters.[5] Ob ein Zusammenhang zur Büchsenmacherfamilie Cloeter besteht, lässt sich nicht ermitteln. Ebenso wenig lassen sich Bezüge feststellen zu Angaben, dass in Neukirchen, dem nördlichsten Stadtteil Grevenbroichs, 1637 ein Jan Cloeters zur Welt gekommen sei, der 1688 dort ver-

Abb. 1
Nationalkirche Mannheim,
Kupferstich von Peter
Cloeter
Quelle: StadtA-ISG
Mannheim

Meisterwerke europäischer Waffenschmiedekunst

starb. Als Eltern dieses Jan Cloeters werden Corst Cloeters und Tringen Meyssen angegeben. Mit einer am 13. Februar 1657 geehelichten Drintgen Grietgen Camphausen soll Jan Cloeters 1657 Vater einer Elßgen Cloeters, 1658 einer Catharina Cloeters, 1659 eines Jakob Cloeters und 1662 eines Thomas Cloeters geworden sein. Diese 1658 geborene Catharina wurde am 8. September 1658 in Jüchen getauft, der nördlich an Grevenbroich angrenzenden Gemeinde.[6] „Allerdings taucht der Name Cörst (!) Clöters, Schöffe, in den jülich-bergischen Huldigungslisten von 1666 auf (Jülich-Berg II 2382 Bl. 160r). Clöters wohnte in Neukirchen, das damals zum Amt Grevenbroich gehörte, ebenso Peter Cloeters und Jan Clöters, die in derselben Liste enthalten sind (Bl. 160r). Jan Clöters' Name ist mit einem Kreuzchen versehen"[7], dessen Bedeutung aber nicht zu ermitteln ist. Ob und inwieweit die Genannten zur Familie Cloeter passen, bleibt unbeantwortet.

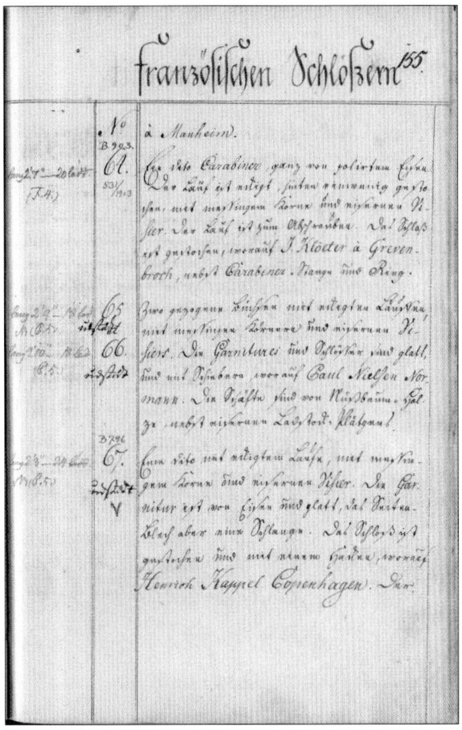

In deutschen Ländern

Seinen Vornamen deutschte Jan Cloeter zu Johannes ein. In Grevenbroich erwarb er – allerdings nur fragmentarischen und nicht bestätigten Angaben seines Urenkels Philipp Christian Cloeter zufolge – „ansehnliche Güter" (zur besseren Unterscheidbarkeit zwischen Vater und Sohn wird hier der Name Jan beibehalten). Ebenfalls dort wurden Jan Cloeters vier Söhne und eine Tochter – Johannes, Jacob, Anna Catharina, Peter und Christian – geboren. Von Jacob ist als Geburtsjahr 1648 verzeichnet, und zu Johannes gibt es sogar einen Matrikeleintrag an der 1655 gegründeten, 1818 aufgelösten alten Universität Duisburg: „Anno 1662 13 Octobris. Johannes Cloeter, Juliacensis, aetatis 21."[8] Laut Auskunft des Duisburger Lehrstuhls für Evangelische Theologie[9] sowie des Archivs der Ruprecht-Karls-Universität Heidelberg[10] studierte der am 31. Mai 1641 geborene Johannes Cloeter aus Jülich in Duisburg seit dem 13. Oktober 1662 Jura. Er setzte sein Studium in Heidelberg fort, wo er 1664 mit der Herkunft „Grevenbroch Juliacensis" eingeschrieben wurde.

Ankunft in Mannheim

Als Johannes Cloeter am 19. Januar 1722 starb, hatte die wittelsbachische Seitenlinie Pfalz-Neuburg, die nach dem Aussterben der herzoglichen Linie 1614 die Herrschaft über die Herzogtümer Jülich und

Abb. 2
Die Kennzeichnung „à Manheim" vermerkt die im Schloss des Karabiners befindliche Gravur „J. Klöeter à Grevenbroch" (17-B903).
Foto: Tøjhusmuseet Kopenhagen
© National Museum of Military History in Denmark

Berg erhalten hatte, längst das Erbe der Linie Pfalz-Simmern angetreten. Herzog Philipp Wilhelm hatte nach dem Tod Kurfürst Karls II. 1689 seine Territorien mit der Kurpfalz vereinigt, sodass seitdem auch das seit 1307 zu Jülich gehörende Grevenbroich zum Besitz der kurfürstlich-pfälzischen Linie der Wittelsbacher gehörte. Aber Jan Cloeter war nicht der einzige seiner Familie, der in der zweiten Hälfte des 17. Jahrhunderts in die reformierte Kurpfalz fand, wenngleich nur wenige Quellen die Übersiedlung der Büchsenmacherfamilie dokumentieren. „Aufgrund der Kriegsverluste" verfügt das Stadtarchiv Mannheim „nur noch über wenige Belege zu den [...] Büchsenmeistern Peter und Christian Cloeter. Belegbar ist anhand der Ratsprotokolle, dass sie und weitere Mitglieder ihrer Familie im letzten Viertel des 17. Jahrhunderts in Mannheim wohnhaft waren. Peter und Christian Cloeter sind 1684 als Besitzer eines Hausplatzes in H1 belegt, der im Jahr 1700 versteigert wurde. Demnach hatte die Familie Mannheim nach der Zerstörung 1689 verlassen."[11]

Eine weitgehend zuverlässige Quelle stellt das Buch „Verklungenes Leben" von Hermine Cloeter dar.[12] Die österreichische Schriftstellerin (1879–1970) hatte 1940 den Mannheimer Leopold Göller zu Recherchen im Stadtarchiv Mannheim veranlasst

Manfred Loimeier

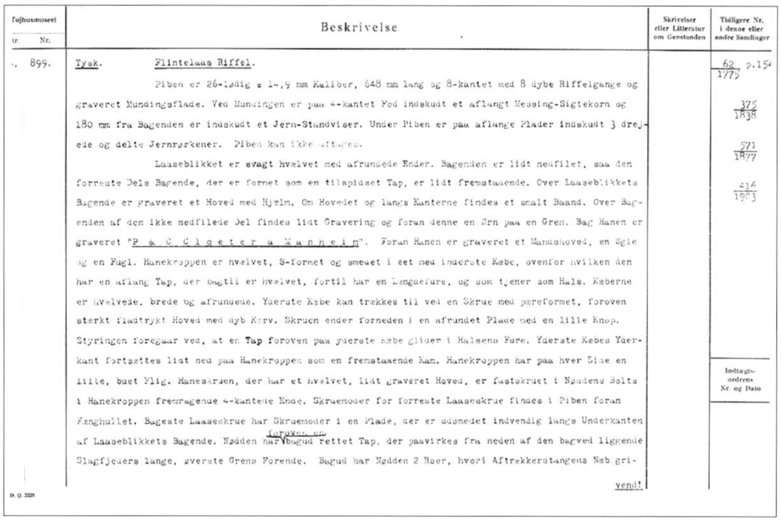

Tøjhusmuseet Nr.	Beskrivelse	Skrivelser eller Litteratur om Genstanden	Tidligere Nr. i denne eller andre Samlinger
899.	Tysk. Flintelaas Riffel. Piben er 26-lødig = 14,9 mm Kaliber, 648 mm lang og 8-kantet med 8 dybe Riffelgange og graveret Mundingsflade. Ved Mundingen er paa 4-kantet Fod indskudt et aflangt Messing-Sigtekorn og 180 mm fra Bagenden er indskudt et Jern-Standviser. Under Piben er paa aflange Plader indskudt 3 drejede og delte Jernrørkener. Piben kan ikke aftages. Laaseblikket er svagt hvælvet med afrundede Ender. Bagenden er lidt nedfilet, saa den forreste Dels Bagende, der er formet som en tilspidset Tap, er lidt fremstaaende. Over Laaseblikkets Bagende er graveret et Hoved med Hjælm. Om Hovedet og langs Kanterne findes et smalt Baand. Over Bagenden af den ikke nedfilede Del findes lidt Gravering og foran denne en Ørn paa en Gren. Bag Hanen er graveret "P & C Cloeter a Mannheim". Foran Hanen er graveret et Mandshoved, en Øgle og en Fugl. Hanekroppen er hvælvet, S-formet og smedet i eet med inderste Kæbe, ovenfor hvilken den har en aflang Tap, der bagtil er hvælvet, fortil har en Længdefure, og som tjener som Hals. Kæberne er hvælvede, brede og afrundede. Yderste Kæbe kan trækkes til ved en Skrue med pæreformet, foroven stærkt fladtrykt Hoved med dyb Kærv. Skruen ender forneden i en afrundet Plade med en lille Knop. Styringen foregaar ved, at en Tap foroven paa yderste Kæbe glider i Halsens Fure. Yderste Kæbes Yderkant fortsættes lidt ned paa Hanekroppen som en fremstaaende Kam. Hanekroppen har paa hver Side en lille, buet Flig. Haneskruen, der har et hvælvet, lidt graveret Hoved, er fastskruet i Nøddens Bolts i Hanekroppen fremragende 4-kantede Ende. Skruemoder for forreste Laaseskrue findes i Piben foran Fænghullet. Bageste Laaseskrue har Skruemoder i en Plade, der er udsmedet indvendig langs Underkanten af Laaseblikkets Bagende. Nødden har foroven en bagud rettet Tap, der paavirkes fra neden af den bagved liggende Slagfjeders lange, øverste Grens Forende. Bagud har Nødden 2 Roer, hvori Aftrækkerstangens Næb gri- vend!		62/1775 p.154; 375/1838; 571/1877; 416/1903

Indtægtsordrens Nr. og Dato

D. Q. 2229

Abb. 3
Transkribiert in der Maschinenschrift einer Karteikarte die Gravur „P & C Cloeter à Manheim".
Foto: Tøjhusmuseet Kopenhagen
© National Museum of Military History in Denmark

sowie 1952 über den Umweg des Dekanats der Evangelisch-Theologischen Fakultät der Universität Wien Auskünfte über Ratsprotokolle aus dem Mannheimer Archiv eingeholt. So kommt es, dass Hermine Cloeters Aufzeichnungen noch Angaben zu Dokumenten enthalten, deren Originalvorlagen inzwischen zerstört sind. „Über alles überlieferte Erinnern hinaus führt die Traueintragung im Traubuch der evangelisch-reformierten Kirchengemeinde Mannheim vom 25. April 1668 zu amtlich beglaubigten Tatsachen. Unter diesem Datum wird angegeben, dass ‚Jacob Kletter, Büchsenmacher alhier ledigen Standes' die Ehe eingeht mit der Jungfrau Magdalena Byton. Als Vater der Braut wird angegeben Philipp (recte Friedrich) Ernst Byton, kurpfälz. Bauaufseher an der Festung Friedrichsburg. Als Vater des Bräutigams erscheint ‚Johannes Kletter, Bürger und wohlerfahrener Büchsenmacher, auch zu der Zeit Eltester bey unserer Hochteutschen Gemeinde'."[13]

All dies belegt, dass die Familie Cloeter nicht erst im letzten Viertel, sondern bereits im letzten Drittel des 17. Jahrhunderts in Mannheim wohnhaft war. Die Matrikeleintragungen ergänzen überdies die Dokumente, die Hermine Cloeter bekannt waren, denn die Autorin ging noch davon aus, dass Jacob Cloeter der erste „in der Reihe unserer Ahnen [ist], für den neben der Familienüberlieferung urkundliche Belege [...] gegeben sind" und dass die Trau-Eintragung von 1668 „in amtlicher Beglaubigung der erste Tatsachenbericht für die Familie Cloeter" sei.[14]

(Irreführende) Variationen der Namens-Schreibweise

Die Schreibweise des Namens Cloeter variiert in den Dokumenten. Der Nachname Cloeter ist auch als Clöter, Kloeter, Klöeter, Klöter oder Kletter überliefert. Der Vorname von Jan Cloeters Sohn Peter wird später auch als Pet und Petrus verzeichnet. Diese verschiedenen Schreibweisen veranlassten das – nicht mehr bestehende – Schweizerische Waffeninstitut in Grandson in einem Brief vom 20. Oktober 1980 zu der Vermutung, es könnten verwandtschaftliche Beziehungen der Cloeters zu einem „Leonardus Cloeter" bestehen, der 1621 Bürger Maastrichts wurde und dessen 1627 getaufter Sohn „mit Sicherheit" Büchsenmacher war. So ist es im Archiv der Österreichischen Akademie der Wissenschaften hinterlegt, die den Nachlass von Hermine Cloeter verwaltet.[15]

Auch der Waffenhistoriker Eugène Heer vereinheitlicht – laut Hinweis der Staatlichen Kunstsammlungen Dresden[16] – in seinem Lexikon der Büchsenmacher die Namen Cloeter und Cleuter (!). Allerdings irrt Heer bereits mit dem Vermerk, Mannheim läge in Hessen.[17] In seinem Lexikon listet Heer auf: „CLOETER (CLEUTER) Christian, Mannheim, Hessen/D, ca. 1680. Signiert zusammen mit Peter CLOETER Waffen. Q0; Q53
CLOETER (CLOETER) Jan C., Grevenbroich bei Düsseldorf/D, erw 1643-1700. Q0; Q53
CLOETER (CLOETER) Leonhard, Maastricht/NL, ca 1660- ca 1700. Q53; Q88
CLOETER (CLOETER) Peter, Mannheim, Hessen/D, ca. 1685- ca 1700. Signiert zusammen mit Christian CLOETER Waffen. Q0; Q53"[18]

Im Gedenkbuch der Kirchengemeinde Maastricht steht zwar ein 1634/1638 zum Diakon ernannter „Lenard Cleuter (Leon(h)ard Kleuter, Cluytter)"[19], welcher der Vater eines „Cleuter Leonhard" sein könnte, der im belgischen Handelsregister für die Zeit von ungefähr 1670 bis 1690 als werktätig in „Maestricht" verzeichnet ist.[20] Allerdings werden die Waffen dieses Leonhard Cleuter in der Schreibweise Leonard Cleuter sowohl in den Museen Kopenhagens[21] und Lüttichs[22] als auch Moskaus[23] getrennt von den Cloeter-Stücken ausgestellt, ohne dass irgendeine Zuordnung vorgenommen wird.

Meisterwerke europäischer Waffenschmiedekunst

Auch Puype unterscheidet Cleuter von Cloeter.[24] Ein stilkundlicher Vergleich zeigt zudem, dass Cleuter mit Elfenbeinintarsien arbeitete, wie sie sich an keiner Cloeter-Waffe finden. Stattdessen markieren langgezogene Läufe sowie besondere Schlösser die Cloeter-Waffen, sodass hierdurch ein relativ gutes Unterscheidungsmerkmal gegeben ist: „However, iron-stocked flintlock-guns – which should perhaps be properly called ‚carbines' since they are short enough to have been carried on horseback – are very rare; Hoff only mentions five, one of which, exceptionally, is fitted with a wheellock, and this small group includes products from both the Cloeters of Grevenbroich and of Mannheim."[25] Dieses Unterscheidungsmerkmal gilt nicht nur für Gewehre, sondern auch für Pistolen aus der Werkstätte Jan Cloeters: „For Jan Cloeter […] Contrary to most Dutch/German iron-stocked flintlock pistols and guns (cf. Hoff), this pistol carries its lock mechanism on a proper lockplate inside the hollow stock."[26]

Während Puype darauf verweist, dass „Jan Cloeter of Grevenbroich" seit 1643 erwähnt wird[27], erläutert er bezüglich Leonhard Cleuter: „Leonard Cleuter […] was strictly speaking not a Maastricht gunmaker, but an itinerant Liègeois seeking his fortune in many places and walks of life including a military profession and as an arms dealer. (…) Cleuter married in 1650 and should have moved to Maastricht where from then on is recorded many times in the notarial archives of that town, in which his name is variously spelled as Kleuter, Cluijtter, Cloeter, Kluter, etc. Much later, in 1687, his name progressed to ‚General Maximiliaen Leonard von Cleuter'. His name is found on many firearms, apparently all dating from before c. 1665, probably because in 1666 he had to vacate the Maastricht/Liège area for various reasons."[28]

Puype führt als Namensvariante für „Cleuter" zwar auch „Cloeter" an, doch ergibt sich sowohl durch die stilkundlichen Unterschiede als auch durch die Kennzeichnung Jan Cloeters seit 1643 als Jan Cloeter von Grevenbroich, dass keine Identität zwischen Jan Cloeter und Leonhard Cleuter vorliegen kann. Da überdies aufgrund notarieller Eintragungen Leonhard Cleuters Weggang aus Maastricht 1666 nachgewiesen ist, kann es sich dabei nicht um Jan

Cloeter gehandelt haben, der zwar als Johannes Kletter erst 1668 in einem Mannheimer Traubuch vermerkt ist, doch eindeutig als Vater von Jacob Kletter. Wenn zudem spätestens seit 1643 von Jan Cloeter aus Grevenbroich als Büchsenmacher die Rede ist, dessen Sohn Johannes nachweislich am 31. Mai 1641 geboren wurde, dann setzt dies Sesshaftigkeit in Grevenbroich voraus. Da von Leonhard Cleuter die Heirat 1650 bekannt ist und er bis dahin in Lüttich und anschließend in Maastricht lebte, dürfte er dort zu einer Zeit gelebt haben, als Jan Cloeter schon in Grevenbroich ansässig war. Es ist daher nicht davon auszugehen, dass Jan Cloeter und Leonhard Cleuter miteinander verwandt waren.

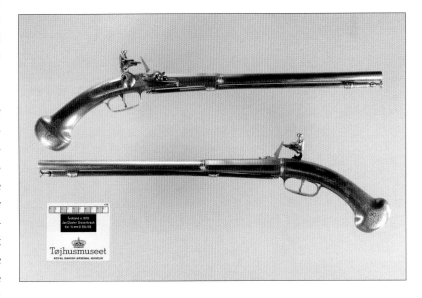

Hingegen kann eindeutig festgestellt werden, dass es sich bei den Cloeters, deren Werkstätten sowohl in Grevenbroich als auch in Mannheim lokalisiert werden, um dieselben Personen handelt und ein Ortswechsel Jan Cloeters von Grevenbroich nach Mannheim vorliegt. Dafür spricht die Taufeintragung 1668 in Mannheim. Da Jan Cloeter damals bereits als „Bürger und wohlerfahrener Büchsenmacher, auch zu der Zeit Eltester bey unserer Hochteutschen Gemeinde" tituliert wurde,[29] ist davon auszugehen, dass die Familie Cloeter bereits geraume Zeit in Mannheim wohnte und Jan Cloeter ein gewisses Lebensalter erreicht hatte. Mit Bestimmtheit kann ausgeschlossen werden, dass Jan Cloeter mit seiner Büchsenmacherwerkstatt in Grevenbroich verblieb. Anzunehmen ist, dass in

Abb. 4
Pistolenpaar in Kopenhagen, 17-B904 und 17-B905
Foto: Tøjhusmuseet Kopenhagen
© National Museum of Military History in Denmark

Manfred Loimeier

der zu jener Zeit auch im Herzogtum Jülich wirksam gewordenen Gegenreformation der Grund zu suchen ist, warum die Familie Cloeter Grevenbroich verließ.

Mannheimer Jahre

In ihren Familienerinnerungen stützt sich Hermine Cloeter für die Mannheimer Jahre ihrer Vorfahren auf schriftliche Überlieferungen aus dem Familienkreis, die sie selbst aber nur teilweise als wahr und daher nur als eingeschränkt verwendbar bezeichnet.[30] Umso ratsamer ist es, sich auf die Dokumente zu stützen, die der Mannheimer Genealoge Göller in Hermine Cloeters Auftrag 1940 recherchierte. Es handelt sich dabei um Ratsprotokolle, Versteigerungsprotokolle, Kaufprotokolle und Trau- und Taufbucheintragungen der reformierten Gemeinde zu Mannheim.[31] Daraus geht hervor, dass an jenem 25. April 1668 eine Doppelhochzeit gefeiert wurde, denn neben Jacob Cloeter heiratete seine Schwester Anna Catharina Cloeter, und zwar den Zimmermann Cornelius Engel, „weyl. Cornelius Engel, Bürger und Gärtner in Amsterdam, nachgelassener ehelicher Sohn".[32]

Bezüglich Jacob Cloeter ist des Weiteren festzuhalten, dass ihm und seiner Frau am 15. April 1670 ein Sohn, Johann Wilhelm, geboren wurde, und am 2. Juli 1671 eine Tochter, Johanna. Während Jacob Cloeters Schwiegervater Friedrich Ernst Byton als Taufpate des Mädchens auftrat, wirkte als Taufpate des Jungen mit Johann Wilhelm Bitto der langjährige Bürgermeister der damals reichsunmittelbaren Stadt Speyer, was die angesehene Stellung der Familie Cloeter unterstreicht. Die Taufen sind

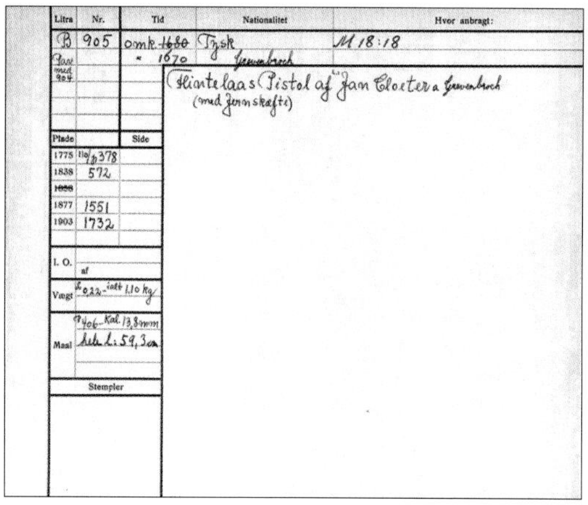

mit den Namen der Paten „im Taufbuche der hochdeutschen Gemeinde zu Mannheim" vermerkt.[33] Am 24. November 1672 folgte die Tochter Gertraude, bei der Jan Cloeter als Taufpate erscheint; in seinem Taufamt wird Jan Cloeter nicht etwa von seiner Ehefrau, sondern von seiner Tochter Anna Catharina unterstützt, die bereits als Witwe von Cornelius Engel geführt wird, sodass deren Ehe höchstens vier Jahre gedauert haben kann. Als weiterer Taufpate trat Johannes Cloeter in Erscheinung, der aus Frankfurt am Main kommend einmal von Peter Cloeter herbeigerufen wurde, zweimal, aus Heidelberg, von Jacob Cloeter.[34] Zudem findet sich ein Hinweis auf die Geburt einer weiteren Tochter Jacob Cloeters, Anna Gertraude, am 27. Oktober 1681.[35]

Am 14. Mai 1670, auch dies unterstreicht die Bedeutung der Familie Cloeter, „versammelt sich auf ausdrücklichen Befehl der kurfürstlichen Durchlaucht der ganze Rat, um die Strittigkeit ‚wegen eines Hausplatzes am Marckt' zwischen Helfrich Gogl und den ‚Büchsenmachern und Gebrüdern Petern und Christian Cloeter' zu ordnen. [...] ‚So haben doch beide theil E. E. Rath gebeten noch bis negst künftigen Dienstag den 17ten dieses Ihnen Zeit zu vergönnen umb zu versuchen, ob sie sich in der Güte miteinander vergleichen könnten, wonicht, wollten Sie künftigen Montag E. E. Rat relation thun und dessen Spruch uff den folgenden Dienstag gewertig seyn.'"[36]

Ratsprotokolle vom 31. März 1671 und vom 20. Februar 1674 bezeugen, dass Jan Cloeter am Marktplatz ein Haus besaß, auf welches er zugunsten des Kollektors Herzogenrath eine Bürgschaft in Höhe von 800 Gulden übernahm. Im Februar 1674 leistete Herzogenrath einen Rechenschaftsbericht über seine Kollektenreise, und die auf den Namen Jan Cloeter eingetragene Kaution wurde in den Ratsprotokollen gelöscht.[37] Da sich zu Jan Cloeter eine letzte Eintragung am 23. Oktober 1677 findet, ist sein Tod zwischen 1674 und 1677 anzusetzen.

Durch eine weitere Eintragung im „Traubuch der reformierten Gemeinde Mannheim, im Band 15, Jahrgang 1671", am 9. August 1671, geht die Heirat hervor von „Peter Kletter, Bürger und Büchsenmacher alhier, ledigen Standes, herrn Johannes Kletter,

Abb. 5
Handschriftlicher Karteivermerk zur Waffe 17-B905 zeigt die nachträgliche Einfügung der Herkunftsbezeichnung „a Grevenbroch".
Foto: Tøjhusmuseet Kopenhagen
© National Museum of Military History in Denmark

Meisterwerke europäischer Waffenschmiedekunst

wohlerfahrener Büchsenmacher dahier, ehelicher Sohn, mit Jfr. Anna, Herrn Peter de Rachel, Bürger und Handelsmann alhier, eheliche Tochter."[38] Am 23. Januar 1674 unterschreiben Jacob, Peter und Christian Cloeter nebst sieben weiteren Schlossermeistern einen von Stadtdirektor und Regierungsrat Clignet herbeigeführten Beschluss, es seien bezüglich eines Zwiespalts „hinsichtlich der Aufnahme und Zuweisung ankommender Handwerksgesellen ... die ankommenden fremden Gesellen Ihres Handwerckes Brauch nach einzureihen, und darunter keine Gefährde oder Arglist zu gebrauchen".[39]

Peter Cloeter wird 1674 und 1675, einmal in der Schreibweise Petrus Cloeter, zudem als „Almosenpfleger unserer hochteutschen Gemeinde" angeführt.[40] Gibt dies einerseits einen zusätzlichen Hinweis auf den gesellschaftlichen Status der Familie Cloeter, so ruft dieser Status doch andererseits auch Neider auf den Plan.

Diverse weitere Eingaben Jacob Cloeters seit 1674 zeigen, welche Schwierigkeiten ihm ansässige Gewerbebetriebe bereiteten. Das könnte ein Hinweis darauf sein, dass um diese Zeit die Übergabe der väterlichen Werkstatt an den Sohn erfolgte, von dem weitere, nicht bestätigte Nachrichten besagen, er habe als Soldat einen Arm verloren und dadurch weder das Schmiede-Handwerk ordentlich gelernt noch umfassend ausgeübt. Möglicherweise leitete er verantwortlich nur die Werkstatt, in der seine beiden jüngeren Brüder Peter und Christian nachgewiesenermaßen tätig waren.

Die Entscheidungen der Gerichte und vor allem des Rats zugunsten Jacob Cloeters können sowohl als Anerkennung der Position der Familie Cloeter als auch des Vertrauens gesehen werden, das die Stadt Jacob Cloeter entgegenbrachte. Freilich steht dabei das finanzielle Interesse der Stadt ebenso außer Zweifel wie die Tatsache, dass Jacob Cloeter einen offenbar florierenden Betrieb unterhielt, mit dem er Gewerbesteuer zugleich in zwei Handwerken entrichten konnte. So beantragte Jacob Cloeter beim „Ordinari Rathstag" vom 19. Juni 1674 die Genehmigung zur Ausübung zweier Handwerke, und diesem Antrag wurde stattgegeben. „Jacob

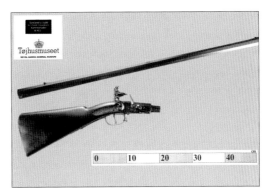

Abb. 6
Flinte in Kopenhagen,
17-B903
Foto: Tøjhusmuseet
Kopenhagen
© National Museum
of Military History in
Denmark

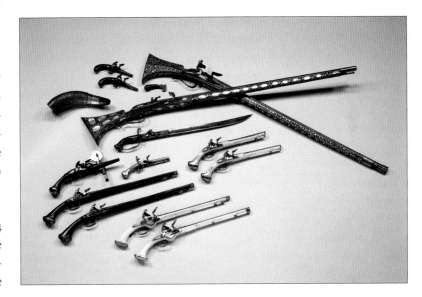

Abb. 7
Das ehemalige Pistolenpaar Cloeters neben anderen zeitgleichen Waffen ab.
Foto: Rijksmuseum
Amsterdam

Clöter contra Dietrich Mohr nahmens des ganzen Schlösserhandtwerks alhier, dass dieselbe Ihm verwehren wollen, neben den gemeynen Schlössergesellen auch Büchsenmacher zu fördern.

Weilen Kläger sich freywillig erboten, dass in ansehung Er 2 Handtwerke treibe, Er auch beym Handtwerck doppelte Kosten tragen wolle; Also soll Ihme beiderley gesellen zu fördern frey stehen."[41]

Darüber hinaus tritt Jacob Cloeter am 5. Juni 1677 als Kläger wegen übler Nachrede gegen einen Mattheis Dillo auf, und der Rechtsspruch zugunsten Jacob Cloeters unterstreicht erneut seine angesehene Position in Mannheim. Hermine Cloeter zitiert, dass Dillo „uff Klägern ausgebe, Er hätte sein Schlosser Handtwerk nicht behördlich gelernt, und dadurch verursachte, dass Klägern seine Gesellen ausgestanden seyen. [...] der Beklagte ist nicht geständig von Klägern verkleinerlich geredt zu haben, sondern hätten die Gesellen solches wider einander selbst,

Manfred Loimeier

vor Beklagtes Thür, diese Redt geführt. Dessen doch ohnerachtet, ist Beklagten Dillo auferlegt worden, Klagenden Cloeter in seinem Handtwerk unangezäpfft und zufrieden zu lassen, bei Vermeidung unausbleiblicher Straffe."[42]

Die letzte Eintragung, die sich direkt auf Jacob Cloeter bezieht, findet sich in den Mannheimer Ratsprotokollen vom 4. November 1681 und stellt eine eidesstattliche Erklärung dar, derzufolge Jacob Cloeter zu einem gelieferten Schrank ein doppeltes Schlüsselpaar angefertigt und ausgehändigt habe. „Jacob Clödter, Bürger und Schlosser alhier deponiert Handttreulichen an Aydts statt, dass er zu dem Neuren großen Schank der herren Bürgermeister Stubb doppelte schliessel gemacht und solche Herrn Dir. La Rose selbsten in dessen Haus zugestellet und eingehändiget, so Er mit einem Leiblichen Aydt behaupten wolle."[43] Auch aus dieser Eintragung geht aber die gehobene Stellung Cloeters hervor, denn es war sicherlich ein Beweis des Vertrauens und der Anerkennung, von einem Bürgermeister mit der Anfertigung eines abschließbaren Schranks beauftragt zu werden.

Ein allerletztes Mal taucht Jacob Cloeter 1682 in einem Vermerk auf, aus dem hervorgeht, dass Jacob Cloeter gestorben sein muss. Da als Geburtsjahr Jacob Cloeters 1648 bekannt ist, und er Ende 1681 oder Anfang 1682 starb, erreichte Jacob Cloeter ein Alter von nur höchstens 34 Jahren. In den Ratsprotokollen vom 5. Mai 1682 heißt es: „Jacob Clöters seel Schulden betr. Überreicht weyl. Jacob Clöters seel. gewesenen Stattschlossers alhier hinterlassene Wittib ein Memorial, worinn sich dieselbe erbieth, ihres Mannes seel. schulden nach und nach zu bezahlen, dafern Sie aber von deren Creditoren hart zur schleunigen Zahlung getrieben werden sollte, sich gedachten ihres Mannes seel. Verlassenschaft nach Khur-Pfalz Landrecht part: 4. tit: 17, § 2 zu verziehen undt separationem bonorum zu begehren. Wobey man es bewenden lässt."[44] Aufschlussreich hinsichtlich der sozialen Stellung Jacob Cloeters in der Stadt ist die Bezeichnung, er sei zeitlebens „Stattschlosser" gewesen, mithin ein mit städtischen Aufträgen versorgter Schmied. 1680 findet im Ratsprotokoll vom 8. Juni Christian Cloeter als „der künstliche Waffenschmied" Erwähnung.[45]

Spätestens seit 1684 sind Peter und Christian Cloeter als Besitzer eines Hauses in H1 belegt. Es könnte sich dabei um das Haus am Marktplatz handeln, das schon Jan Cloeter besaß und nach dessen Tod womöglich in Besitz des älteren Sohnes Jacob überging und dann an Jacobs jüngere Brüder. Gemeinsam betrieben Peter und Christian eine Büchsenmacherwerkstatt, wobei nicht feststeht, ob diese in H1 untergebracht war.[46] 1685 wurde Peter Cloeter damit beauftragt, nach den Plänen von Baumeister Johann Peter Wachter einen Kupferstich der Nationalkirche, einer Doppelkirche in R2, dem Standort der heutigen Konkordienkirche, anzufertigen.[47] Eine Anfrage bei der Kunsthalle Mannheim, ob möglicherweise Kupferstiche Peter Cloeters überliefert sind, blieb leider ohne Reaktion.

Wenige Jahre später, nach der Kapitulation Mannheims 1688 und seiner Zerstörung 1689, wurde die wirtschaftliche Bedrängnis von Magdalena Cloeter, der Witwe Jacob Cloeters, offenbar so groß, dass sie 1696 ein Gartengrundstück verkaufte. Da in den Ratsprotokollen vom 5. Mai 1682 festgestellt worden war, dass Magdalena Cloeter von ihren Gläubigern zur raschen Rückzahlung der Schulden ihres Mannes gedrängt werden könne, falls sie wegziehen und sich von ihren Gütern zu trennen gedenke, ist davon auszugehen, dass sie 1696 noch in Mannheim ansässig war. In den Kaufprotokollen ist am 14. Dezember 1696 niedergelegt, dass Magdalena Cloeter „einen Garten an Joseph Bayerle, ‚Bürger und Maurer […] pro ein Gulden und dreißig Kr.'" veräußerte.[48] Im Jahr 1700 wurde schließlich auch das Haus Magdalena Cloeters verkauft beziehungsweise versteigert. Genau genommen war gar nicht mehr von einem Haus die Rede, sondern von einem Hausplatz, weshalb das Gebäude schon bei der Zerstörung Mannheims in Schutt gelegt worden sein könnte. Auch in den Kaufprotokollen Mannheims war dieser Vorgang eingetragen, auf Seite 507 des Jahrgangs 1700.[49]

In dem Versteigerungsprotokoll, das Hermine Cloeter überliefert, verdient besonders Punkt 2) Aufmerksamkeit. Er gibt nicht nur Auskunft darüber, dass Magdalena Cloeter im Sommer 1700 noch in Mannheim gelebt haben dürfte – es ist sowohl von Creditoren die Rede als auch davon, dass einige

Meisterwerke europäischer Waffenschmiedekunst

davon Gefallen an der Witwe gefunden sollen. Dieser Absatz zeigt insofern das Schicksal einer verwitweten Frau, die zur besseren Wiederverheiratung per Ratsbeschluss keine Schuldtitel in eine mögliche neue Ehe einbringen soll.

„‚Conditiones.
Wonach Jacob Cletters Wittib alhier gelegener Haus Platz solle versteigert werden, Mannheim, den 18. Aug. 1700.
Praesentibus Herr Stattschultheiss
Herr Pompliust
Herr Forchmeyer.

1) Dieser Haus Platz in der Weinheimer am Eck der Clignets Gassen (Clignet) im 25. Quadrat No 3 zwischen Sebastian Feuchter und Matthes Meyer gelegen wirdt solcher Gestalt verkauft, dass Kauffer anjetzo zur Angabe 1/3, so dann uff nächst kommende Ostern wider 1/3, und den letzten 1/3 uff Weynachten 1701 bey Rath deponieren solle.

2) Obwohlen einige Creditores an obbemelte Wittibe praetension haben, so sollen Kauffer jedennoch mit solchen Schulden nichts zu thun haben.

3) Dieser Haus Platz wird sonst vor frey ledig und eigen verkauft außerhalb des herrschaftlichen Grundzinses.

4) Soll Kauffer die Rathgebühr und Versteigerungs Verkosten abstatten.'

Anschließend werden die Gläubiger von Jacobs Witwe Magdalena mit den einzelnen Schuldbeträgen namentlich angeführt, unter ihnen ein Zimmermann, der zum näheren Freundeskreis, ja zur Verwandtschaft der Familie gehört hat. Er war Bürgermeister der Stadt.

Das Versteigerungsprotokoll schließt mit der Bekanntgabe des Ergebnisses der Feilbietung: ‚Ist an Meister Matthes Brotgoldt, Bürger und Zimmermann alhier pro Einhundert und Sechszehn Gulden verblieben.'"[50]

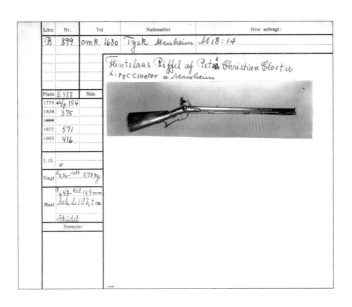

Dieses Haus am Eck der „Clignets Gassen" sowie der Weinheimer Gasse ist am Eck des heutigen S2-Quadrats (S2, 1) zu verorten, lag also schräg gegenüber dem Chor der heutigen Konkordienkirche, deren Vorgängerbau damals als „Provisional Kirche" bezeichnet war. Die Weinheimer Gasse verlief in erster Parallele zur heutigen Breiten Straße, die Clignets Gasse kreuzte sie rechtwinklig und wurde am Marktplatz zur Eduards Gasse. Interessanterweise ist als Eigentümer dieses Eckhauses Nr. 274 am Eck der „Clignets Gassen" im Plan der Stadt Mannheim vom 4. April 1663 ein gewisser Friedrich Ernst Bido eingetragen[51], bei dem es sich um den Schwiegervater von Jacob Cloeter und Vater von Magdalena Cloeter, geb. Byton, handeln dürfte. Zwar war dessen Name im Traubuch der evangelisch-reformierten Kirchengemeinde Mannheim vom 25. April 1668 als „Philipp (recte Friedrich) Ernst Byton" angegeben, doch wies Hermine Cloeter bezüglich Johann Wilhelm Bitto, dem Bürgermeister von Speyer und Taufpaten des Erstgeborenen von Jacob und Magdalena Cloeter, bereits auf die unterschiedliche Schreibweise desselben Namens – Byton, Bitto, Bido – hin.[52] Im Jahr 1700 wurde damit das Hausgrundstück versteigert, welches Magdalena Cloeter von ihrem Vater, dem Bauaufseher der Festung Friedrichsburg, geerbt haben musste.

Im Plan der Stadt Mannheim vom 4. April 1663 findet sich kein Cloeter als Eigentümer eines Hauses am Marktplatz oder in den Quadraten eingetragen.

Abb. 8
Gut lesbar ist die Bezeichnung „Tysk Manheim" und das Rätselraten um den Namen „Pet & Christian Cloeter".
Foto: Tøjhusmuseet
© National Museum of Military History in Denmark

Manfred Loimeier

Ein Zuzug der Familie ist demnach später, wohl aber noch vor 1666 zu datieren, das als Pestjahr in Mannheim sicherlich keinen Anlass zur Zuwanderung gegeben haben dürfte. Der Studienbeginn von Johannes Cloeter 1664 in Heidelberg deutet darauf hin, dass die Cloeters in den Jahren 1663 oder 1664 in Mannheim ansässig wurden.

Anzumerken ist, dass am 24. Juli 1700 auch der „Hausplatz" der Brüder Peter und Christian Cloeter – heute H1 – versteigert wurde, zu einem Preis von 300 Gulden, mit denen ausschließlich Schulden getilgt wurden.[53] Dies erklärt, warum die Schwägerin Magdalena Cloeter offenkundig keine materielle Hilfe aus dem Verwandtenkreis erhielt.

Abschied von Mannheim

Was den weiteren Verbleib der Familie Cloeter angeht, geben die Pfarrbücher Heidelbergs in Bezug auf eine Tochter Peter Cloeters Auskunft. Die am 15. November 1675 geborene Anna Lucretia kam 1691 zu ihrem Onkel Johannes Cloeter nach Heidelberg, der dort Syndicus und Jura-Professor war: „Pfingsten 1691: Anna Lucretia Clöterin, Bürgers und Büchsenmachers zu Mannheim hinter-

Abb. 9
Im unteren Drittel des Beiblatts findet sich die Schreibweise „Peter et Christian Klöeter".
Foto: Tøjhusmuseet
© National Museum of Military History in Denmark

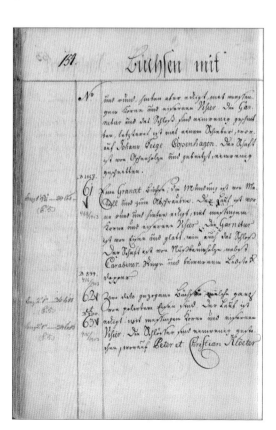

lassene Tochter, 15 Jahre alt."[54] Die Bezeichnung Anna Lucretias als „hinterlassene Tochter" kündet vom Tod ihres Vaters Peter Cloeter, der damit vor Mai 1691 gestorben sein muss. Da Peter Cloeter jünger als der zweitgeborene Jacob war, welcher 1648 geboren wurde, erreichte Peter Cloeter höchstens 42 Lebensjahre. Offen bleibt das Schicksal von Peter Cloeters Ehefrau Anna, geborene de Rachel, und den beiden Söhnen Theodor (geb. 27. Januar 1674) und Johannes (geb. 10. Oktober 1677), zu denen Hermine Cloeter keine Eintragungen in den Pfarrbüchern Heidelbergs erwähnt.

Hingegen hatte sich Jacob Cloeters erstgeborener Sohn Johann Wilhelm (geb. 15. April 1670) nach Berlin geflüchtet, wo er am 5. August 1693 eine schriftliche Eintragung hinterließ im „Stammbuch des Pfarrers Conrad Vogl aus Lich/Oberhessen, der mit zahlreichen Schicksalsgenossen in Berlin Zuflucht suchte". Johann Wilhelm Cloeter unterzeichnete diese Eintragung mit dem Herkunftsvermerk „manheimiensis".[55] Johann Wilhelms jüngerer Bruder Christian (geb. 23. Oktober 1675) verschlug es nach Oberfranken, in die Gegend um Naila und Bayreuth, wo er am 8. August 1701 Marianne Parlongue heiratete. Mit dieser gründete er jenen Familienzweig der Cloeters, der dort nicht nur Pastoren und Schmiede – darunter den 1808 als Waffenschmiedgesellen benannten Christian Friedrich Wilhelm Cloeter oder den 1809 als Besitzer einer Stahl- und Eisenfabrik in Wendenhammer zeichnenden Johann Gottfried Cloeter – hervorbrachte, sondern zuletzt auch die österreichische Autorin Hermine Cloeter aus Wien. Dieser Christian Cloeter, Sohn Jacob Cloeters und Neffe des namensgleichen Mannheimer Büchsenmachers, starb 1718 in Prag. Dem Verbleib der Familie Cloeter in Oberfranken widmete der Stadtarchivar von Naila, Willi Schmeißer, ausführliche Studien, die das eine oder andere von Hermine Cloeter überlieferte Detail korrigieren, die Mannheimer Zeit aber nicht mehr betreffen.

Wer die Familiengeschichte der Cloeters weiter verfolgt, stößt unter anderem auf Auswanderer in die Vereinigten Staaten von Amerika, in denen noch rund zwanzig Cloeter-Nachfahren leben sollen.

Meisterwerke europäischer Waffenschmiedekunst

Die Waffen

Die Prunkwaffen der Büchsenmacherfamilie Cloeter gehörten gegen Ende des 17. Jahrhunderts zu den begehrtesten Schmuckstücken an den europäischen Höfen. Das bedeutet, dass der kunsthandwerkliche Höhepunkt sowohl von Jan als auch von Peter und Christian Cloeter in die Periode fällt, als sie in Mannheim beheimatet waren. Hermine Cloeter ging davon aus, dass sich „Stücke aus ihrer Hand [...] in den Sammlungen von Stockholm, Kopenhagen und Dresden" finden: „Ein Pistolenpaar, das auf der Schlossplatte eingraviert den Namen Jan Cloeter a Grevenbroich aufweist, wird im Katalog des k. u. k. Heeresmuseums Wien, 1903, angeführt und dazu bemerkt, dass es seit dem Jahr 1750 in kaiserlichem Besitz ist.[56] Dieses Pistolenpaar musste nach Auskunft der Österreichischen Akademie der Wissenschaften als Kriegsverlust aus dem Inventar gestrichen werden.[57] Das gleiche Schicksal erlitten ein paar Steinschlosspistolen aus dem Mannheimer Schlossmuseum, die im Zweiten Weltkrieg vernichtet wurden.[58] Das Kunsthistorische Museum Wien bestätigt die Angaben der Österreichischen Akademie der Wissenschaften insofern, als sich im Inventar des Kunsthistorischen Museums zwar ein Steinschloss-Hinterladergewehr von Leonhard Cleuter (Inv.-Nr. D 238) in der Sammlung Hofjagd- und Rüstkammer findet, jedoch weder ein Objekt von Jan noch von Christian oder Peter Cloeter.[59]

Zum Bestand in Stockholm liegt einen kleiner Beitrag in den Mannheimer Geschichtsblättern vor. Dort heißt es:

> „Büchsenmacher Cloeter in Mannheim. Ich finde im Führer der Stockholmer Kgl. Rüstkammer von 1905 [...] S. 67 ein Stück aufgeführt, das vielleicht noch nicht im Rahmen der Mannheimer Lokalgeschichte seinen Platz gefunden hat und als Geschenk des hohen Militärs an seinen König auch einige allgemein historische Bedeutung haben dürfte. [...] 71. (Schrank)
> i) Ein paar Feuersteinschloss-Pistolen: Deutsch (badisch /:NB!/). Ganz aus Stahl mit Gravierungen: Schlossblech bez.: CLOETER A MANHEIM. (Geschenkt an Karl XI.

von Feldmarschall Heinrich Horn von Marienburg.)

> Gemeint ist damit wohl ein in Mannheim (etwa um 1650) ansässiger Büchsenmacher. Karl XI. regierte 1660–1697. Feldmarschall Heinrich Horn mag die Pistole von dem berühmten General des Dreißigjährigen Krieges und späteren Reichsmarschall Graf Gustav Horn (gest. 1659), der sie erbeutet haben könnte, geerbt haben. Dann wäre sie etwas älteren Datums.
> Baden-Baden. Dr. Paul Hirsch.

> Aus vorstehender Mitteilung ergibt sich, dass Büchsenmacher Cloeter nicht, wie man bisher meinte, im 18. Jahrhundert, sondern bereits in der zweiten Hälfte des 17. Jahrhunderts hier tätig war. Auch unsere Altertumssammlungen besitzen als Geschenk des Herrn Carl Baer ein von Cloeter gefertigtes Stück: Eisernes Gewehr mit Flintenschloss, achtkantiger gezogener Lauf mit durch zwei Hülsen gehaltenem freiliegendem Ladstock. Auf der Schlossplatte graviert Papagei, Medaillon-Porträt, Kopf und Name CLOETER A MANHEIM. Der glatte, gleichfalls eiserne Kolben ist hohl als Behälter von Munition, die Schuhplatte als Klappdeckel eingerichtet."[60]

Neben der detaillierten Beschreibung des einst in der Mannheimer Altertumssammlung befindlichen Gewehrs ist auch die Datierung der in Stockholm gesehenen Pistole interessant. Sollte die Annahme, sie sei um 1650 in Mannheim angefertigt worden, richtig sein, würde das voraussetzen, dass Jan Cloeter bereits um die Mitte des 17. Jahrhunderts von Grevenbroich nach Mannheim umgezogen wäre. Keiner seiner Söhne kommt als Hersteller dieser Pistole in Frage. Eine Anfrage beim Armeemuseum Stockholm nach der Existenz von Cloeter-Waffen blieb leider unbeantwortet.

Zum Bestand von Cloeter-Waffen in Dresden liegen hingegen exakte Angaben vor. Demnach finden sich in den Staatlichen Kunstsammlungen Dresden zum einen in der Dauerausstellung der Rüst-

Manfred Loimeier

kammer eine Garnitur Steinschlossfeuerwaffen mit Ganzmetallschäftung. Diese Garnitur besteht aus einem Steinschlossgewehr (Rüstkammer, Inv.-Nr. G 1712) „CLOETER A MANHEIM" 1668 sowie aus zwei Steinschlosspistolen, (Rüstkammer, Inv.-Nr. J 769) „CLOETER A MANHEIM" 1668 und (Rüstkammer, Inv. J 875) „CLOETER A MANHEIM" 1668. Dabei handelt es sich um ein Geschenk des Kammerdieners Encke an Herzog Johann Georg (III) von Sachsen 1668. Dies unterstreicht, dass die Mannheimer Büchsenmacherwerkstatt Cloeter schon vor 1668 in Betrieb gegangen sein muss, um der Herkunftsbezeichnung à Mannheim zu entsprechen. Zum anderen finden sich im Depot der Staatlichen Kunstsammlungen Dresden vier Cloeter-Steinschlosspistolen. Darunter ist das ein Paar Steinschlosspistolen mit Ganzmetallschäftung und jeweils der Gravur „I. CLOETER A GREVENBROICH", um 1670 (Rüstkammer, Inv.-Nr. J 767 und J 768), sowie ein Paar Steinschlosspistolen mit Ganzmetallschäftung und jeweils der Gravur „CLOETER A MANNHEIM", um 1668 (Rüstkammer, Inv.-Nr. J 765 und J 766).[61]

Auch das Rijkskuseum Amsterdam verzeichnet eine Cloeter-Pistole, und zwar eine langgezogene „Vuursteenzakpistol met ijzeren lade", angefertigt von „Cloeter, Jan (pistoolmaker) 1655 tot 1660"

(NG-2002-23-108).[62] Darüber hinaus enthält die Visser Sammlung sowohl eine Steinschlossflinte mit Ganzmetallschäftung, um 1660 (Cat. 78), eine Steinschlosspistole mit Ganzmetallschäftung, um 1655 – 1660 (Cat. 256) sowie ein Paar Steinschlosspistolen mit Ganzmetallschäftung, um 1655 (Cat. 258), die alle Jan Cloeter zugeschrieben werden.[63]

Desgleichen sind in Moskau zwei Cloeter-Stücke gelagert. Das Historische Museum Moskau verfügt zum einen über eine Steinschlosspistole, Ganzmetallschäftung, die Jan Cloeter, 1650–1660, zugewiesen wird (HMM 5), zum anderen über ein Paar Steinschlosspistolen, Ganzmetallschäftung, ebenfalls von Jan Cloeter, 1650–1660 (HMM 7). Beim Steinschlosspistolenpaar ist allerdings nur eine Ähnlichkeit zu Jan-Cloeter-Arbeiten festzustellen – der Lauf ist zwar langgezogen, beginnt achteckig, und der Abzug ist außenliegend am Schaft angebracht, doch irritiert der kaum gewölbte Knauf. Ein solcher ist bei der einzelnen Steinschlosspistole zwar deutlich ausgearbeitet, doch widerspricht eine tief eingravierte Ornamentierung dem sonstigen Jan-Cloeter-Stil. So werden diese Moskauer Waffen Jan Cloeter zwar zugeordnet, sind in dieser Zuordnung indes mit einem Fragezeichen versehen.[64]

Abb. 10
Die Bestände in den Kunstsammlungen der Veste Coburg.
Foto: Kunstsammlungen der Veste Coburg
© Kunstsammlungen der Veste Coburg

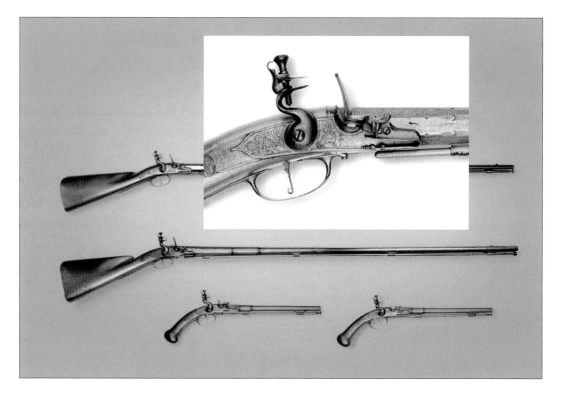

Meisterwerke europäischer Waffenschmiedekunst

Pype erwähnt noch aus dem Bestand der Prinzessin zu Salm-Reifferscheidt-Dyck Waffen, die große Ähnlichkeiten zu Cloeter-Arbeiten aufweisen.[65] Das Herrenhaus von Schloss Dyck wurde in den Jahren 1636 bis 1663 errichtet – im Dreißigjährigen Krieg zerstört und unter Ernst Salentin von Salm-Reifferscheidt-Dyck, kurkölnischem Oberst seit 1645, zum Schloss ausgebaut. Das Wasserschloss liegt im Norden von Grevenbroich, nördlich von Jüchen. Das Schloss verfügte lange über eine ansehnliche Waffensammlung, insbesondere von Jagdwaffen, die allerdings versteigert wurde. Eine Anfrage nach dem möglichen Weg dieser Waffensammlung blieb bedauerlicherweise ohne Antwort. Selbstverständlich liegt die sehr spekulative Vermutung nahe, Jan Cloeter habe für Schloss Dyck beziehungsweise die Herren von Salm-Reifferscheidt-Dyck gearbeitet. Verifiziert werden kann dies hier aber nicht.

Ferner führt Pype an, der Waffenkundler Støckel habe im Bayerischen Armeemuseum München vergleichbare Waffen gesehen.[66] Auch diesbezüglich führten Nachfragen zu keinem relevanten Ergebnis. Hingegen sind in den Kunstsammlungen der Veste Coburg einige Stücke der Cloeters ausgestellt. Dort sind es eine Ganzstahlflinte und ein Ganzstahlpistolenpaar, jeweils um 1680 datiert und mit der Büchsensignatur „CLOETER A MANHEIM" versehen (Inv.-Nr. GJA.I.138; V.105 – 106). Die glatten Läufe und ein achteckiger Außenquerschnitt kennzeichnen auch diese Waffen. Interessant könnten darüber hinaus die (Eigentümer-)Initialen „IB"[65] sein, da das Moskauer Steinschlosspistolenpaar (HMM 7) mit den Eigentümerinitialen „JANN B.F." versehen ist.[68]

Neben Dresden und Coburg weisen die Sammlungen des Tøjhusmuseet im Statens Forsvarshistoriske Museum Kopenhagen die umfangreichsten Bestände an Cloeter-Waffen auf. Das liegt möglicherweise darin begründet, dass Kurfürst Karl II., Mannheimer Regent seit 1680, dessen Tod 1685 den Pfälzischen Erbfolgekrieg (1688 – 1697) auslöste, im Jahr 1671 Prinzessin Wilhelmine Ernestine von Dänemark, eine Tochter von König Friedrich III. von Dänemark, geheiratet hatte. Die Sammlungen des Tøjhusmuseet Kopenhagen verzeichnen zwei Flinten und vier Pistolen.

Mit dem Fertigstellungszeitpunkt um 1695 ist eine Pistole (19-B906) Jan Cloeter zugeordnet, die, sofern sie von Jan Cloeter angefertigt worden sein soll, früher hergestellt worden sein muss, da Jan Cloeter zwischen 1674 und 1677 starb. Auch von Peter Cloeter könnte sie 1695 nicht mehr angefertigt worden sein, da er spätestens 1691 starb. Sofern sie korrekterweise 1695 vollendet wurde, müsste sie von Christian Cloeter stammen. Als Herkunftsland der Waffe gibt das Museum Deutschland an. Das Gleiche muss für eine zweite Pistole (19-B907) geltend gemacht werden, mit der die Pistole ein Paar bildet. Ein entsprechender Hinweis an das Tøjhusmuseet blieb bedauerlicherweise unbeantwortet. Ein weiteres Pistolenpaar in Kopenhagen wird mit dem Fertigstellungszeitpunkt 1670 geführt (17-B904 und 17-B905). Auf der zugehörigen handschriftlichen Karteikarte ist, im Gegensatz zum zuerst angeführten Pistolenpaar, der Name „Jan Cloeter a Grevenbroch" vermerkt, und als Herkunftsland steht dort auch „Tysk grevenbroch". Ursprünglich war dort als Herstellungsjahr um 1680 angegeben, das dann zu um 1670 korrigiert wurde. Offenbar während dieser Korrektur wurde auch hinter den Namen Jan Cloeter, erkennbar durch eine hellere Tinte, nachträglich die Anmerkung a Grevenbroch beigefügt. Auf einem weiteren Beiblatt ist, per Hand in Frakturschrift, erläutert: „Auf dem Schloss steht Jan Cloeter à Grevenbroch". Diese Erläuterung wurde auch in eine maschinenschriftliche Beschreibung der Waffe übernommen.

Sodann befindet sich in Kopenhagen noch ein Karabiner mit dem Fertigstellungsdatum um 1680 und der Zuordnung Jan Cloeter (17-B903). Auf der handschriftlichen Karteikarte steht „I. Cloeter a Greven(e)broch". Auf einem Beiblatt, wiederum in Fraktur, steht per Hand neben der Bestandsnummer B903 die Bemerkung „à Manheim" sowie „Der Lauf ist zum Abschrauben". Auf dem Schloss ist demnach ferner „J. Klöeter à Grevenbroch" eingraviert. Auch hier sollte das angegebene Herstellungsdatum überdacht werden. Das zweite Gewehr (17-B899) soll ebenfalls um 1680 fertiggestellt worden sein und trägt auf der Karteikarte den Herkunftsvermerk „Tysk Manheim" sowie die Ergänzung „P & C Cloeter a Manheim". Der Name war ursprünglich als „Peter Christian Cloeter" angegeben. Das „er" in

Manfred Loimeier

„Peter" wurde dann durchgestrichen und durch ein darüber geschriebenes „&" ersetzt. Auf dem Frakturbeiblatt steht, im Schloss sei „Peter et Christian Klöeter" eingraviert.[69]

Damit ergibt sich trotz des verstreuten Bestandes eine nennenswerte Zahl von erhaltenen Cloeter-Waffen, die sicherlich durch private Bestände noch deutlich erhöht werden könnte. Da Dresden eine Flinte und zwei Pistolen in der laufenden Ausstellung sowie vier Pistolen im Depot verzeichnet, das Rijksmuseum Amsterdam eine Pistole, das Historische Museum Moskau drei Pistolen, die Visser Sammlung ein Gewehr und drei Pistolen, die Veste Coburg zwei Gewehre und zwei Pistolen und Kopenhagen zwei Gewehre und vier Pistolen, kommen immerhin sechs Flinten und neunzehn Pistolen zusammen. In Stockholm könnten zwei weitere Pistolen vorhanden sein.

Johannes Cloeter in Heidelberg und Weinheim
Die Familie Cloeter hinterließ nicht nur in Mannheim, sondern auch in Heidelberg und Weinheim Spuren. Dies liegt vor allem am Wirken von Johannes Cloeter, dem 1641 erstgeborenen Sohn von Jan Cloeter. Johannes Cloeter war 1664 als Student in Heidelberg eingeschrieben. Von 1675 bis 1695 wird er im „Heidelberger Gelehrtenlexikon" als Bibliothekar der Universität Heidelberg angegeben. 1675 bei einer jährlichen Besoldung von 160 Gulden. Am 5. Januar 1681 gestattete es der Senat Johannes Cloeter, öffentlich und privat Vorlesungen zu halten, „aber ohne Titel und Besoldung". Zudem forderte der Senat die Ablegung des Magisterexamens, das er im selben Jahr leistete. Von 1681 bis 1683 promovierte er zum Dr. jur. „1691–1695 ‚provisor fisci'". 1693–1695 Syndicus, von 1696 bis 1722 Mitglied der Juristischen Fakultät mit Schwerpunkt Natur- und Völkerrecht. Als Geburtstag ist der 31. Mai 1641, allerdings mit einem Fragezeichen, angegeben, als Geburtsort Mainz/Grevenbroich. Todestag ist der 19. Januar 1722 in Heidelberg, zeitlebens unverheiratet. Die jährliche Vergütung seit 1696 lag bei 30 Gulden als Provisor, „als Syndicus 160 Gulden, 1 Fuder Wein, 12 Malter Korn und freie Wohnung; Mai 1693 Flucht nach völliger Zerstörung der Stadt H durch franz. Truppen; Ende Mai 1693 Hans Ludwig Fabritius schreibt von UH aus Frankfurt/M.:‚[...]

vom Syndikus v. Cloeter wisse niemand, was aus ihm geworden [...]'; Okt. 1693 an UH in Frankfurt eingetroffen; 1. Sept. 1694 Ern. zum dritten o. Prof. an Jur. Fak. Duisburg; 30. März 1695 Entlassungsschreiben von UH durch Kurfürst Johann Wilhelm; Juni 1695 Antritt der Professur Duisburg; seit Aug. 1698 a.o. Prof., erneut Syndicus (–1719) und Bibliothekar an UH in Frankfurt; Aug. 1698 an UH in Weinheim; 10. Okt. 1699 C. bittet Kurfürst Johann Wilhelm um Bezahlung seiner rückständigen Besoldung von 1200 Gulden und 36 Malter Korn; 1700 mit U Rückkehr nach H; 1692 Hofgerichts-Rat"[70]

Entscheidend sind diese Eintragungen im „Heidelberger Gelehrtenlexikon" auch deshalb, weil dort angegeben ist, wo bereits (ergebnislose) Anfragen getätigt wurden, so beim Evangelischen Gemeindeamt Mainz, beim Evangelischen Kirchengemeindeamt Heidelberg sowie beim Stadtarchiv Duisburg.[71]

Diese Datenauflistung veranschaulicht die Atmosphäre jener Zeit, denn der Zerstörung Mannheims 1689 folgte 1693 die Zerstörung Heidelbergs. Wer konnte, floh aus der Stadt am Neckar. Kurfürst Johann Wilhelm exilierte nach Düsseldorf, die Professoren der Universität Heidelberg zerstreuten sich in alle Winde. Professor Johann Ludwig Fabricius rettete wertvolle Bestände der Universitätsbibliothek und brachte sie zuerst nach Frankfurt, dann nach Marburg und schließlich wieder nach Frankfurt. Dort formierten sich 1694 die Heidelberger Professoren neu, bis schließlich im März 1698 auf kurfürstlichen Beschluss Weinheim zum neuen Sitz erklärt wurde. Während der Kurfürst im Weinheimer Schloss zu residieren beabsichtigte und die kurfürstliche Münze im vormaligen Gasthaus „Krone" untergebracht war, mussten Räumlichkeiten für Regierungssitz sowie Universität erst noch gefunden werden.

Die bisherigen Bewohner des Schlosses in Weinheim wurden in das städtische Schulhaus umgesiedelt, als neues Schulhaus wurde das sogenannte Metzsche Haus erklärt, in dem sich aber sieben Bewohner lange gegen ihren Auszug sperrten. Auch für Räte und Diener des Kurfürsten war schwer Quartier zu finden, bis am 19. Juli 1698 Kurfürst

Meisterwerke europäischer Waffenschmiedekunst

Johann Wilhelm und Gemahlin in Weinheim ein-trafen.[72]

Im kurfürstlichen Gefolge siedelte der gesamte Gelehrtenkreis nach Weinheim über, wobei dieser relativ übersichtlich war. Unter dem Rektorat des Medizinprofessors Johann Konrad Brunner erfolgte die erste Sitzung an der Universität Weinheim am 18. August 1698. Zwei Hauptaufgaben setzten sich die fünf Weinheimer Professoren Brunner, Fleck von Roseneck, Karl Konrad Achenbach sowie Vater und Sohn Leuneschlos: erstens die Vorbereitung eines geregelten Vorlesungsbetriebs, zweitens die Sicherung des verstreuten Archiv- und Bibliotheks-bestands. Mit letzterem wurde Johannes Cloeter beauftragt.[73]

Während in Weinheim weiterhin Räume und Woh-nungen für kurfürstliche Hofboten requiriert wur-den, die während deren Abwesenheit von den Pro-fessoren genutzt werden durften, reiste Johannes Cloeter zwischen Heidelberg, Frankfurt und Düssel-dorf hin und her, um die jeweiligen Teilbibliotheken zusammenzutragen. Ende 1698 traf Cloeter den Kurfürsten, der dabei darauf bestanden haben soll, einige Folianten nach Düsseldorf zu verlagern. Und dies, obwohl Johann Wilhelm offenbar nicht viel von diesen Werken hielt: „gar große alte Bücher, welche zum Teil unlesbar seien, vor welchem man nur aus-wendig anzusehen einen Abscheu haben würde".[74] Gleichwohl erfuhr Cloeter im Februar 1699 in Düs-seldorf vom Hofkanzler, der Kurfürst habe bezüg-lich Weinheim die Absicht, „die Universität auf sol-che Weise zu benefizieren, damit es bestand habe und dero successors es nicht umstoßen können".[75] Nach dieser Bestandsgarantie wurden zahlreiche Urkunden aus dem kurfürstlichen Archiv von Hei-delberg nach Weinheim gebracht. Doch die kur-fürstlichen Ambitionen auf den Fortbestand der Universität Weinheim wurden bald wieder nichtig.

Mit Wirkung zum 15. März 1700 wurde die Univer-sität nach Heidelberg zurückverlegt. Ob Johannes Cloeter während dieser zwei Jahre, in denen Wein-heim als Sitz der Universität Heidelberg galt, selbst überhaupt in Weinheim war, muss bezweifelt wer-den. Weder findet sich eine entsprechende Erwäh-nung im Generalindex, der auf der Auswertung der Stadtarchiv-Unterlagen beruht, noch taucht der Name in den Weinheimer Ratsprotokollen oder den Grundbüchern auf.[76]

Dennoch kann als Fazit festgehalten werden, dass die Lebenszeit Jan Cloeters und seiner Söhne Johannes, Jacob, Peter und Christian Cloeter genauer eingegrenzt werden konnte, und dass ein Umzug der Büchsenmacherwerkstatt von Greven-broich nach Mannheim nachgewiesen ist. Desglei-chen steht fest, dass die Blütejahre der Büchsen-schmiede Cloeter in die Mannheimer Zeit fallen und dass diese Familie in der Region länger und intensiver wirksam war, als bisher vermutet. Nicht zu unterschätzen ist die Bestandsaufnahme der Waffen in öffentlichem Besitz, wenngleich dadurch die Notwendigkeit einer Neudatierung ersichtlich wird.

1   Cloeter, Hermine: Verklungenes Leben. Die Geschichte einer Familie im Spiegel der Zeiten, Neustadt an der Aisch 1960, S. 16.

2   Puype, Jan Piet: De Glorie van de Nederlandse geweermakerij in de zeventiende eeuw. Bijzondere technische systemen, Amsterdam 2004, S. 10. Im Original lautet der Satz: „Het paar pistolen in de tentoonstelling is gemaakt door Jan Cloeter uit het nabij Aken gelegen Grevenbroich. Waarschijnlijk is het dezelfde Cloeter die ook in Maastricht en Luik gewerkt heeft." Vgl. http://collectie.leger museum.nl/str.visser.nl/str.visser/nl/i000592.html.

Manfred Loimeier

3 Geibig, Alfred: Der Herzöge Lust. Jagdwaffen am Coburger Hof, Coburg/Solothurn 2005, S. 85.

4 Landesarchiv Nordrhein-Westfalen, Personenstandsarchiv Brühl, Aktenzeichen II.2.3.4-07/0469 vom 1.3.2007.

5 Landesarchiv Nordrhein-Westfalen, Personenstandsarchiv Brühl, Aktenzeichen II.2.3.4-07/0636 vom 15.3.2007, Signatur BA 2856.

6 Genealogische Angaben nach http://gedbas.net. Derlei Datenverzeichnisse im Internet sind mitunter nicht nur bezüglich der Jahreszahlen nicht immer sehr zuverlässig.

7 Landesarchiv Nordrhein-Westfalen, Hauptstaatsarchiv Düsseldorf, Aktenzeichen 42-03-02#14/07 vom 5.2.2007.

8 Universität Duisburg, Matrikeleintrag, unter www.uni-duisburg.de/Institute/CollCart/matrikel/pages/007-0...

9 Universität Duisburg, Institut für Kulturwissenschaften, Evangelische Theologie, Auskunft per E-Mail vom 4.1.2007.

10 Universität Heidelberg, Universitätsarchiv, Auskunft Aktenzeichen Tgb.-Nr. 26/07 vom 16.1.2007.

11 StadtA-ISG Mannheim, Auskunft Aktenzeichen 16/16.74.30-Cloeter vom 12.9.2006.

12 Cloeter, Hermine: Verklungenes Leben. Die Geschichte einer Familie im Spiegel der Zeiten, Neustadt an der Aisch 1960.

13 Ebenda, S. 12.

14 Ebenda, S. 12.

15 Österreichische Akademie der Wissenschaften, Archiv, Auskunft per E-Mail vom 2.1.2007.

16 Staatliche Kunstsammlungen Dresden, Rüstkammer, Auskunft per Brief vom 24.1.2007.

17 Heer, Eugène: Der Neue Støckel, Bd. 1, Schwäbisch Hall 1978, S. 225.

18 Ebenda, S. 225.

19 Stasse, Arie Jan: Diakenen van Maastricht 1632–1800; Bron: Gedenkboek der Hervormde Gemeente van Maastricht, 1632– 1932, http://de-wit.net/bronnen/maastricht-diakenen-1632-1800.htm.

20 Guide pour l'identification des marques et poinçons Belges, http://site.voila.fr/guideliege/pageC.htm (page des fabricants comman-çant par C).

21 Tøjhusmuseet Kopenhagen, Museumsnummern B 914 (Riflet Kammerladningspistol af Leonard Cleuter, 1680; Kaliber 11,2 mm) und B 915 (Riflet Kammerladningspistol af Leonard Cleuter, 1680, Kaliber 11,3 mm), http://www.thm-online.dk/tidsperioder/perioden 1670– 1699/montre1...

22 Das Musée d'armes de Liège „contient aussi une magnifique paire de pistolets à monture d'ivoire, attribuée à Léonard Cleuter de Maastricht vers 1660", in: „Des Musées à l'Etranger: Belgique, Le Musée d'armes de Lièges"; S. 3, http://www.academie-des-armes-anciennes.com/voyages.html.

23 Yablonskaya, E. A.: Dutch Guns in Russia, Amsterdam/Zwolle 1996, S. 202f (K.167, Inv.-Nr. OR-1167), S. 336f (HMM.5, Inv.-Nr. 9030) und S. 340f (HMM.7, Inv.-Nr. 9440). Das „K" steht für den Katalog des Kreml-Museums als „HMM" bezeichnet den Katalog des Historischen Museums Moskau.

24 Puype, Jan Piet: The Visser Collection, Vol. 1: Catalogue of Firearms, Swords and related Objects, Part 2, Catalogue Numbers 244– 495, Zwolle 1996, S. 38– 41 (Cat. 256, HV-963), S. 44–47 (Cat. 258, HV-357/358), S. 526f (Cat. 436, HV-457/458), S. 530–533 (Cat. 438, HV-468/469) und S. 534–537 (Cat. 439, HV-732/733). „HV" steht für die Sammlung Henk Visser.

25 Puype, Jan Piet: The Visser Collection. Vol. 1, Part 1, Catalogue Numbers 1– 243, Zwolle 1996, S. 228f (Cat. 78, HV-813).

26 Puype, Jan Piet: The Visser Collection. Vol. 1, Part 2, Catalogue Numbers 244–495, Zwolle 1996, S. 38–40.

27 Ebenda, S. 44.

28 Ebenda, S. 534.

29 Cloeter: Verklungenes Leben, S. 12.

30 Ebenda, S. 14f.

31 Ebenda, S. 26.

32 Ebenda, S. 18.

33 Ebenda, S. 19.

34 Ebenda, S. 25.

35 Ebenda, S. 19.

36 Ebenda, S. 24.

37 Ebenda.

38 Ebenda, S. 18.

39 Ebenda, S. 25.

Meisterwerke europäischer Waffenschmiedekunst

40 Ebenda.

41 Ebenda, S. 17.

42 Ebenda.

43 Ebenda, S. 19.

44 Ebenda.

45 Ebenda, S. 23.

46 StadtA-ISG Mannheim, Auskunft Aktenzeichen 16/16.74.30-Cloeter vom 12.9.2006.

47 Ryll, Monika: Die Eintrachtskirche und die Nationalkirche in Mannheim. Zwei verschwundene Gotteshäuser als konfessionspolitische
    Leitbilder für den Kirchenbau des 17. und 18. Jahrhunderts, in: Herklotz, Ingo / Krause, Katharina (Hrsg.): Marburger Jahrbuch für
    Kunstwissenschaft, Bd. 27, Marburg 2000, S. 305; siehe auch: Geschichte 1. Teil. Von den Anfängen bis zur Zerstörung 1943, http://www.
    ekma.de/gemeinden/konkordien/geschichte/inhalt_01.htm.

48 Ebenda, S. 22.

49 Ebenda.

50 Ebenda.

51 Oeser, Max: Geschichte der Stadt Mannheim, Mannheim 1908. Nach S. 48 eingehefteter „Plan der Stadt Mannheim vom 4. April 1663
    nach van Deyl mit den Namen aller Hauseigenthümer".

52 Cloeter: Verklungenes Leben, S. 19.

53 Ebenda, S. 25.

54 Ebenda, S. 23.

55 Ebenda.

56 Ebenda.

57 Österreichische Akademie der Wissenschaften, Archiv, Auskunft per E-Mail vom 2.1.2007.

58 StadtA-ISG Mannheim, Auskunft Aktenzeichen 16/16.74.30-Cloeter vom 12.9.2006.

59 Kunsthistorisches Museum Wien, Auskunft per E-Mail vom 16.1.2007.

60 Hirsch, Paul: Kleine Beiträge, in: Mannheimer Geschichtsblätter, Mannheim 1925. Sp. 167f.

61 Staatliche Kunstsammlungen Dresden, Rüstkammer, Auskunft per Brief vom 24.1.2007.

62 Rijksmuseum Amsterdam, http://www.rijksmuseum.nl/wetenschap/zoeken?lang=en&field=arti...

63 Puype: The Visser Collection. Vol. 1, Part 1, S. 228f; Part 2, S. 38–41 und S. 44–47.

64 Yablonskaya: Dutch Guns in Russia, S. 336f und S. 340f.

65 Puype: The Visser Collection. Vol. 1, Part 2, S. 38.

66 Puype: The Visser Collection. Vol. 1, Part 1, S. 228.

67 Geibig, Alfred: Der Herzöge Lust. Jagdwaffen am Coburger Hof, Coburg/Solothurn 2005, S. 84–87; Geibig, Alfred: Gefährlich und
    schön. Kunstsammlungen der Veste Coburg, Coburg 1996, S. 176f.

68 Yablonskaya: Dutch Guns in Russia, S. 340.

69 Statens Forsvarshistoriske Museum, Tøjhusmuseet Kopenhagen, http://www.thm-online.dk/genstande/?textsearch%3Awords
    =cloeter.

70 Drüll, Dagmar: Heidelberger Gelehrtenlexikon 1652–1802, Heidelberg 1991, S. 18f.

71 Ebenda, S. 20.

72 Weiß, John Gustav: Geschichte der Stadt Weinheim, Weinheim 1911, S. 105; Fresin, Josef: Die Geschichte der Stadt Weinheim,
    Weinheim 1962, S. 108.

73 Gutjahr, Rainer: Weinheim war vormals pfälzische Universitätsstadt, in: Der Rodensteiner (Heimatbeilage der Weinheimer Nachrich-
    ten), 12. August 1977.

74 Schuch, Georg: Weinheim als Universitätsstadt, in: Der Rodensteiner (Heimatbeilage der Weinheimer Nachrichten), 10. Juni 1967. Wie
    Gutjahr dürfte auch Schuch seine Informationen aus Hautz, Johann Friedrich: Geschichte der Universität Heidelberg, Mannheim 1862,
    S. 225-231, bezogen haben.

75 Ebenda.

76 Stadtarchiv Weinheim, Auskunft per E-Mail vom 12.2.2007.

Peter Blastenbrei

Jüdische Akkulturation in der süddeutschen Provinz
Das Testament des Soldaten

Am 9. Dezember 1811[1] traten zwei junge Mannheimer, Samuel Dinkelspiel und David Kanstadt, gemeinsam als Freiwillige in das badische Infanterieregiment „Graf von Hochberg" Nr. 3 ein. Das Großherzogtum Baden befand sich zu dieser Zeit wie alle Rheinbundstaaten in fieberhaften Vorbereitungen für den Russlandfeldzug Napoleons: Ein Teil seiner Armee war schon im Vorjahr nach Norddeutschland abgerückt, das Infanterieregiment Nr. 3 war daraufhin anstelle einer vorausmarschierten Formation nach Mannheim verlegt worden. Dinkelspiel und wohl auch Kanstadt wurden der 4. Füsilierkompanie ihres Regiments zugeteilt,[2] das mit der badischen Brigade am 16. Februar 1812 Mannheim verließ.[3] Die Badener zogen zuerst an die Ostsee, wo sie auf Rügen, um Stettin und dann in der Umgebung Danzigs Küstenwachdienst gegen eine befürchtete britisch-schwedische Invasion leisteten. Am 1. September, als sich die Hauptmasse der Grande Armée bereits auf dem Rückzug befand, überschritt das IX. Armeekorps mit den badischen Truppen den Grenzfluss Njemen (Memel) und rückte langsam nach Osten vor. Am 28. September kam die badische Brigade in Smolensk an der Etappenstraße nach Moskau an, doch schon vierzehn Tage später mussten die Badener Smolensk verlassen, um das nordöstlich davon gelegene Vitebsk[4] gegen die vordringenden Russen zu verteidigen. Als die badischen Soldaten Ende Oktober von Vitebsk aus den Rückzug zur Berezina antraten,[5] war Samuel Dinkelspiel schon nicht mehr unter ihnen. Wie später bekannt wurde, starb er im November oder Dezember 1812 im Lazarett in einem kleinen Ort bei Vitebsk,[6] wie viele seiner Kameraden ein Opfer der Erschöpfung, der schlechten Ernährung und der grassierenden Seuchen. David Kanstadt dagegen war schon in den ersten Tagen auf russischem Boden desertiert und kehrte schließlich 1814 unversehrt aus russischer Gefangenschaft nach Mannheim zurück.[7]

Zwei Schicksale, wie es sie im Jahr des Untergangs der Grande Armée so oder ähnlich zu Tausenden gegeben hat. Was diese beiden aus der Masse der Soldaten des Jahres 1812 heraushebt, ist ihre Religion, denn beide waren Juden und damit unter den Soldaten der deutschen Kontingente noch seltene Ausnahmen. Das Testament, das Samuel Dinkelspiel vor seinem Abmarsch aufsetzte[8] und beim Auditoriat[9] seines Regiments hinterlegte, bietet über diese dürre Tatsache hinaus eine Fülle von Hinweisen zur kulturellen und wirtschaftlichen Situation der Familie Dinkelspiel und der Mannheimer Juden allgemein um 1800, die uns hier interessieren soll.

Samuel Dinkelspiel und David Kanstadt gehörten zu den ersten Juden, die im badischen Heer Kriegsdienst leisteten,[10] und sie gehörten damit auch zu den ersten Juden, die überhaupt in einer deutschen Armee dienten.[11] Baden hatte relativ früh mit dem Abbau des Ausnahmerechts für Juden begonnen, allerdings zog sich auch hier ihr Hinüberwachsen in den Status normaler Staatsbürger über viele Jahre hin, zuletzt immer wieder begleitet von Zweifeln und Einwänden seitens der Behörden und christlicher Bürger.[12]

Noch vor dem 9. Konstitutionsedikt vom 13.1.1809,[13] das die Lage der badischen Juden grundlegend veränderte, hatte die Konskriptionsordnung vom 29.9.1808 die Wehrpflicht auf alle badischen Staatsbürger ohne Rücksicht auf die Religion ausgedehnt. Doch wurde der Wehrdienst von Juden mit der Verordnung vom 14.3.1809[14] „bei ihrer zur Zeit noch bestehenden Unbrauchbarkeit zum eigentlichen Militärdienst" durch eine Ablösesumme von 400 Gulden pro Rekrut ersetzt, mit der dann christliche Stellvertreter („Einsteher") bezahlt werden sollten. 1811 wurde die Geldablösung dann zugunsten der persönlichen Dienstleistung auch jüdischer Rekruten aufgehoben.[15] Erst die neue Konskriptionsordnung vom 1. August 1812, deutlich unter dem Eindruck von Napoleons russischem Feldzug erlassen, hob alle Beschränkungen auf und ordnete die Einziehung der tauglichen jungen Badener aller Religionen an.[16]

Jüdische Akkulturation in der süddeutschen Provinz

Fast alles, was wir über Samuel Dinkelspiel über diese allgemeinen Bemerkungen hinaus wissen, stammt aus seinem Testament und aus dem Prozess, der Jahre nach seinem Tod um sein Erbe geführt wurde. Von seinem Kameraden David Kanstadt dagegen wissen wir außer dem bereits Gesagten nichts. Samuel Dinkelspiel wurde am 8. April 1792 als dritter Sohn des Kaufmanns Moises (Mosche ben Mordechai) Dinkelspiel (1746–1809) und der Schönge (Jeannette bat Alexander) Fuld (1764–1805) geboren[17] und gehörte damit einer recht bekannten jüdischen Familie Mannheims an, die allerdings nur für kurze Zeit eine gewisse Führungsposition unter den Juden der Stadt behaupten konnte. Der Stammvater der Familie, Mordche (Mordechai) ben Abraham, war um 1663, wohl im Zusammenhang mit den Privilegien Kurfürst Karl Ludwigs in die Stadt eingewandert. Seine Heimat war aller Wahrscheinlichkeit nach Dinkelsbühl, wo die ansässigen Juden 1649 vertrieben worden waren.[18] Das bekannteste Mitglied der Familie war Löb Dinkelspiel, Enkel des Mordche ben Abraham und Großonkel unseres Samuel, der als Eisenhändler das einzige wirtschaftlich wirklich erfolgreiche Mitglied der Familie wurde, auch wenn sein Vermögen sich nicht mit dem Besitz der ehemaligen Hofjudenfamilien[19] Mannheims messen lässt. Berühmt war er vor allem als Gründer einer Armenstiftung in seinem Nachlass. Samuel Dinkelspiel gehörte dem Familienzweig an, der von Löbs Bruder Mordechai (gestorben 1788) gegründet worden war und der es nicht zu Wohlstand brachte. In Löbs Testament von 1787 war Mordechai und seine Familie nicht bedacht worden.[20] Auch die Familie von Moises Dinkelspiel, Samuels Vater, hat in bescheidenen Verhältnissen gelebt, dafür sprechen die häufigen Wohnungswechsel und noch mehr die Tatsache, dass sie ihren Kindern kein Barvermögen hinterließen.

Adolf Dinkelspiel (1783–1848), der älteste Bruder Samuels und sein Alleinerbe, hatte schon Anfang 1814[21] während seiner Dienstzeit bei der Landwehr beim Mannheimer Auditoriat um die Eröffnung des Testaments seines Bruders gebeten, war aber abgewiesen worden, weil der Tod Samuels vorerst ja noch keineswegs feststand, ebenso bei einem zweiten Versuch im Januar 1816.[22] Erst 1817, als sich der Vermisste nach fünf Jahren nicht auf die

offizielle Aufforderung[23] gemeldet hatte, wurde es möglich, an eine Testamentseröffnung zu denken. Aus diesem Anlass fanden sich am 3. März 1817 alle betroffenen Familienmitglieder zusammen. Die Familie bestand damals außer Adolf Dinkelspiel aus den Brüdern Marx (geboren 1790), Heinrich (1797–1839) und Alexander (1801–1850) und der Schwester Fanny (1799–nach 1831); ein weiterer Bruder Salomon Hirsch (geboren 1796) war zur Zeit der Testamentseröffnung nicht in Mannheim anwesend.[24] Als Minderjährige standen sie unter der Vormundschaft ihrer Onkel Wolf und Emanuel Dinkelspiel.[25] Das Protokoll der Testamentseröffnung zeigt aber auch eine jüdische Familie, die am Rand der Armut lebte – die Geschwister nannten sich selbst in einer weiteren Eingabe „die dürftigen Erben" – zugleich aber bereits weitgehend in die christliche Mehrheitskultur hineingewachsen war. Heinrich Dinkelspiel war Schuhmachergeselle und brachte es später zum Schuhmachermeister und Vollbürger der Stadt Mannheim, Alexander war Schneiderlehrling und brachte es ebenfalls zu Meisterschaft und Bürgerrecht; die hier wieder auftretenden häufigen Wohnungswechsel aller vier Brüder Dinkelspiel in den E- und F-Quadraten lässt vermuten, dass es auch in dieser Generation keiner zu großem Wohlstand gebracht hat. Als am 16. März 1817 die Aufnahme des Gesamtvermögens abgeschlossen war, zeigte sich, dass das Einstandsgeld von 1811 der größte und einzig realisierbare Posten in Samuel Dinkelspiels Vermächtnis war. Aus dem Erbe seines mütterlichen Großvaters Alexander Fuld stand ihm ein Siebentel von dessen Barerbschaft zu, 107 Gulden 8 $^{2}/_{3}$ Kreuzer, und ein Sechstel des Wohnhauses in F 4, doch blieben diese Anteile bis zu ihrem Tod im Besitz der Großmutter, Alexanders Witwe Hanne Fuld.[26] Der eindeutige Wortlaut des Testaments ließ im Übrigen nur die volle Auszahlung des Einstandsgeldes (253 Gulden 27 Kreuzer) an Adolf Dinkelspiel zu.

Die Dokumente rund um die Testamentseröffnung bieten aber nicht nur Hinweise auf die wirtschaftlichen Verhältnisse einer jüdischen Familie der unteren Mittelschicht. Alle in Mannheim gebliebenen Brüder haben ihre jüdisch klingenden Namen abgelegt oder verändert, wie es viele Juden dieser Zeit taten: so legte der Älteste seinen ersten Vorna-

Peter Blastenbrei

men Abraham ab und nannte sich nur noch Adolf, aus Marx wurde Moritz und aus Hajum Löb wurde Heinrich. Von Adolf Dinkelspiel wissen wir, dass er anders als sein Bruder Samuel die deutsche Sprache auch schriftlich gut beherrscht haben muss, denn er war zu der Zeit, als er seinen ersten Antrag auf Testamentseröffnung stellte, Bataillonsschreiber im badischen 12. Landwehrbataillon.[27]

Was hat das Testament selbst an Informationen zu bieten? Zunächst mögen die profunden juristischen Kenntnisse im Testament Dinkelspiels überraschen. Konkret berief sich der gerade Zwanzigjährige auf den Code Napoléon, den das Großherzogtum Baden 1809 fast unverändert als Landrecht übernommen hatte, und hier auf Satz 904, der einem über 16jährigen Erblasser die Verfügung über die Hälfte seines Vermögens einräumte,[28] und auf Satz 970, der für die Gültigkeit eines Testaments Handschriftlichkeit, Datum und Unterschrift vorschrieb.[29] Dennoch dürfen diese Detailkenntnisse nicht allzu sehr überraschen, denn Samuel Dinkelspiel hatte ja für die Übersetzung seines Testaments die Hilfe des Sekretärs der Mannheimer Judenschaft in Anspruch genommen, der wohl auch für diese juristischen Hinweise verantwortlich war.

Das Testament zeigt eine weitere auffällige Eigenschaft, seine Schrift und seine Sprache. Das Testament ist in flüchtiger hebräischer Kursive geschrieben, doch ist die Sprache des Textes keineswegs Hebräisch oder Jiddisch, sondern Hochdeutsch mit einigen Unsicherheiten bei der Unterscheidung harter und weicher Konsonanten,[30] die sich problemlos auf den dialektalen Hintergrund des Abfassungsortes zurückführen lassen. Samuel Dinkelspiel wies in seinem Testament selbst auf seine „Unkunde" in deutscher Schrift hin, weswegen er eben den Judenschaftssekretär mit der Anfertigung einer Transkription betraut hatte.[31]

Wir haben hier also das eigenartige Beispiel eines jungen Mannheimers vor uns, der Hochdeutsch mit leichtem Dialekteinschlag beherrschte, sich schriftlich aber nur in hebräischer Schrift ausdrücken konnte. Diese seltsame Mischung verweist auf die jüdische Aufklärung des späten 18.Jahrhunderts und insbesondere auf ihren größten

und bekanntesten Vertreter Moses Mendelssohn (1729 – 1786). Mendelssohn, der in Berlin wirkte, schrieb einen großen Teil seiner Privatbriefe so. Wichtiger noch, er veröffentlichte 1783 eine erste jüdische Übersetzung der Tora ins Deutsche, aber in hebräischer Schrift.[32] Die Motive für diese Neuerung sind insbesondere bei Mendelssohn selbst sehr vielschichtig gewesen.[33] Ein Motivstrang bei den vor allem in und um Berlin aktiven jüdischen Aufklärern war die Heranführung der deutschen Juden an die deutsche Umgangssprache und die langfristige Verbesserung des jüdischen Unterrichtswesens, wobei die Beibehaltung der altgewohnten Schrift den deutschen Juden die zum Teil recht radikalen Neuerungen erleichtern sollte.

Die Orthografie in Samuel Dinkelspiels Testament lässt wenig Zweifel zu, dass der junge Mann mit der von den Berliner jüdischen Aufklärern der Mendelssohn-Richtung eingeführten Neuerungen in Schrift und Sprache in Kontakt gekommen sein muss. Insbesondere die fast durchgängige Vermeidung des אָ (alef mit kamez chatuf) zur Kennzeichnung des O-Lautes, der Gebrauch der Buchstabenkombination אוי (alef-waw-jod) für den deutschen Diphtong „au"[34] und die Wiedergabe des Artikels „die" mit דיא (dalet-jod-alef) weisen unmissverständlich auf die „Berliner" Orthografie hin. Die neue Schreibart der Juden, wie sie Mendelssohn und sein Kreis vorgeschlagen hatten, hatte allerdings schon wesentlich früher den Weg nach Mannheim gefunden und sogar in die Familie Dinkelspiel selbst: Das bereits erwähnte Testament Löb Dinkelspiels, des Großonkels Samuels, aus dem Jahr 1787 war bereits in hochdeutscher Sprache in hebräischer Schrift abgefasst,[35] damals noch eine sehr auffallende Neuerung. Leider fehlt uns im Augenblick irgendein greifbares verbindendes Glied zwischen dem Kreis der Berliner Aufklärer und den Mannheimer Juden.[36]

Stimmt der Befund einer frühzeitigen Berührung der Familie Dinkelspiel mit der Berliner jüdischen Aufklärung, so ergibt sich noch ein weiterer interessanter Aspekte für das Verhalten des unglücklichen jungen Soldaten von 1812. Nehmen wir an, dass man in der Familie Dinkelspiel die Aktivitäten der jüdische Aufklärer in Berlin mit Aufmerksamkeit verfolgte, so dürfte dort kaum entgangen

Jüdische Akkulturation in der süddeutschen Provinz

sein, dass David Friedländer (1750–1834), Nachfolger und wichtigster Schüler Mendelssohns, den Kriegsdienst von Juden als Mittel auf dem Weg zur Emanzipation befürwortete und seit etwa 1790 die Übernahme aller Bürgerpflichten einschließlich des Militärdienstes sogar als Voraussetzung für die Gewährung der Bürgerrechte an die Juden ansah.[37] Damit könnte für Samuel Dinkelspiel neben der hohen Einstandssumme noch ein anderes Motiv für seine Meldung zum Militärdienst gültig gewesen sein, das Motiv der Übernahme dieser Pflicht durch die deutschen Juden auf dem Weg zu ihrer bürgerlichen Gleichstellung.

1   Familienbogen Moises Dinkelspiel („9. December 1811 ins ghgl. Militair getreten"). Die Meldung als Freiwillige muss aber schon im November erfolgt sein, da der Regimentskommandeur Oberst Brückner am 30.11.1811 vom Kriegsministerium in Karlsruhe Antwort auf seine Anfrage wegen der Auszahlung des Handgeldes bekam. StadtA-ISG Mannheim, Bestand Amtsgericht-Verlassenschaftsakten, Archivalien-Zugang 32/2001, Nr.1243, Bl. 6.

2   Testament des Samuel Dinkelspiel vom 7./14.2.1812, StadtA-ISG Mannheim, Zugang 32/2001, Nr.1243. Hier abgedruckt auf S. 43 (hebräische Version) und S. 44 (deutsche Version).

3   Die Brigade unter Graf Wilhelm von Hochberg (Markgraf Wilhelm von Baden) umfasste ein weiteres Infanterieregiment, zwei selbstständige Bataillone und vier Geschütze. Denkwürdigkeiten des Markgrafen Wilhelm von Baden, 1.Band 1792 – 1818, Badische Historische Kommission (Hrsg.), bearb. von Karl Obser, Heidelberg 1906, S. 128.

4   Vitebsk, belarussisch Vicebsk, damals eine unbedeutende, strategisch allerdings günstig gelegene Kleinstadt mit zahlreicher jüdischer Bevölkerung, Zentrum des litauischen Chassidismus, Encyclopaedia Judaica 16, Jerusalem 1971, col.190-193.

5   Denkwürdigkeiten des Markgrafen Wilhelm, S. 148 – 149, 152, 156 – 158.

6   StadtA-ISG Mannheim, Zugang 32/2001, Nr.1243, Bl. 4.

7   Freundliche Auskunft von Herrn Dr. Rainer Brüning vom Generallandesarchiv Karlsruhe (nach der dort vorhandenen Kartei der Teilnehmer am russischen Feldzug). David Kanstadt lebte 1788–1852 und erwarb 1834 das Schutzbürgerrecht seiner Heimatstadt. Vgl. StadtA-ISG Mannheim, Familienbogen Cosmann Kanstadt.

8   Das Datum der Abfassung des Testamentes ist nicht ganz zu klären. Die in den Akten des Mannheimer Auditoriats befindliche Version in lateinischer Schrift trägt das Datum des 7.2.1812 und weist sich damit ebenso wie durch die vorgenommene Streichung einer Passage als Entwurf, nicht als nachträgliche Übersetzung aus. Das handschriftliche Testament in hebräischer Schrift trägt das Datum des 14.2.1812.

9   Die juristische Abteilung des Regimentsstabes unter einem Auditor, die auch für die Behandlung straffällig gewordener Soldaten zuständig war.

10   Der erste aktive jüdische Soldat Badens war anscheinend Jakob Meier aus Ettlingen, der 1809 beim badischen Kontingent in Spanien nachgewiesen ist. Auch für diese Auskunft danke ich Herrn Dr. Brüning vom GLA Karlsruhe.

11   Trotz der Bedeutung dieses Themas für die beginnende Gleichstellung der Juden im frühen 19. Jahrhundert gibt es über den Weg der deutschen Juden in den aktiven Militärdienst vor 1813, abgesehen von Preußen, nur wenige Darstellungen. Zur preußischen Armee: Vogel, Rolf: Ein Stück von uns. Juden in deutschen Armeen 1813 – 1976, Mainz 1977; Messerschmidt, Manfred: Juden im preußisch-deutschen Heer, in: Militärgeschichtliches Forschungsamt (Hrsg.): Deutsche jüdische Soldaten. Von der Epoche der Emanzipation bis zum Zeitalter der Weltkriege, Hamburg/Berlin/Bonn 1996, S. 39 – 62, bes. S. 30 – 40. Zur kaiserlichen Armee: Jüdisches Lexikon. Ein enzyklopädisches Handbuch des jüdischen Wissens, begründet v. G. Herlitz und B. Kirschner, Band 4.1, Berlin 1930, Sp.186. Zur bayerischen Armee: Schmidt, Wolfgang: Die Juden in der Bayerischen Armee, in: Deutsche jüdische Soldaten, a. a. O., S. 63 – 85, bes. S. 63 – 66.

Peter Blastenbrei

Vgl. auch Brenner, Michael: Vom Untertanen zum Bürger, in: Brenner, Michael / Jersch-Wenzel, Stefi / Meyer, Michael A. (Hrsg.): Deutsch-jüdische Geschichte in der Neuzeit, Band II, München 2000, S.265 – 270. In der Armee des Königreichs Westfalen 1807 – 1813 gab es offenbar keinerlei Beschränkungen für den Militärdienst von Juden.

12 Rosenthal, Berthold: Heimatgeschichte der badischen Juden seit ihrem geschichtlichen Auftreten bis zur Gegenwart, Bühl 1927, S. 247.

13 Grosherzoglich badisches Regierungsblatt, 7. Jahrgang, Karlsruhe 1809, S.29 – 44 Nr. VI.

14 Ebenda, S. 125 Nr. XII.

15 Rosenthal: Heimatgeschichte, S. 243.

16 Großherzoglich badisches Regierungsblatt, 10. Jahrgang, Karlsruhe 1812, S. 131 – 132 § 1.

17 Mannheim, Familienbogen Moises Dinkelspiel; Simon, Carl: Stammbaum der Familie Dinkelspiel, in: Israelitisches Gemeindeblatt, Mannheim, 6/1928, Nr.1, S. 6.

18 Simon, Carl: Geschichte der Familie Dinkelspiel in Mannheim, in: Israelitisches Gemeindeblatt, Mannheim, 3/1925, Nr.1, S.3 – 4.

19 Waßmuth, Britta: Im Spannungsfeld zwischen Hof, Stadt und Judengemeinde, Ludwigshafen 2005, Sonderveröffentlichungen des StadtA-ISG Mannheim, 32, S. 141 – 150.

20 Rosenthal, Berthold: Das Testament des Löb Dinkelspiel vom Jahre 1787, in: Mannheimer Geschichtsblätter, 31/1930, Sp.209 – 212.

21 StadtA-ISG Mannheim, Zugang 32/2001, Nr.1243, Bl. 4.

22 Ebenda, Bl. 2.

23 Am 8.1.1816 war eine Aufforderung an alle noch vermissten badischen Militärangehörigen ergangen, sich bis zum 31.12.1816 bei den Behörden zu melden oder wenigstens Beweise einzusenden, dass sie noch am Leben seien. Wer dieser Aufforderung nicht nachkam, wurde amtlich für tot erklärt mit den entsprechenden Folgen für seine Erben. Großherzoglich badisches Regierungs-Blatt, 14/1816, N° 2, S. 4. Diese Bestimmung bedeutete eine wesentliche Erleichterung gegenüber den im Code Napoléon als Badischem Landrecht vorgeschriebenen Prozeduren und Fristen, die im Fall Dinkelspiel bis zu zehn Jahre hätten betragen können. Code Napoléon mit Zusätzen und Handelsgesetzen als Land-Recht für das Großherzogthum Baden, Karlsruhe 1809, S.35 – 36, Sätze 115 – 117, 119 und 121.

24 StadtA-ISG Mannheim, Zugang 32/2001, Nr.1243, Bl. 15, in Kombination mit Familienbogen Moische Dinkelspiel und Simon, Geschichte.

25 Dabei gibt Marx D. insofern ein Rätsel auf, als er zwar 1817 volljährig, aber nach dem Protokoll der Testamentseröffnung entmündigt war und ebenfalls unter Vormundschaft stand. Der Familienbogen führt ihn aber später als Kaufmann auf, der 1824 das Mannheimer Bürgerrecht erwarb.

26 StadtA-ISG Mannheim, Zugang 32/2001, Nr.1243, Bl. 19r-v.

27 Ebenda, Bl. 4r-v.

28 Code Napoléon, S.251, Satz 904. Das Volljährigkeitsalter lag bei 21 Jahren. Ebenda, S.127, Satz 488.

29 Ebenda, S.268, Satz 970.

30 Besonders auffällig beim Namen seines Bruders und Erben, der hier Atolf heißt. Vgl. dazu den Textkommentar auf S. 43.

31 Vgl. deutsche Version des Testaments, siehe auch Anm. 8.

32 Mendelssohn, Moses: Gesammelte Schriften. Jubiläumsausgabe, Band 5, 1, Hebräische Schriften 2, 1: Der Pentateuch, bearb. von Werner Weinberg, Stuttgart Bad Cannstadt 1990.

33 Ebenda: Einleitung, S. XIV-XXVIII und LXXXI-LXXXVII.

34 In Zeile 15 und 26 des hebräischen Textes.

35 Vgl. Rosenthal: Testament, Sp.209.

36 Das Subskribentenverzeichnis in der ersten Lieferung der Tora-Übersetzung Moses Mendelssohns erwähnt keine Mannheimer Bezieher wie überhaupt die Ausbreitung dieses Werks offenbar lange Zeit auf Norddeutschland begrenzt blieb. Lowenstein, S. M.: The Readership of Mendelssohn's Bible Translation, in: Hebrew Union College Annual, 53/1982, S.180 – 184 und 194 – 195. Allerdings liegen überregionale Kontakte zu Besitzern und Lesern der Übersetzung nahe, insbesondere nach Frankfurt.

37 Vgl. Meyer, Michael A.: Von Moses Mendelssohn zu Leopold Zunz. Jüdische Identität in Deutschland 1749 – 1824, München 1994, S.76 – 78; Code Napoléon, S. 268, Satz 970.

Jüdische Akkulturation in der süddeutschen Provinz

Testament des Samuel Dinkelspiel 1812:
Umschrift in hebräische Druckschrift

לעטצעט וויללענס מיניג

דעס גמינין אים גראס הערצאגליכען באדישען דריטטען איאנדעריע2
רעגימענט דעס מאיאערס פין אסבראנד שאממואל דינקעל שפיהל3
דא מיך דער בעפארשטעהנדען פעלד=צוג צור עררייכטונג מיינר לעצטע וויללענס4
מיינונג בשטיממט · איך אבר וועגען מיינר יעצט נאך טורענדר מינדער יעהריג5
קייט אב איך גלייך דאס זעקסצעהנדע יאהר צור רוק גלעגעט האבע נאך דעם6
זאץ 904 דאס נייאן לאנד רעכט נור איבר דיא העלפטע מיינעס פער מעגענס7
דורך מיינען לעצטען וויללען פער ארדנען קאן · דא ערקלעהרע איך דורך8
דיזען מיינען נאך דעם זאץ 970 דאס נייאן לאנדרעכטס איגנענטיג9
גשריבנען לעצטען וויללען · דאס איך מיינעם ברודער אטאלף דינקל שפיהל איך10
מנהיים אים פאלל מיינעס הינשיידנס צום וואהרען אונד אללייניגען ערבען11
דער האלב שיידע מיינעס געזאמטען פערמעגנס וועלכעס איך אם טאגע מיינעס12
טאטעס בעסיצע ענוועדר זעלבסט פער וואלטע · אדר וועלכס נאך אונטר פארמונט13
שאפטליכער פער וואלטונג שטעהט - דא וויא דאס יעניגע וועלכעס נאך דעם ראטטע14
מיינער גראס מוטטר האנע פולדא נאך אויף מיך פאללען וויּרד איינדעצטע15
אינס בעזונדר זאלל דער זעלבע מיינה גאנצה איינשטאנטס קאטציאן איבר וועלכה16
איך מיינער מינדר יעהריגקייט אהנגעאכטעט פאלללקמען דיס פווינירין קאן17
ערבען ! איך האב מיר פור גנומען נאך מיינער מיט נעכטען18
אסטערען איין געטרענער פאלליעהרקייט דעם זעלבען מיינען ברודר מיין19
גאצעס פערמעגגען צו פר מאכען I דעם אללעם צור אורקונדע האבע20
איך דיזעס טעסטאמענד מיט אייגענר האנד גשריבן אונד21
אונטר שריבען (אונד צוואהר וועגען מיינר אונקונדה אין טייטשערר22
שרייב קונסט מיט העברעשיע לעטטערן) אונד דאס אריגנאל בייא דעם23
גראס הערצאגליכען גארניסאנס געריכט דאהיר געגען רעציפיס24
רעצעפיס דעפאנירט וועלכעס אללעס געגעפן איסט צו מנהיים דען25
פערצעהנטען פעברוארי איין טויסענד אכט הונדערט אונט צוועלף26

שמואל דינקעל שפיהלל27

Peter Blastenbrei

Testament des Samuel Dinkelspiel 1812:
zeitgenössische Umschrift ins Deutsche

Letzte Willens-Meynung

des Gemeinen im großherzoglichen Badischen dritten Infanterie Regiment von der vierten Compagnie, des Majors von Asbrand, Samuel Dinkelspiel.

Da mich der bevorstehende Feldzug zur Errichtung meiner letzten Willensmeynung bestimmt, ich aber wegen meiner itzt noch dauernden Minderjährigkeit, ob ich gleich das sechszehnte Jahr zurückgelegt habe, nach dem Satz 904 des neuen Landrechts nur über die Hälfte meines Vermögens durch einen letzten Willen verordnen kann, so erkläre ich durch diesen meinen nach dem Satz 970 des neuen Landrechts eigenhändig geschriebenen letzten Willen: daß ich meinem Bruder Adolph Dinkelspiel in Mannheim, im Fall meines Hinscheidens zum wahren und alleinigen Erben der Halbscheide meines gesammten Vermögens, welches ich am Tage meines Todes besitze entweder selbst verwalte, oder welches noch unter vormundschaftlicher Verwaltung stehet, so wie desjenigen, welches nach dem Tode meiner Großmutter Hanne Fuld noch auf mich fallen wird, einsetze, insbesondere soll derselbe meine ganze Einstands Caution, über welche ich meiner Minderjährigkeit ohngeachtet, vollkommen disponiren kann, erben.

Ich habe mir vorgenommen, nach meiner mit nächsten Ostern eingetretenen Volljährigkeit, demselben meinem Bruder mein ganzes Vermögen zu vermachen.

Dem allem zur Urkunde habe ich diese Testament mit eigener Hand geschrieben und unterschrieben, *da aber dieses meiner Unkunde im Schreiben in deutschen Buchstaben wegen mit hebräischen Lettern geschah, so habe ich von dem provisorischen Judenschafts Secretario Alexander Nathan eine vidimirte Abschrift in deutschen Lettern nehmen lassen*, und das Originale mit dieser *Abschrift* bey dem Großherzoglichen Garnisons Gerichte dahier gegen recepisse deponirt, welches alles geschehen ist.

Mannheim am siebenten Februar achtzehn hundert zwölf.

Samuel Dinkelspiel

Jüdische Akkulturation in der süddeutschen Provinz

Kommentar zum hebräisch geschriebenen Original:

Alle Buchstaben sitzen auf einer selbst gezogenen durchbrochenen Grundlinie.

א benutzt als Vokalträger (zB. in אונט, איסט), ansonsten unterschiedslos für die Vokale a und o, selten auch für e (zB. שמואל, דיא, נייאן [Zeile 7 und 9], וויא [Zeile 14])

אָ als Zeichen für den Vokal o nur zweimal, אטאָלף (Zeile 10) und גארניסאָנס (Zeile 24)

אַ als Zeichen für den Vokal a nur dreimal (Zeilen, 3, 10 und 13)

ע konsequent als Vokal e

יי konsequent für ei oder ai

וו konsequent für w, einzelnes waw nur für den Vokal u (Ausnahme in Zeile 17)

Kurzes e, etwa in Vor- und Nachsilben („schwa"), nicht geschrieben

Deutsche Doppelkonsonanten sind konsequent nachgeahmt.

Ligaturen beschränken sich auf wenige Beispiele, besonders ען (ain-Schluss-nun) und דנ (nun-dalet).

Schreibfehler im Original

Zeile 1: מיניג, Meinig, statt מיינונג, Meinung (Zeile 5)

Zeile 3: שאממואל, Sammuel, statt שאמואל, Samuel

Zeile 15: איינדעצטע, eindezte, statt איינזעצטע, einsezte

Zeile 17: דיס פוורנירן, dis pornirin, statt דיספּונירן, disponiren

Zeile 22: אוקונדה, Ukunde, statt אונקונדה, Unkunde

Zeile 24/25: Dittografie רעציפיס bzw. רעצפיס, Rezepis (Rezepisse, Empfangsbescheinigung)

Dialektformen zeigen sich vor allem in der Verwechslung weicher und harter Konsonanten

ד, dalet, und ט, tet

Zeile 10 אטאָלף, Atolf statt Adolf; Zeile 13 פארמונט, Vormunt statt Vormund; Zeile 26 אונט, unt, gegenüber Zeile 22 אונד, und.

פ, peh, und ב, bet

Zeile 25 געגעפן, gegepen, statt געגעבן

Kommentar zur Umschrift:

Die beiden kursiven Passagen sind gestrichen. Die erste Passage ist ersetzt durch den folgenden Zusatz am Rand: „und zwar wegen Unkunde in der deutschen Schreibkunst mit hebräischen Lettern". Die zweite, kürzere Passage fiel ganz aus.

Ulrich Nieß und Karen Strobel

Dokumente zu Mannheims Werden: Teil 1: Die Entscheidung zum Bau der Festungsanlage am 25. April 1605

Es gehört zu den frühesten Traditionen der älteren Mannheimer Geschichtsblätter, dass sie Quellenzeugnisse aus den Anfängen Mannheims erstmalig abgedruckt haben. So etwa veröffentlichte kein Geringerer als Stadthistoriker Friedrich Walter schon 1901 die wiederentdeckten Stadtprivilegien von 24. Januar 1607 (alter Stil) oder wichtige Quellenfunde über die Bestallung der frühen Festungsbaumeister Barthel Janson, David Wormser, Heinrich von dem Busch oder Adam Stapf.[1] Weitere Urkundenpublikationen zu Mannheim vor 1606 steuerte beispielsweise der rührige Karl Christ bei.[2] Inzwischen können diese für die Stadtgeschichtsforschung so wichtigen Quelleneditionen bibliografisch bequem in der Online-Datenbank BiblioStar des Stadtarchivs Mannheim – Institut für Stadtgeschichte recherchiert[3] und, soweit sie in der alten Serie der Mannheimer Geschichtsblätter veröffentlicht wurden, bald auch als digitales Faksimile (pdf) am PC gelesen werden.

Im Zuge der Erstellung der neuen dreibändigen Geschichte der Stadt Mannheim im Jubiläumsjahr 2007 wurde auch ein Archiv konsultiert, dessen Wert für die Anfänge unserer Stadt im frühen 17. Jahrhundert nicht hoch genug eingeschätzt werden kann. Erstmals öffentlich wies der Frühneuzeithistoriker Volker Press in einem Vortrag auf Einladung des Altertumsvereins am 13. Dezember 1973 auf die Quellenschätze im Archiv von Braunfels bei Wetzlar hin (Abb. 1, Abb. 2).[4]

Das Fürst von Solms-Braunfels´sche Archiv befindet sich in einer der romantischsten Burganlagen Deutschlands, auf der Spitze eines Basaltfelsens thronend. Die Burg Braunfels bezaubert nahezu jeden und lohnt einen Besuch in ihren öffentlich zugänglichen Räumen mit historischen Interieurs. Auch das Archiv selbst kann für Forschende nach Terminvereinbarung aufgesucht und benutzt werden. Überhaupt atmen die gesamte Burg und ihr

Abb. 1
Blick in das Gewölbe des Archivs von Schloss Braunfels
Foto: Sarah Hähnle-Balastegui,
© StadtA-ISG Mannheim

Dokumente zu Mannheims Werden

Archiv den Geist einer jahrhundertlangen Tradition, und die Verfasser sind dem jetzigen Eigentümer, Graf Hans Georg Oppersdorff-Solms-Braunfels, und seinem hilfreichen Archivar, Herrn Albert Friedrich, ausgesprochen dankbar, dass sie auch in großzügiger Weise Reproduktionen erlaubten.[5]

Im Verlauf dieser Arbeiten an der neuen Stadtgeschichte zeigte sich indes sehr bald, dass die Quellenzeugnisse der Solms-Braunfels´sche Überlieferung in ihrer Gänze nicht umfassend ausgewertet werden können,[6] sondern es vielmehr verdienen, nach und nach für die Stadtgeschichtsforschung veröffentlicht zu werden.

Den Anfang soll die für den Bau der Doppelsternanlage, der Zitadelle Friedrichsburg und der Stadt Mannheim, entscheidende Sitzung des erweiterten Heidelberger Oberrats vom 25. April 1605 (alter Stil) sein. Damals wurden dem jungen Kurfürsten Friedrich IV. der seit langem in der Diskussion befindliche Plan eines Festungsbaus endgültig vorgeschlagen, und das Protokoll wurde mit wenigen ergänzenden Einlassungen beziehungsweise Korrekturen vom Kurfürsten am 2. Juli 1605 „ratificiret", also genehmigt. Damit war eine seit langem schwelende Entscheidung definitiv gefallen. Wenn man so will, stellt dieser Beschluss den Anfang der Stadtwerdung Mannheims dar: Nach niederländischem Vorbild und mit Hilfe niederländischer Ingenieurkunst sollte am Zusammenfluss von Rhein und Neckar in einem von Hochwasser bedrohten, zum Teil sumpfigen Areal eine moderne Doppelsternanlage entstehen, die sich als calvinistisches Bollwerk gegen die spanischen Habsburger und den Papst verstand (Abb. 3). Mit der Genehmigung zum Baubeginn wurde der Obermarschall der Kurpfalz, Graf Otto von Solms-Hungen, zum Festungsdirektor ernannt.[7] Seiner Registratur entstammen die Dokumente aus der Frühgeschichte Mannheims. Sie belegen auch, dass von Beginn an die Diskussion im Heidelberger Oberrat, dem eigentlichen Entscheidungs- und Machtzentrum der Kurpfalz, über die Frage der Ausführung der Anlage kreiste. Die maßgebliche Kraft und damit letztlich der wichtigste Befürworter des gesamten Projekts dürfte der Statthalter der Oberpfalz, Fürst Christian I. von Anhalt-Berneburg, gewesen sein. Er ging in die Geschichte ein,

als er 1618 den jungen Kurfürsten Friedrich V. zur Annahme der böhmischen Königskrone drängte und damit den Beginn des Dreißigjährigen Kriegs heraufbeschwor (Abb. 4). Christian I. gehörte formal dem Oberrat ebenso wenig an wie der ebenfalls an der Sitzung teilnehmende Johann VII. von Nassau, Vordenker der pfälzischen Landesdefension und ein anerkannter Festungsfachmann.[8] Die Anwesenheit beider ist deutliches Indiz dafür, dass die Sitzung von langer Hand vorbereitet war und es auch um Fragen einer militärischen Gesamtstrategie der Kurpfalz ging, weshalb auch die Befesti-

Abb. 2
Archiv von Schloss
Braunfels
Foto: Sarah Hähnle-
Balastegui,
© StadtA-ISG Mannheim

Ulrich Nieß und Karen Strobel

Abb. 3
Die Doppelsternanlage
im Bauzustand von 1622
nach Matthaeus Merian,
1645,
© StadtA-ISG Mannheim

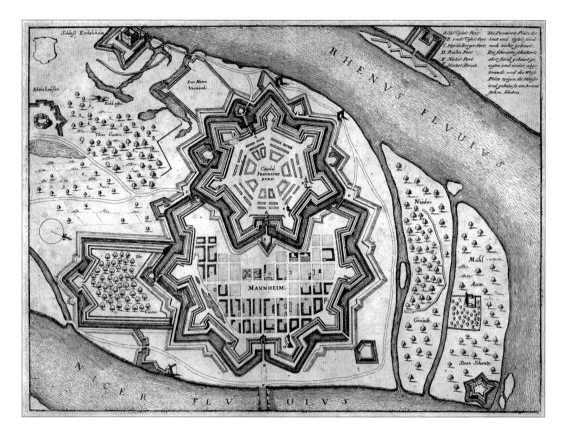

Abb. 4
Christian I. von Anhalt-
Berneburg. Stich von
Lukas Kilian, 1615,
© StadtA-ISG Mannheim

gung der Ortschaft Kirchberg im Hunsrück und die Starkenburg bei Heppenheim zur Sprache kamen. Debattiert wurde vor allem aber das Anwerben niederländischen Know-hows sowie die Gesamtorganisation der Mannheimer Festungsarbeiten und deren Finanzierung. Schon in kürzester Zeit sollte das Mammutprojekt die kurpfälzische Staatskasse indes heillos überfordern und im Oberrat sich eine Mehrheit gegen das gesamte Unternehmen finden, was dann 1610, nach dem Tode Friedrichs IV., einen mehrjährigen Baustopp zur Folge hatte.[9]

Es ist geplant, in loser Folge die wichtigsten Dokumente der Mannheimer Frühgeschichte nach und nach entweder in Regestenform oder als Edition in dieser Zeitschrift zu veröffentlichen. Das hier erstmals edierte Protokoll ist, wie so vieles, in der kurpfälzischen Überlieferung untergegangen, was den Wert des Solms-Braunfels'schen Archivs für die Frühgeschichte Mannheims noch einmal unterstreichen mag (Abb. 5).

Dokumente zu Mannheims Werden

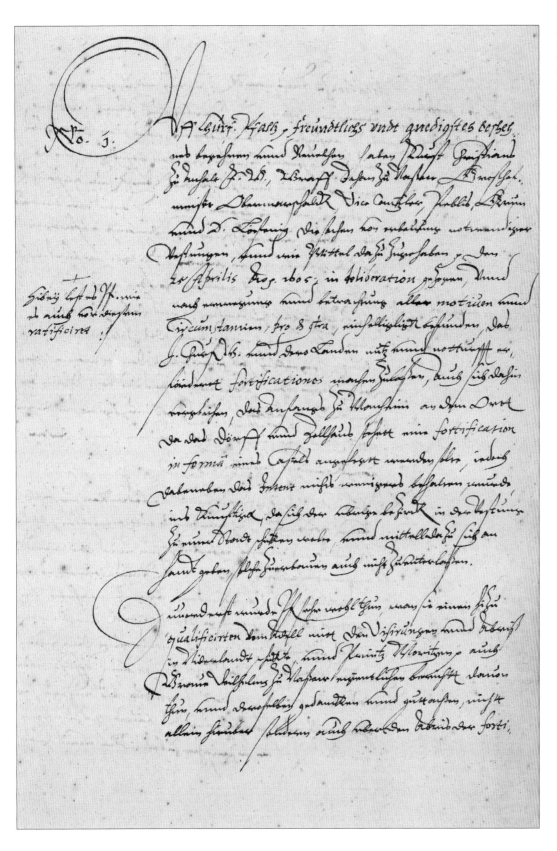

Abb. 5
Beginn des Protokolls
vom 25. April 1605,
Fürst von Solms-
Braunfels´sches Archiv, A
24.3 III 67/3, fol. 56.
Foto: Sarah Hähnle-
Balastegui,
© StadtA-ISG Manheim

Ulrich Nieß und Karen Strobel

Editionsanhang

Heidelberg. Protokoll über die Sitzung der Mitglieder des Heidelberger Oberrats zusammen mit Fürst Christian I. von Anhalt-Berneburg und Graf Johann VII. von Nassau am 25. April 1605 betreffend den Bau einer Festung und Stadt in Mannheim sowie entsprechende Genehmigungen bzw. Weisungen von Kurfürst Friedrich IV. von der Pfalz vom 2. Juli 1605. Um das vom Kurfürsten befohlene Festungswerk umzusetzen, wird ein adliger Rat zu Prinz Moritz von Oranien mit den Festungsplänen

entsandt und dieser um Prüfung und Entsendung eines Ingenieurs gebeten. Um ein Gutachten soll auch Graf Wilhelm Ludwig von Nassau gebeten werden (Abb. 6).

Ferner wird die Aufsicht und Ausführung des Werks dem Obermarschall (Graf Otto von Solms-Hungen) übertragen, dem Dr. Johann Gernand assistieren soll. Dieser hat mit den Amtleuten zu Heidelberg und dem Schultheiß zu Mannheim mit den Untertanen des Dorfs Mannheim einen Vergleich über den Abriss oder die Versetzung der Häuser auszuhandeln und Sorge für deren Winterquartiere zu tragen sowie für die Logistik beim Festungsbau zu sorgen, wofür 2.000 Mann veranschlagt werden. So sollen etwa die Arbeiter wie die Aufseher vor Ort untergebracht und verköstigt werden. Zur Finanzierung des Projekts werden Vorschläge unterbreitet. So sollen unter anderem Ausgaben, etwa im Gebäudebereich, vermieden, Altschulden eingetrieben und andere Dörfer zum Frondienst bestellt, Zölle konsequent erhoben sowie große Holzmengen veräußert werden. Dem vorgeschlagenen Verkauf von Burg Streichenberg im Kraichgau stimmt der Kurfürst nicht zu. Je nach Baufortschritt in Mannheim sollen auch der Ort Kirchberg im Hunsrück zur Festung und die Starkenburg bei Heppenheim weiter ausgebaut werden.

Abb. 6
Wilhelm Ludwig von Nassau, Werkstatt des Michiel van Mierevelt, 1609
© Rijksmuseum Amsterdam

Literatur

Nieß, Ulrich / Caroli, Michael (Hrsg.): Geschichte der Stadt Mannheim, Bd. 1 (1607 – 1801), Heidelberg u. a. 2007, S. 12 – 24 und 57 – 63; Press, Volker: Graf Otto von Solms-Hungen und die Gründung der Stadt Mannheim, in: Mannheimer Hefte, 1/1975, S. 9 – 23; Press, Volker: Calvinismus und Territorialstaat. Regierung und Zentralbehörden der Kurpfalz 1559 – 1619, Kieler Historische Studien 7, Stuttgart 1970.

Editionshinweis

Entsprechend den üblichen Richtlinien für frühneuzeitliche Quellen erfolgt Großschreibung nur am Satzanfang bzw. bei Eigennamen. Die Interpunktion wurde zum besseren Leseverständnis den heutigen Regeln vorsichtig angepasst. Die Randglossen aus der kurpfälzischen Kanzlei, die letzthin die Entscheidungen Friedrichs IV. wiedergeben, sind zusätzlich in blauer Farbe hervorgehoben.

Zeitgenössische Abschrift im Fürst von Solms-Braunfels'schen Archiv, Schloss Braunfels, 24.3, fol. 56 r – 59 v.

Dokumente zu Mannheims Werden

Copia Mannheimischer Fortifikation Protocolli vom 2. Julii Anno 1605. N[umer]o 1

Uff Churf(ürstlich) Pfaltz, freundtlichs undt gnedigstes bes(c)hehenes begehren unnd bevelchen[10] haben Fürst Christians zu Anhalt,[11] F(ürstliche) G(naden) Graff Johan zu Naßaw,[12] Großhofmeister, Obermarschalck,[14] Vicecantzler,[15] Peblis,[16] Grün,[17] und D.Loefenig[18] die sachen von erbauung notwendiger vestungen unnd wie mittel dazu zugehaben, den 25.Aprilis anno 1605 in deliberation gezogen, unnd nach erwegung unnd betrachtung aller motiven unnd circumstancien, pro und c(o)ntra, einhelligligk befunden, das I(hro) Churf(ürstliche) G(naden) unnd dero landen nutz unnd notturfft erförderet, fortificationes machen zulaßen, auch sich dahin verglichen, das anfangs zu Manheim an dem ortt, da das dörff unnd zollhaus stehett, eine fortification in forma(m) eines castels angeleget werden solte, iedoch dabeneben das intent nichts wenigers behalten wurde ins kunftigk, da sich der ubrige bezirck in der vestung zu einer Stadt schicken wolte und mittell, da zu sich an handt geben, solche zuerbauwen, auch nicht zuunterlaßen.

Randglosse: Hibey lest es Pf(alz), wie es auch vor diesem ratificiret.

Zuvorderst wurde Pf(alz) sehr wohl thun, wan sie einen hizu qualificirten vom adell mitt den visirungen unnd abriß in Niderlandt schickte unnd Printz Moritzen,[19] auch Grave Wilhelm zu Naßaw[20] eigentlichen berichtt davon thue, unnd deroselben gedancken unnd guttachten nicht allein hirüber, sondern auch uber den Abris der fortification zu neuem werck so zugleich mittzugeben wehre, vernehmen ließen.

Randglosse: Ist schon geschehen vor einer wochen sechs ohngefehr.

Darbey auch Printz Moritzen F(ürstliche) G(naden) ersuchen umb verfolgung eines guten ingenieurs,[21] welcher sich hirauf begeben, den ortt besichtigen, die absteckung machen unnd furter dem werck zum anfangk in etwas zeitt beywohnen thete. Unnd solte benanntem vom adell, welchen Pf(alz) in die Niderlande abfertigen würde, befelch gegeben werden, im fall erfurderlich nicht wider herauff gelangen kondte, eines solchen I(hro) Ch(urfürstlich) G(naden) zeitlich zu berichten, unnd dabey zu avisiren, wie baldt man sich seiner unnd des ingenieurs ankunfft eigentlich hab zuvorsehen, damit man alsdan des Hertzogen vonn Bouillions[22] unnd des von Dhona[23] bedencken auch habhafft unnd wohmuglig noch in diesem jahre unnd zum lengsten gleich nach dem herbst der anfangk gemacht werden möge.

Randglosse: Ist auch schon gescheh(en).

Wan nun der ingenieur unnd die bedencken zur stell unnd vorhanden, würdt fur gutt angesehen, das Pf(alz) alßdan die rechte absteckung thun unnd das werck angreiffen lassen sollt. Unnd damitt es desto ordentlicher unnd ungehindertt fortgehe, wehren immittelst alle nohtwendige præparatoria furzunehmen unnd zuverordnen.

Randglosse: Placet.

Ulrich Nieß und Karen Strobel

unnd insonderheitt dem Hernn Obermarschalck das directorium unnd ufsicht uber das gantze werck, so woll ingenieur unnd andere persohnen, als auch fortfuhrung des baues ufzutragen sein solte, welcher inzwischen zubedencken unnd zuerinnern hette, was nun in præparatoriis unnd sonsten iederzeitt nötigk wehre zuthun unnd anzugreiffen. Demselben kondte D(octor) Johan Gernandt[24] zugeordnett werden, damitt er neben andern auch mitt der auszahlung geldes die handt bieten kondte.

Unnd dieweill etliche heuser unnd güter vorhand(en), die von unterthanen zu Manheim zustendig, aber in dießes werck gezogen, unnd die heuser zeitlich abgebrochen oder (da sichs thun lest) verrückt werden mußen, so wehre gedachtem D(octor) Gernanto anzubevehlen, mitt unnd neben den ambtleuten zu Heydelbergk der dem Schultheißen zu Manheim fürderligst unnd ufs glimpfligst mitt vermeldten unterthanen deßwegen handlung zu pflegen, wie sie können unnd mögen contentiret unnd zu zufriden gestellet werden.

Randglosse: Placet.

Daneben D(octor) Gernandt unnd die ambtleute auch zu bedencken unnd furter guttachten zugeben hetten, wie denienigen armen unterthanen, welche also ihre güter verlassen unnd hergeben theten, sonsten anderer ortt unterzuhelffen, damitt sie dem winter uber auch versorgtt weren unnd zubleiben hetten. Zu den præparatoriis gehöret auch stein, kalck unnd dergleichen materialia darauff unnd deren herbeischaffung halben in zeiten zugedencken.

Also wehre jemands zu bevehlen, allerhandt schantzzeugk als schauffel, hauen, bückel, schubkarns unnd dergleich(en) zum wenigsten uf ohngeverlich 2000 man zu bestellen.

Den Kosten anlangtt, so hizu nötigk erforderet wirdt, will man hoffen, das mitt ufwerfung der schantzen commisverordnung unnd andern zum anfangk notigen stück wohl ufzukommen sein werde.

Nichts wenigers aber, damitt das werck nicht stecken bleibe, seindt nachfolgende media uf die bauw gebrachtt unnd zu weiterm bedencken furgeschlagen worden: Das erstlich Pf(alz) zu dero widerkunfft anhero unnd in deroselben persönlichen kegenwartt den Landtcommissariis[25] anzeige unnd aufführung thun lies, aus was uhrsachen unnd zu was endt dieße vestung zuerbauen nötigk erachtet worden, unnd an sie eine gewiße summ geldes dazu zugeben begehren thete.

Randglosse: Dis ist schon beschehen.

Wie auch mitt ermeldten commissariis, nach geleisten dero rechnungen, auch ferner noch zu reden stehett, wie die Policeypuncten zuverbeßern sein möchten.

Fürters hofft man, das mitt hülff des gemusterten ausschuß wie auch deren so nicht im ausschuß des krigswesens seindt begriffen, mitt schlechten unkosten ein großer

Dokumente zu Mannheims Werden

unnd guter anfangk gemacht werden kondte, zu einer verwahrung ufs furderligst zu kommen.

Randglosse: Pf(alz) vergleicht sich auch himitt.

Wirdt sich dan daßelbe, wan der ingenieur in loco gewesen unnd die absteckung geschehen unnd verglichen worden ist, sich volligk wirdt komen resolviren laßen, auch die ambtleute gehöret werden konnen, wie unnd wan ein unnd andere dörfschaften unnd wie viel derselben uf einmahll auch uff was maß zur arbeitt zuerfordern. Desenhalb der Herr Ober Marschalck interim uf vorschlage zugedencken unnd solche zeitlich zu erinnern, damitt die notturfft ferner furderlich möge bedachtt werden.

Item heltt man dafur, das aus dem nervo[26] dem werck auch die handt zubieten unnd damitt der ausschlags dieß orts desto fuglicher könne geschehen, unnd kunftige continuatio desto beßer volfuhret werden, wehre D(octor) Gernandt zubevehlen, die verfasung des nervi zu ersehen, woh irgendt confusiones stecken unnd wie aus denselben zukommen, zu berichten.

Item zuverzeichnen, was drein gefallen, was wir derumb unnd wohin außgeben unnd verwendt worden, unnd was noch an vorrath vorhanden sey, deßen man sich in diesem vorhabenden werck zugetrösten.

Item: Wehre uf verkauff des schloß Streichenbergk[27] unnd desen zugehor nochmals zugedencken , unnd da es Pf(alz) Churf(ürstlich) G(naden) es ihr gnedigst als gefielen ließen, wolte man dafur halten, es kondte durch Hern Großhofmeistern mitt dem Burggraven zu Starckenburgk[28] ferner tractation furgenommen werden.

Randglosse: Dies will Pf(alz) etc. nicht thun, will das Haus selbst behalten.

Wehre der französischen ausstendigen bezahlung halben uf wege zugedencken, wie solche zubefurdern sein mechte,[29]

Randglosse: Placet.

It(em) des gewesenen administratoris zu Strasburgk schuldt,[30] da die erlangt, kondte hieher auch verwendt werden.

Uberflußige gebew in der Pfalz hin unnd wider so viel muglich zu unterlaßen.

Würdt zubedencken gehaldtt, ob nicht uf dem Rhein volliger zoll zunehmen unnd khein dritte theil nachzulaßen. Wie auch an den landtzollen nichts nach zusehen, was man nicht schuldigk ist, oder andere nicht berechtigt sin.

Randglosse: Stehet uf ferner bedencken, so Pf(alz) etc. gewertigk sein will.

It(em): Ob nicht fur etliche tausendt gülden holtz zuverkauffen, woh unnd welcher

Ulrich Nieß und Karen Strobel

gestaldt.

Randglosse: Ist auch ferner zu bedencken.

Dabey dan dies mitt einfaltt, das ohne das zu Manheim, da die Vestung gebauet werden soll, an drey oder vier ortten viel holtz hinwegk außgeraumbt unnd abgehauen werden, welches zu verkauffen unnd das geldt anhero zu verwennden wehre.

It(em): Sofern diesem nach bey der geistlichen gefell verwaltung kein geldt vorhanden, kondte dieselb mitt wein unnd frucht zur commis bey diesem baw gar wohl helfen.

Randglosse: Placet.

It(em): Weil dieses ein nottwerck kan auch etwas aus des nottspeichers vorraht hierzugenommen werden.

Randglosse: Pf(alz) ist hirin noch zweivelich.

It(em): Ob nicht in eventum von der lezten reichs contribution ein zeitlang etwas hiezu zu hulff zu nehmen unnd hernacher wieder zuerstatten.

Randglosse: Steht ferner zu bedenck(en).

It(em) was vor große abträg gesagett werden, die kondte man zu diesem werck auch gebrauchen, inmaßen bey hertzogk Johan Casimirs[31] zeitt geschehen, als das werck Casimirianum erbauett ist.

Randglosse: Pf(alz) lest solches geschehen.

It(em) zubedencken, ob nicht die, so etwas verwirckt unnd mitt geringen geldtbußen besezt werden, an stadtt solches geldes unnd nach gelegenheitt deselben, etlich tage zur arbeitt anzuweisen wehren. Unnd da es einer nicht selbst verrichten wolte, einen andern an seiner stadt stellen mochte.

Randglosse: Pfalz erwartet hiruber des fernere bedenckens.

It(em): Ob nicht von den gutern deren, welche sich selbst außflugtig machen, ettwas zunehmen unnd hiher zuverwenden.

Randglosse: Des gleichen auch dieses bedenckens.

It(em): Uber obiges alles ist ferner zu bedencken nötigk, weil die arbeiter an diesem werck auch uber nacht in loco werden verbleiben mußen, wie es anzustellen, das sie ihre nottwendige receptacula haben, damitt sie im trucknen sein unnd bei gesundtheitt bleiben mogen.

Dokumente zu Mannheims Werden

Randglosse: Placet: Das dies auch weiter wohl erwog(en) werde.

It(em): Es muß auch ein Commis angeordnett unnd deßen wegen uberschlagk gemacht werden, wie viel persohnen man in allem taglichs haben unnd speißen muße unnd wie lang.

Randglosse: Fiat.

It(em): Dieweil die persohnen, so die ufsicht uber das werck haben unnd dazu verordnett werden, ihro kost, leger unnd außrichtung auch haben mußen. Wurdt dafur gehalten, das solches durch den zollschreiber zu Manheim im schloß daselbsten[32] am fugeligsten kondte geschehen unnd angeordnett werden.

Randglosse: Placet.

It(em) uf ein schiff zwey od(er) drey zugedencken, so allein uf dies werck bestalet wehren, materialia, proviandt unnd andere notturfft zu unnd abzufuhren.

Randglosse: Placet etc.

Letzlich ist auch erinnerung beschehen, das der ortt Kirchbergk, da derselb Pf(alz) allein zustendigk, zu einer vestung auch wohl zuzurichten wehre.

Das es mitt dem schlos Starckenburgk eine solche gelegenheit habe, da alle Jahr nur 500 Gulden daran verwendet würden, welches ohnvermerckt geschehen kondte, wehre es mitt 5000 Gulden also zuzurichten, das es ein stattlich werck. Würdt doch beides zu fernern nachdenken gesteldt.

Randglosse: Diese puncten seind albereit resolviret unnd dahin gesteltt, das vor zusehen, wie es mitt dem Manheimer baw fortgehen werde.

Mitt dem baw am schlos alhie wehre in allwege vortzufahren.

Randglosse: Das beschiht also.

Signatum Heydelbergk, den 2. julii anno 1605.
x

Ulrich Nieß und Karen Strobel

1   Vgl. Walter, Friedrich: Die ersten Privilegien der Stadt Mannheim vom Jahre 1607, in: Mannheimer Geschichtsblätter 2/1901, Sp. 123–1.
    ders.: Die Leiter des Mannheimer Festungsbaus, in: Mannheimer Geschichtsblätter 7/1906, Sp. 79–82.

2   Vgl. Christ, Karl: Urkunden zur Geschichte Mannheims vor 1606, in: Mannheimer Geschichtsblätter 1/1900, Sp. 178–180, Sp. 211–214, 233–2
    und 263, Mannheimer Geschichtsblätter 2/1901, Sp. 15–17, 38–40, 51–52, 88 und 220, Mannheimer Geschichtsblätter 4/1903, Sp. 177–18
    224–229, Mannheimer Geschichtsblätter 7/1906, Sp. 210–216, Mannheimer Geschichtsblätter 8/1907, Sp. 267–270 und 286–289.

3   Vgl. Vogt, Susanne: Tatort Mannheim. Neue Recherchemöglichkeiten zu Themen der Mannheimer Stadtgeschichte, in: Mannheim
    Geschichtsblätter, Neue Folge, 12/2005, S. 283–290.

4   Vgl. Press, Volker: Graf Otto von Solms-Hungen und die Gründung der Stadt Mannheim, in: Mannheimer Hefte 1/1975, S. 9–23. Pres
    Absicht – vgl. ebenda, S. 23 mit Anm. 92 – sich intensiver mit der Stadtwerdung Mannheims und damit den Braunfelser Archivbestä
    den zu widmen, konnte der 1993 leider allzu früh verstorbene Historiker nicht mehr verwirklichen.

5   Die für Mannheim relevanten Dokumente aus dem Solms-Braunfels´schen Archiv sind zukünftig in der Dokumentation D 40–Anfäng
    der Stadtwerdung Mannheims im StadtA-ISG Mannheim für die Benutzung einsehbar, Kopiebestellungen hiervon bedürfen aber d
    Genehmigung der Fürst von Solms-Braunfels´schen Rentkammer. Übrigens hatte bereits Friedrich Walter Kenntnis von der Bedeutur
    der Braunfelser Überlieferung und forderte im Mai 1912 ihre Übersendung an. Obgleich ihm diese Bitte gewährt wurde, scheinen i
    andere Dienstaufgaben von einer intensiven Bearbeitung der Zeugnisse, die ihn zu einer erheblichen Neubewertung seiner Darstellur
    der Anfänge Mannheims hätten führen können, abgehalten zu haben. Erst Volker Press entdeckte im Zuge seiner Habilitationsarbeite
    über den Calvinismus in der Kurpfalz den Bestand wieder.

6   Vgl. die beiden Anfangskapitel der neuen Stadtgeschichte von Nieß, Ulrich: Vom Dorf zur Doppelsternanlage–die Stadt- und Festung
    gründung, in: Nieß, Ulrich / Caroli, Michael (Hrsg.): Geschichte der Stadt Mannheim, Bd. 1 (1607 – 1801), Heidelberg 2007, S. 1–55; Nie
    Ulrich: Protestantische Festung und verspätete Stadt, in: Nieß, Ulrich / Caroli, Michael (Hrsg.): Geschichte der Stadt Mannheim, Bd
    (1607 – 1801), Heidelberg 2007, S. 56–99.

7   Zur Person Ottos vgl. Nieß, Ulrich: Protestantische Festung, S. 57–62. Nicht gänzlich ersetzt Uhlhorn, Friedrich: Otto Graf zu Solms-Hunge
    (1572–1610). Ein Lebensbild, in: Archiv für hessische Geschichte und Altertumskunde (AHG), Neue Folge, 28/1963, S. 279–295.

8   Vgl. Press: Graf Otto, S. 10.

9   Vgl. Nieß: Protestantische Festung, S. 60–66; Press: Graf Otto, S. 18.

10 Im Sinne einer Anordnung und Befehl von Friedrich IV., Kurfürst von der Pfalz (1583–1610), zu verstehen.

11 Fürst Christian I. von Anhalt-Berneburg (1568–1630), zu seiner eminenten politischen Bedeutung vgl. Schaab, Meinrad: Geschichte der Kurpfal:
    Bd. 2 (Neuzeit), Stuttgart u. a. 1992, S. 64 und 73ff.

12 Graf Johann VII. von Nassau (1561–1623), vgl. Press, Volker: Calvinismus und Territorialstaat. Regierung und Zentralbehörden der Kurpfa
    1559–1619, Kieler Historische Studien 7, Stuttgart 1970, S. 454f.

13 Seit 1601 ist Graf Johann Albrecht von Solms (1557–1623) Großhofmeister. Er war ein Bruder des Marschalls Otto von Solms-Hungen un
    wie Kurfürst Friedrich IV. mit Prinz Moritz von Oranien verwandt; vgl. Schaab: Geschichte der Kurpfalz, S. 64 und 74 und Press: Calvinismu
    und Territorialstaat, S. 454f.

14 Graf Otto von Solms-Hungen (1572–1610). Seine Bestallung zum Marschall erfolgte 1604, vgl. Press: Calvinismus und Territorialstaa
    S. 456.

15 Vizekanzler Ludwig Cullmann (1544–1606), der am 19. Januar 1606 nach 35 Jahren in kurpfälzischen Diensten verstarb, vgl. Press: Calvinismu
    und Territorialstaat, S. 454–456.

16 Wilhelm von Peblis (Ende 16. Jh. –1. Hälfte 17. Jh.), vermutlich schottische Adelsfamilie, als calvinistischer Papst zu Durlach in der kurzlebiger
    reformierten Phase der Markgrafschaft Baden-Durlach bezeichnet; Mitglied im Oberrat von Heidelberg, vgl. Press: Calvinismus und Terri
    torialstaat, S. 454f, vgl. Press: Graf Otto, S. 10.

17 Johann Christoph von der Grün, Mitglied im Oberrat von Heidelberg, ab 1606 letzter Kanzler vor Ausbruch des Dreißigjährigen Kriegs; vgl
    Press: Calvinismus und Territorialstaat, S. 454 und 456.

18 Michael Loefenius oder Loefen (1546–1620), Trierer Emigrant und Neffe des großen Heidelberger Theologen Caspar Olevian, seit 1574 im
    kurpfälzischen Diensten und langjähriges Mitglied im Oberrat von Heidelberg, vgl. Press: Graf Otto, S. 11 und ders.: Calvinismus und Terri-
    torialstaat, S. 454f.

19 Prinz Moritz von Nassau-Oranien (1567–1625), Graf von Nassau und Statthalter der Niederlande, Schwager von Kurfürst Friedrich IV. Der
    Prinz galt als einer der führenden Festungsexperten seiner Zeit, vgl. Nieß: Vom Dorf, S. 43f.

20 Graf Wilhelm Ludwig von Nassau-Dillenburg (1560–1620), ein anerkannter Militär- und Festungsfachmann, der im niederländischen

Dokumente zu Mannheims Werden

Befreiungskampf entschieden für die calvinistische Sache kämpfte. Wilhelm Ludwig war ein Bruder von Graf Johann VII. von Nassau, vgl. Press: Calvinismus und Territorialstaat, S. 483.

21 Bei dem Ingenieur handelt es sich um den Generalfortifikationsmeister der Niederlande, Johan van Rijswijck (vor 1560–1612), vgl. Nieß: Vom Dorf, S. 40–43.

22 Henri de La Tour d'Auvergne, duc de Bouillon oder Herzog Heinrich von Bouillon (1555–1623), Marschall von Frankreich, Fürst von Sedan, an dessen Hof der junge Kurprinz Friedrich V. aufwuchs, vgl. Schaab: Geschichte der Kurpfalz, S. 78.

23 Laut Press: Graf Otto, S. 12, ist hier Fabian I., Graf von Dohna (1555–1620) gemeint, einstmals Söldnerführer Johann Kasimirs bei den Feldzügen zugunsten der Hugenotten in Frankreich. Im Auftrage Kurfürst Friedrichs IV. vertrat er die Kurpfalz mehrfach auf dem Regensburger Reichstag.

24 Rat Dr. Johann Gernand aus Wetter in Hessen (vor 1570–nach 1612). Seine Ratsbestallung datiert auf 1587. Zur Person vgl. Press: Calvinismus und Territorialstaat, S. 465; Nieß: Protestantische Festung, S. 57ff.; zur Familie vgl. Maximilian Huffschmid: Einige Nachrichten über die Altmannheimer Familie Gernandt, in: Mannheimer Geschichtsblätter 6/1905, Sp. 10–15.

25 Zu den Pfälzer Landkommissarien, vgl. Press: Graf Otto, S. 12f.

26 Unter dem Nervus ist der von Johann Kasimir begründete Notspeicher für die Kurpfalz zu verstehen, den dieser gegen konjunkturelle Wechselfälle begründet hatte; vgl. Schaab: Geschichte Kurpfalz, S. 62 und Press: Graf Otto, S. 13.

27 Burg Streichenberg, zwischen den Gemeinden Stebbach, Gemmingen und Richen im Kraichgau (heute Landkreis Heilbronn) gelegen, kam 1596 durch Kauf in Höhe von 39.000 Gulden an die Kurpfalz.

28 Burg Starkenburg bei Heppenheim. Von 1461 bis 1623 befand sich die Burg in kurpfälzischer Pfandherrschaft, ehe sie wieder an Kurmainz zurückfiel.

29 Vermutlich die Altschulden König Heinrichs IV. von Frankreich aus den Hugenottenkriegen, vgl. Press: Graf Otto, S. 13.

30 Gemeint sind die Schulden des gescheiterten protestantischen Administrators aus dem Straßburger Kapitelstreit 1592/94, vgl. Schaab: Geschichte Kurpfalz, S. 60 und 75.

31 Herzog Johann Kasimir (1543–1592), Pfalzgraf von Lautern, Administrator der Pfalz, begründete 1578 als reformatorische Hochschule das Casimiranum in Neustadt an der Weinstraße.

32 Gemeint ist Schloss Eichelsheim am Rheinufer, nahe dem Dorf Mannheim.

Klaus Wirth

Stadtarchäologie in Mannheim

Ausgrabungen in M 1,2

Die archäologischen Untersuchungen im Rahmen des Neubaus „Haus der Evangelischen Kirche in Mannheim"[1] auf dem Quadrat M 1 konnten einen bedeutenden Beitrag zu Fragen der Stadtarchäologie liefern, da sich das Bauareal in einer der wenigen heute noch verfügbaren Flächenressourcen innerhalb der ehemaligen Festung Friedrichsburg (Bau ab 1606) befindet (Abb. 1). Das an der Abbruchkante präparierte Profil (Abb. 2) zeigt eine ungestörte Schichtenabfolge, die in ihrem unteren Bereich spätmittelalterliches Fundmaterial enthielt.

Mit großer Unterstützung des Bauherren wurden die archäologischen Ausgrabungen zeitgleich zum Abbruch des Gebäudealtbestandes der frühen 1950er Jahre durchgeführt. Dieses Vorgehen schaffte Planungssicherheit für den weiteren Fortgang der Bauarbeiten. Um Zeit zu sparen, entfernte ein Großbagger die modernen Bauschuttschichten auf dem Grabungsareal. Die Ausgrabungen begannen am 30.10.2006 und endeten mit dem Abbruch der verbliebenen Mauern des 18. und 19. Jahrhunderts nach knapp sechs Wochen am 6.12.2006.[2] Die Größe der Grabungsfläche betrug ca. 125 m². Das Areal umfasste einen maximal 5 m breiten Streifen

innerhalb der Hofflächen der ehemaligen Parzellen M 1,10, M 1,2 und M 1,2 a. Nur der Hofbereich von M 1,2 war in seiner ursprünglichen Breite von ca. 14 m erhalten. Markierungen von Parzellengrenzen (Gräbchen, Fundamentreste, Pfostenreihen) konnten so erfasst werden. Alle übrigen Hofbereiche waren durch nachkriegszeitliche Unterkellerungen weitgehend zerstört. Die straßenseitige Bebauung griff mit ihren Baugruben ebenfalls weit in die Hofareale ein, was zu einer zusätzlichen Dezimierung der archäologischen Substanz geführt hatte (Abb. 4, Artikel Teutsch, S. 76).

Schichtenfolge (Abb. 2)

Über dem nacheiszeitlichen Sandboden, der eine kryoturbate Struktur aufwies, lagen in unterschiedlicher Mächtigkeit zwei homogen zusammengesetzte rostbraune bzw. graufarbene, nacheiszeitliche Sandschichten. Diese enthielten keramische und metallene Funde, die einem Zeitraum vom Frühmittelalter bis in die Renaissance angehörten. Über diesem Schichtpaket befanden sich mehrere, unterschiedlich dicke Bodenaufträge des Barock, die zu einer Erhöhung des Hofareals geführt haben. In diese Planierschichten schnitten die Baugruben von Sandsteinmauern, die im Süden zu einem Gebäude auf der Grenze zum Grundstück M 1,10, im Norden zu einem massiven Sandsteingebäude gehörten. Dieses massive Fundament wurde wiederum von jüngeren Bodenaufträgen überlagert, die in ihrer letzten Nutzung dem Unterbau von Hofpflasterungen dienten.

Bauphasen

Die archäologischen Befunde wurden mit Hilfe einer speziellen Grafik (Matrix) in ihrer relativen Abfolge vertikal gegliedert und zusammengehörige Befunde dreizehn Bauphasen zugeordnet, die im Folgenden detailliert beschrieben werden.

Phase 1 (Abb. 3)

Befunde Nr. 20, 21, 171, 202, 269 (Sandschichten), 199 Grube

Abb. 1
Mannheim, M 1,2. Lage der Grabungsfläche im Quadrat M 1

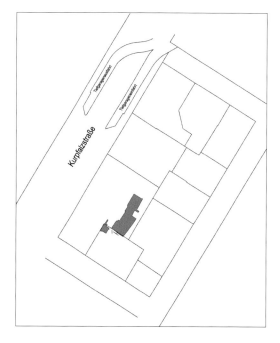

Stadtarchäologie in Mannheim

Abb. 2
Mannheim, M 1,2.
Schichtprofil. A Sand,
geologisch; B (Befund-
nummern 20, 21) Sand-
schichten mit Einschluss
frühmittelalterlicher
bis frühneuzeitlicher
Funde; C (8-19) Pla-
nierschichten, E (2)
Fundament (barock);
D (5) Fundament, F (7)
Planierschichten (19./20.
Jahrhundert)

Dieser Phase wurden eine Grube sowie vier rost- und graubraune, wohl nacheiszeitliche Sandschichten zugeordnet, die im gesamten Grabungsareal nachweisbar waren und durch Einschluss kleinster Keramik- und Metallfragmente eine anthropogene Beeinflussung zeigten.[3] Es ist zu vermuten, dass das stark fragmentierte Fundmaterial zusammen mit dem zur Verbesserung der Bodenqualität aufgebrachten Naturaldünger auf die Felder gelangte und dort allmählich eingepflügt wurde, mithin von einer ackerbaulichen Nutzung der Flächen auszugehen ist. Da die zeitliche Einordnung der Fundobjekte in einem Zeitraum vom frühen Mittelalter bis in das 16. Jahrhundert liegt, wurden die Ackerfelder offenbar über einen Zeitraum von mehreren hundert Jahren kontinuierlich genutzt.

Phase 2 (Abb. 4)
Befunde Nr. 191 Pflugfurchen
In die Oberfläche der mittelalter- und frühneuzeitlichen Schicht schnitten zwei nur noch ca. 3 cm tief erhaltene Pflugfurchen ein, die einen weiteren archäologischen Beleg für eine ackerbauliche Nutzung der Sandschichten im Bereich des Grabungs-

areals darstellen. Die in Phase 2 nachgewiesenen Pflugspuren können nicht eindeutig dem Spätmittelalter bzw. der frühen Neuzeit oder bereits der barocken Siedlungsphase (Phase 3) zugeordnet werden, da sich die Oberfläche der Pflugschicht nicht erhalten hatte.

Phase 3
Befunde Nr. 168, 162 (Planierschichten)
Die Pflugfurchen wurden mit Bodenaufträgen (Planierschichten) abgedeckt. Diese Planierungen erfolgten vermutlich, um eine nach Norden und Westen bestehende leichte Hanglage des Untergrundes auszugleichen und eine Fundamentschicht für die nachfolgende Bebauung zu schaffen.

Phase 4 (Abb. 5)
Befunde Nr. (173, 184, 186), (176), (178, 182) Pfostengruben, 167 Grube, 164 Gräbchen
Drei mächtige Pfostengruben, die Wandpfosten eines Holzgebäudes in Pfostenbauweise aufgenommen haben, sowie ein ca. 4,3 m langes Gräbchen bildeten die Befunde der Phase 4. Das Holzgebäude war auf einer Länge von 3 m erhalten und wies

Klaus Wirth

Abb. 3
Mannheim, M 1,2.
Befunde der Phase 1

Abb. 4
Mannheim, M 1,2.
Befunde der Phase 2

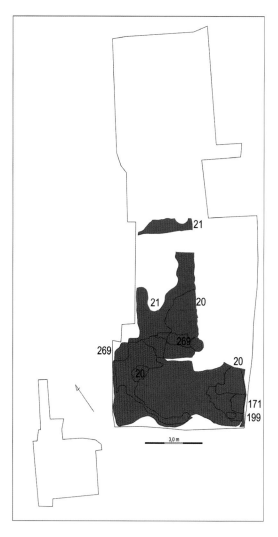

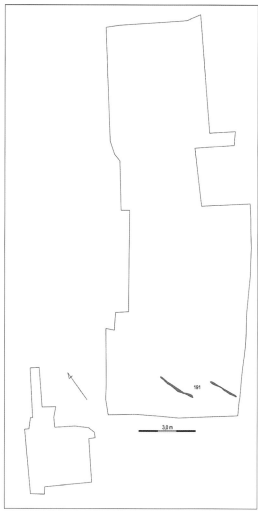

eine Orientierung von Nordost nach Südwest auf. Aufgrund der Verteilung von Planierschichten ist zu vermuten, dass ein von den Pfosten getragenes Gebäude in Richtung Nordosten stand. Stets bildete die Pfostenreihe eine Befundgrenze, die auch in den folgenden Siedlungsphasen respektiert wurde.

Phase 5

Befunde Nr. 110, 111, 112, 165 Planierschichten
Nach dem Abriss des Pfostenbaus (Phase 4) erhöhte man das Siedlungsareal großflächig mit Sandschichten.

Phase 6 (Abb. 6)

Befunde Nr. 18, 19, 106, 107, 108, 113, 114 (Planierschichten), 116, 118, 120, 122, 124, 126, 128, 130 (Stakenlöcher)
In die Planierschichten der vorhergehenden Phase eingetieft fanden sich aufgereihte Flussgerölle aus

Sandstein. Sie könnten einerseits als Fundament eines ca. 20 cm breiten, nicht erhaltenen Schwellbalkens gedient, andererseits als Kantsteine einen Holzbalken eingefasst haben. Deutlich war jedoch zu erkennen, dass diese „Schwellsteine" eine Befundgrenze bildeten, die bei Auftrag der Planierschichten (106, 108) nicht überschritten wurde. Ungefähr im rechten Winkel zur beschriebenen Steinlage fand sich in südöstlicher Richtung eine weitere Befundgrenze, die durch einen kleinen abgerundeten Sandstein sowie durch zwei langovale, muldenförmige Eintiefungen – möglicherweise von Steinen – gebildet wurde. Nördlich und südlich dieser Grenze hatte eine unterschiedliche Befundentwicklung stattgefunden, sodass zu vermuten ist, dass hier eine Zwischenwand aus Holz stand. Es muss betont werden, dass keinerlei Holzreste erhalten waren. Wir interpretieren diesen Befund jedoch als Fundamente eines jüngeren Holzgebäudes an

Stadtarchäologie in Mannheim

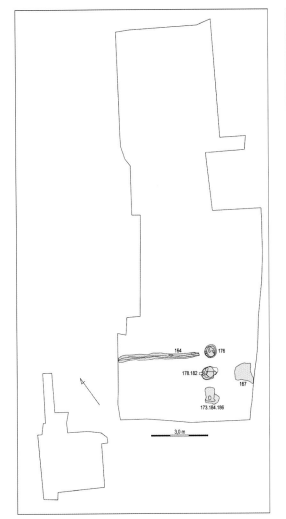 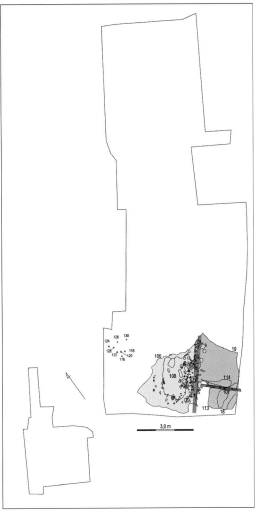

Abb. 5
Mannheim, M 1,2.
Befunde der Phase 4

Abb. 6
Mannheim, M 1,2.
Befunde der Phase 6

der Stelle eines Vorgängerbaus in Pfostenbauweise. Offensichtlich kam es zu einem Wechsel der Bauweise vom Pfosten- zum Fachwerkbau.

Die Planierschichten setzten sich aus Bauschutt zusammen, in dem Fragmente von Ziegelsteinen (Hohl-, Flachziegel, Backsteine) sowie Mörtel, Sandsteinen und Tierknochen enthalten waren. Ebenfalls dieser Phase zuweisbar sind acht kleine Pfostenlöcher, als Elemente eines kleinen Zaunes. Nur die in einer Reihe stehenden Staken 118, 120, 122 lagen in der Flucht des vormaligen Gräbchens 164 (Phase 4), sodass wir es hier offensichtlich mit der Markierung einer bis in Phase 6 konstant gebliebenen (Parzellen-)Grenze zu tun haben.

Phase 7
Befunde Nr. 15, 105, 201 (Planierschichten), 228 (Grube)

Auf die Zerstörung der Baubefunde Phase 6 erfolgte eine erneute Aufplanierung des Grabungsareals mit Sand sowie das Ausheben einer Grube von mindestens 1,6 m Durchmesser. Im nordwestlichen Bereich der Planierschicht 105 waren auf der Fläche eines halben Quadratmeters Fragmente von Sandstein verteilt. Ob es sich um die Fundamentierung eines Fußbodens handelte, ließ sich wegen des kleinflächigen Aufschlusses nicht klären.

Phase 8 (Abb. 7)
Befunde Nr. 14, 84, 85, 86 (Planierschichten), 96, 98, 100, 102 (Pfosten), 104 (Grube)
Als eine fortgesetzte Markierung einer (Parzellen-)Grenze erschienen die in Reihe gesetzten Pfostengruben 96, 98, 100, die die Flucht des Gräbchens 164 (Phase 4) und der Staken 118, 120, 122 (Phase 6) aufnahmen. Danach wurde das Siedlungsareal wiederum großflächig durch Sandauftrag erhöht.

Klaus Wirth

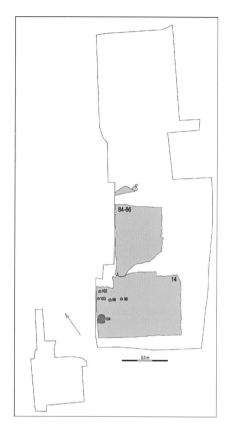

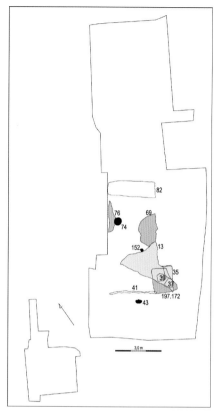

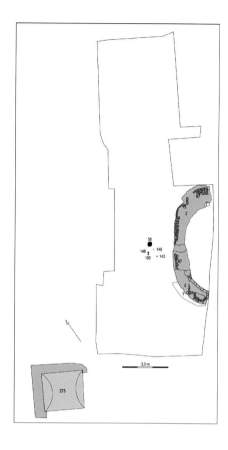

Abb. 7
Mannheim, M 1,2.
Befunde der Phase 8

Abb. 8
Mannheim, M 1,2.
Befunde der Phase 9

Abb. 9
Mannheim, M 1,2.
Befunde der Phase 10

Phase 9 (Abb. 8)

Befunde Nr. 43, 58, 74, 152 (Pfostengruben), 13, 35, 37, 39, 69, 76 (Gruben), 82 (Fundamentgraben), 41 (Gräbchen), 197 (Grube)

Im südlichen Bereich der Fläche markierte ein schmales, ca. 3 m langes Gräbchen die seit der Phase 4 beschriebene (Parzellen-) Grenze. Wohl zur Sandentnahme hob man großflächige Gruben aus, die zu einem späteren Zeitpunkt mit Abfällen verfüllt waren. Die Pfostengruben gehörten zu einem Holzgebäude, dessen Größe und Aussehen nicht rekonstruierbar war. Der mit großen Mengen an Kalkmörtel verfüllte Fundamentgraben 82 bildete den letzten Rest eines Steingebäudes, von dem sich jedoch keine korrespondierenden Mauern erhalten hatten.

Phase 10 (Abb. 9)

Befunde Nr. 2, 87 (Fundament), 273, 274, 275 (Keller M 1,10), 143, 146, 148, 150 (Staken)

In diese Phase gehörte das mit sieben Lagen aus Sandsteinbruch noch ca. 1,2 m hoch erhaltene, in der Aufsicht halbovale Fundament eines massiven Steingebäudes. Die Sandsteinblöcke waren im Läufer-Binder-System verlegt und mit Kalkmörtel ver-

bunden. Der Mauerkörper entstand in einzelnen Segmenten, deren Baunähte sich an der Innenseite des Fundamentes abzeichneten. Diese Mauerwerkstechnik führte nicht nur zu einer Schwankung im Sohlniveau der einzelnen Steinlagen, das durch Lagen von flachen Sandsteinplatten und Flachziegeln ausgeglichen wurde, sondern auch zu einer Uneinheitlichkeit der Mauerstärke. Vermutlich hatte man Planungsfehler in der Bemaßung von Fundament und Aufgehendem (Befund 87 Ziegellage) dadurch ausgeglichen, dass man das Fundament im nördlichen Bereich um einen halben Meter verbreiterte, sodass die 0,5 m breite Ziegellage mit Rundungen und Ecken noch ausreichenden Platz auf dem Fundament fand.

In der Bauart schloss sich dem Fundament 02 ein mit Ziegelsteinen gewölbter Keller auf dem Nachbargrundstück M 1,10 an. Die Grundfläche des ca. 2,4 m breiten und 2,66 m langen Kellers betrug ca. 6,4 m². Der Fußboden bestand in seiner letzten Nutzungsphase aus hochkant gestellten, roten Industrieziegeln, die wie ein Teil des unteren Wandbereiches oberflächlich verrußt waren, was seine letzte Funktion als Kohlenkeller erklärte. Der nur

Stadtarchäologie in Mannheim

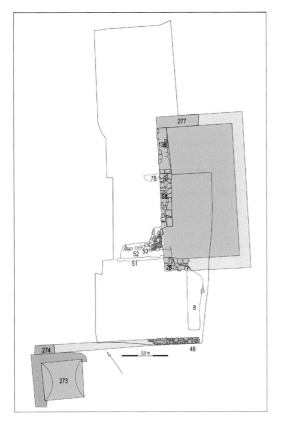

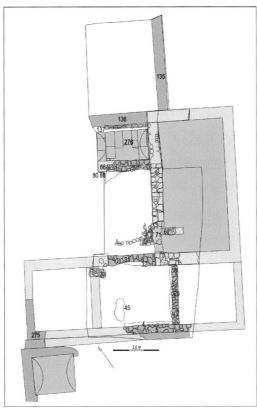

Abb.10
Mannheim, M 1,2.
Befunde der Phase 11

Abb.11
Mannheim, M 1,2.
Befunde der Phase 12

2 cm dicke Putz auf der Kellerinnenwand wies grau- und rotfarbene Fassungen auf. Der Scheitel des Tonnengewölbes besaß eine Höhe von ca. 1,6 m.

Phase 11 (Abb.10)

Befunde Nr. 28, 63, 138, 277 (Seitgebäude), 53 (Hofpflasterung), 48 (Fundament)

Nachdem das Gebäude mit dem massiven Fundament (Befund 2, Phase 10) abgebrochen war, errichtete man an der Grenze zum benachbarten Grundstück M 1,8, jedoch quer zur Längsachse des Grundstückes, ein Rückgebäude von ca. 9,8 m Länge und 5,7 m Breite. Während das Fundament der Längsmauer aus sechs Lagen verschieden großer Sandsteine mit Kalkmörtelbindung bestand, waren die Mauerecken im Südwesten und Nordosten durch eine tiefere Fundamentierung zusätzlich verstärkt. Der Gebäudeeingang lag in der Südwestecke und besaß eine Breite von ca. 1,3 m. Ein Weg aus Flussschotter (Sandstein) mit einer Randeinfassung führte auf den Eingang zu. In der Profilansicht ist der Eingang durch eine Lücke im Fundament gekennzeichnet.

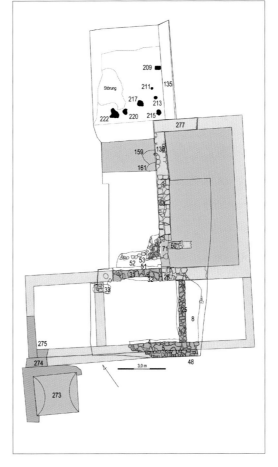

Abb.12
Mannheim, M 1,2.
Befunde der Phase 13

Klaus Wirth

Abb. 13
Mannheim, M 1,2. Henkel
und Wandscherbe der
„getauchten Ware"

Abb. 14
Mannheim, M 1,2. Wand-
scherbe des „manganvio-
letten Steinzeugs"

Abb. 15
Mannheim, M 1,2. Rand-
und Bodenscherbe der
„älteren gelbtonigen
Drehscheibenware"

Die Grenze zum südlich benachbarten Grundstück M 1,10 markierte man durch eine 0,4 m breite Mauer aus Sand- und Ziegelsteinen.

Phase 12 (Abb. 11)
Befunde Nr. 66, 136, 137, 276 (Keller), 60, 71 (Fundament), 135 (Fundament M 1,2a,) 5, 31, 25, 33, 275 (Fundament Seitgebäude), 45, 80, 88 (Gruben)
An das bestehende Rückgebäude setzte man im

Norden ein Seitgebäude mit einem niedrigen Keller, dessen Sohle nach einer Umbauphase vertieft und mit Sandsteinplatten ausgelegt wurde. Im Rahmen dieser Umbaumaßnahme verblendete man die nördliche Fundamentmauer innenseitig mit einer leicht schräg nach unten verlaufenden Schalmauer und verlängerte das östliche Fundament 138 um ca. 0,8 m nach unten. Ein Teil der Sandsteinplatten wurde später entfernt, um ein Abwasserrohr unter dem südlichem Fundament hindurch in den Keller zu führen. Der Kellerraum war mit einem Ziegelsteingewölbe abgedeckt.

Den ehemaligen, 1,3 m breiten Eingang des Rückgebäudes ersetzte man durch einen 1,15 m breiten Zugang, der in einen schmalen Korridor mündete. Vermutlich erfolgte vom Korridor aus die Erschließung des Erd- und Obergeschosses. Es ist denkbar, dass mit der baulichen Veränderung ein Wechsel in der Nutzung des Gebäudes von einem Stall- zu einem Wohngebäude verbunden war.

Die bisher bestehende Lücke in der Bebauung zum Grundstück M 1,10 schloss man durch die Errichtung eines Seitflügels, von dem Fundamente der tragenden Außenwände sowie der innenliegenden Räume im archäologischen Befund erhalten waren. Das langgestreckte Gebäude besaß eine Länge von ca. 14 m und eine Breite von ca. 5 m (Rekonstruktion). Der Eingang lag mittig in der nördlichen Längsmauer.

Phase 13 (Abb. 12)
Befund Nr. 157 (Verfüllung Keller), 159, 161 (Gruben)
Das Seitgebäude mit dem Keller wurde abgebrochen und der Kellerraum mit Sand verfüllt, in den man eine Grube für ein Abwasserrohr eintiefte (s. auch Abb. 11, Befund 276).

Datierung der Bauphasen
Während zur Phase 1 die wohl nacheiszeitlichen Sandschichten mit einer Fundsequenz vom Frühmittelalter des 6. und 7. Jahrhunderts bis in das 16. Jahrhundert gehörten, setzte eine barocke Nutzung des Areals in M 1,2 erst nach 1650 (Phase 3) mit dem ersten Auftreten von Tonpfeifen ein, die mit Ausnahme von einem Stück unverziert waren. Zwischen den Befunden der Phase 1 und Phase 3

Stadtarchäologie in Mannheim

besteht demnach eine zeitliche Lücke von ca. 50 bis 100 Jahren, in denen Spuren einer Besiedlung nicht nachzuweisen sind. Diese Feststellung korrespondiert mit dem Belagerungsplan von E. Kieser (1622), der auf dem Areal M 1 geplante Baracken mit einer gepunkteten Signatur abbildete, die er folgendermaßen erläuterte: „die punctierte plätz der Statt und castels seind noch nicht gebauwt". Mit Hilfe des archäologischen Befundes kann ausgeschlossen werden, dass die bei Matthäus Merian (1645) an gleicher Stelle abgebildeten Holzbaracken auf dem Quadrat M 1 errichtet wurden. Offensichtlich hatte er ältere Pläne kopiert (E. Kieser, 1622), ohne den realen Bauzustand zu kennen.[4]

Mit Beginn der Phase 3 (um oder nach 1650) begann man, das Quadrat M 1 zu vermessen und für die Bebauung zu parzellieren. Geht man davon aus, dass die massive Sandsteinmauer 02 (Phase 10) das Fundament des Palais für den Geheimrat von Bakke bildete, der jenes zwischen 1736 und 1749 (†) errichten ließ (nach der historischen Quellenlage), so hat die Befundabfolge der Phasen 3 bis 10 in einem Zeitraum von nahezu 150 Jahren (um 1650 – 1808) stattgefunden.

Die bauliche Verdichtung des hinteren Grundstücksareals (Phase 11-13) erfolgte nach der Zerstörung des Palais (um 1795) und mit der Neuordnung der Parzellen auf M 1 zu Beginn des 19. Jahrhunderts (s.

Beitrag F. Teutsch). Phase 13 muss mit dem Abbruch des Seitgebäudes an der Grundstücksgrenze zu M 1,2a vor 1891 geendet haben, da dieses im Katasterplan von 1891 nicht mehr verzeichnet ist.

Das Fundmaterial[5]

Die Fundobjekte aus den Sandschichten 20, 21, 171, 202 und 269 setzen sich aus Baustoffen (Flach-, Hohl- und Krempziegel, Backstein, Schiefer, Mörtelfragmente, Sandsteinplatten), sowie Tierknochen[6], Glas, Metall und Keramik zusammen. Alle Fundstücke sind sehr stark zerkleinert, die meisten Scherben kaum fingernagelgroß, wobei die kleinsten unter ihnen den Bruchteil eines Zentimeters messen. Die Keramik umfasste insgesamt 370 Rand-, Wand- und Bodenscherben glasierter und unglasierter Irdenware, wobei glasierte Waren mit 80 Scherben den geringeren Anteil (ca. 22 %) bildeten. Der Fragmentierungsgrad erlaubt es in den meisten Fällen nicht, Gefäßformen zu rekonstruieren.

Zu den ältesten Funden gehören zwei Wandscherben sowie ein klingenförmiger Abschlag, die aufgrund des Fehlens markanter Einzelmerkmale lediglich als „vorgeschichtlich" bezeichnet werden können.

Abb. 16
Mannheim, M 1,2. Wandscherben der „rauhwandigen Drehscheibenware"

Abb. 17
Mannheim, M 1,2. Wandscherben der „älteren grautonigen Drehscheibenware"

Klaus Wirth

Abb. 18
Mannheim, M 1,2. Wandscherben mit rotbrauner Bemalung nach „Pingsdorfer Art"

Abb. 19
Mannheim, M 1,2. Wandscherben der „Glimmerware"

Abb. 20
Mannheim, M 1,2. Wandscherben der reduzierend gebrannten „jüngeren grauen Drehscheibenware"

Abb. 21
Mannheim, M 1,2. Wandscherben der oxidierend gebrannten „jüngeren Drehscheibenware"

Eine Scherbe des Frühsteinzeugs lässt sich in das 13. oder 14. Jahrhundert datieren (Abb. 14). Die Herstellung dieser Ware wird im Rhein-Main-Raum vermutet. Der Scherben war nach dem Brand wegen geringerer Brenntemperaturen nicht vollständig durchgesintert, sodass die Magerungspartikel noch deutlich sichtbar blieben.

Die übrigen Scherben datieren in das Mittelalter und in die frühe Neuzeit (16. Jahrhundert), und können verschiedenen Warenarten zugeordnet werden.[7] Zwei Scherben gehören zur sogenannten „getauchten Ware" (Abb. 13). Die Herkunft von Scherben dieser Warenart liegt im südlichen Hessen (Dieburg). Der gelbe Scherben erhielt durch einen Tauchvorgang einen braunen Engobeauftrag, womit möglicherweise Steinzeuggefäße nachgeahmt werden sollten. Becher, Krüge und Flaschen dieser Warenart traten im Verlauf des 14. Jahrhunderts auf.

Einer reduzierend gebrannten Ware des Hochmittelalters gehören zwei weitere Scherben an, eine davon besaß einen einfachen ausbiegenden Rand.

Mit zwölf Scherben bzw. vier Prozent an der Gesamtmenge unglasierter Waren ist die „ältere gelbtonige Drehscheibenware" vertreten (Abb. 15). Die Datierung ab der 2. Hälfte des 7. Jahrhunderts wird durch zahlreiche Grabfunde bestätigt. Im Verlaufe des 11. Jahrhunderts verlagerte sich ihr Verbreitungsschwerpunkt unter Veränderung der Rand- und Gefäßform allmählich in den Mittelneckarraum, während im Oberrheingebiet die

Stadtarchäologie in Mannheim

ältere grautonige Drehscheibenware zum vorherrschenden Gebrauchsgeschirr wurde.

Fünfundzwanzig Scherben und damit acht Prozent sind der rauhwandigen Drehscheibenware zuzuweisen, die ihren zeitlichen Schwerpunkt im 6. und 7. Jahrhundert hatte (Abb. 16). Scherben dieser Warenart liegen auch aus Grabungen in Mannheim-Vogelstang und Mannheim-Neckarau vor.

Die ältere grautonige Drehscheibenware ist ebenfalls mit fünfundzwanzig Scherben vertreten (Abb. 17). Die Ränder von Gefäßen dieser Ware waren im 10. Jahrhundert noch schlicht und ungerieft, während Gefäße des 12. und 13. Jahrhunderts einen hohen Hals mit gerieften und abgeplatteten Rändern besaßen. Die ältere grautonige Drehscheibenware veränderte sich im Laufe des 13. Jahrhunderts zur jüngeren Drehscheibenware.

Wenige Scherben zeigen Reste rotbrauner Bemalung (Abb. 18), die nach einem Produktionsort im Köln-Bonner Raum als Pingsdorfer Ware bezeichnet wird. Allerdings ist im Bereich südlich des Mains verstärkt mit Nachahmungen zu rechnen, deren Herstellung mittlerweile in Hessen nachgewiesen ist. Auch die 23 Scherben von M 1,2 sind diesen Imitationen zuzurechnen. Lediglich ein Wellenfuß gehörte zu einem Gefäß der originalen Pingsdorfer Ware. Nachahmungen der Pingsdorfer Ware sind bei Amphoren, Kugeltöpfchen und -kännchen, schlanken Bechern, Schüsseln sowie Deckeln nachgewiesen. Die Verbreitung der Imitationen drang im Gegensatz zur Originalware tiefer in das rheinferne Südwestdeutschland ein, die südliche Grenze bildete der Nordrand der Schwäbischen Alb. Originale und Nachahmungen von Pingsdorfer Gefäßen fanden sich in Mannheim-Sandhofen, Wüstung Schar, in Mannheim-Seckenheim, Wüstung Kloppenheim sowie in Mannheim-Vogelstang. Keramik von Grabungen am Bischofs- und Domhof in Ladenburg erbrachten Scherben dieser Ware aus dem 9. und frühen 10. Jahrhundert. Unter Erweiterung ihres Formenschatzes ist die Ware bis in das 12. Jahrhundert nachweisbar.

Zehn Prozent oder 29 Scherben gehören zur sogenannten Glimmerware, die durch den Glim-

mergehalt, den reduzierenden und oxidierenden Brand, durch Verzierungslosigkeit und dünnwandige Linsenböden charakterisiert ist (Abb. 19). Ihr Vorkommen setzte in der jüngeren Karolingerzeit (Ladenburg) ein und reicht zeitlich bis in das 13. und 14. Jahrhundert (Heidelberg). In dieser Zeit veränderten sich die Gefäßproportionen zu schlankeren Formen mit Standböden. Die Ware war im Süden bis zur Kraichgaurandzone verbreitet.

Nahezu 58 Prozent oder 169 Scherben können der jüngeren Drehscheibenware reduzierender (Abb. 20) und oxidierender Brennart (Abb. 21) zugeordnet werden, die im Laufe des 13. Jahrhunderts übergangslos die ältere Drehscheibenware am Oberrhein ablöste und bis in das Spätmittelalter produziert wurde.

Achtzig Scherben oxidierender Brennart – 14 Randscherben (18 %), 59 Wandscherben (74 %), 7 Bodenscherben (8 %) – weisen an der Gefäßinnenseite und teilweise im äußeren Randbereich eine grüne, braune oder gelbe Glasur ohne Engobe auf, die dem Abdichten der inneren Oberfläche diente (Abb. 22). Töpfe schienen die gängige Gefäßform zu sein. Eines der gefundenen Gefäße war ursprünglich gehenkelt. Rote Streifenbemalung bildete die vorherrschende Verzierungsart. Gegen Ende des 16.

Abb. 22
Mannheim, M 1,2. Rand-, Wand- und Bodenscherben mit Innenglasur

BW 2006-67-20

Klaus Wirth

Jahrhunderts wurde die Glasur sowohl inner- als auch außerhalb des Gefäßes in verschiedenen Farben aufgetragen. Zweifarbigkeit bildete ein Charakteristikum der sogenannten bichromen Ware, die im Fundgut mit sehr wenigen Scherben vertreten ist.

Ofenkeramik

Im Fundgut ist eine Bodenscherbe von einer spätmittelalterlichen Becherkachel mit viereckiger Mündung und Rand- bzw. Wandstücke von einer Nischenkachel mit grüner Glasur (Abb. 23 und 24) vertreten.[8]

Funde aus Metall

Von drei Metallfunden aus Bronze bilden zwei Beschlagteile von Kästchen oder Kleinmöbeln, die mit Nägeln auf einem hölzernen Untergrund befestigt wurden (Abb. 25 und Abb. 26). Außergewöhnlich ist die Schließe eines sogenannten Hochzeitsgürtels (Befund 171)[9], der der Braut als Morgengabe vom Bräutigam verehrt wurde (Abb. 27). Stand eine solche Morgengabe zunächst nur der adligen Braut zu, so wurde sie seit der Renaissance auch Bräuten aus dem Bürgertum vermacht. Im aufgebogenen Ende der 5,7 cm langen und 1,4 cm breiten, mit einem von Perlreihen eingefassten floralen Motiv verzierten Gürtelschließe befindet sich eine eiserne Scharnierachse, die auf ein weiteres Gürtelglied hinweist und die Mehrteiligkeit dieses Gürteltyps unterstreicht.

Die Analyse des Fundmaterials zeigt auf, dass von den unglasierten Scherben etwa 14 Prozent

den Warenarten des Frühmittelalters, ca. 26 Prozent denen des Hochmittelalters sowie 60 Prozent denen des Spätmittelalters zuzuordnen sind. Addiert man die glasierten Waren des 15. und 16. Jahrhunderts zu den unglasierten des Spätmittelalters, so ergibt sich ein Anteil der spätmittelalterlich- und frühneuzeitlichen Scherben von ca. 68 Prozent an der Gesamtmenge aller 370 Scherben.[10] Die errechneten Scherbenanteile mögen veranschaulichen, dass die potentielle Gründungszeit des Dorfes Mannheim an dieser Stelle des Quadrats im Frühmittelalter (6. und 7. Jahrhundert) nur durch sehr wenige Scherben belegt ist, während das Gros der Scherben dem Hochmittelalter und vor allem dem Zeitraum Spätmittelalter und Frühe Neuzeit angehören. Daran knüpft sich die Frage, ob die unterschiedlichen Scherbenanteile Hinweise auf die Größe oder Lage des Dorfes Mannheim liefern. Ist eine geringe Menge an Scherben aus dem Frühmittelalter als Indiz für eine topografisch größere Entfernung des Dorfes zu den Ackerflächen zu werten und bedingt eine große Menge Scherben des Spätmittelalters und der frühen Neuzeit eine größere Nähe zu den Ackerflächen? Haben wir es möglicherweise mit zwei räumlich getrennten Dorfgründungen des Früh- und des Spätmittelalters zu tun?

Mannheim in der schriftlichen Überlieferung

Die urkundliche Ersterwähnung von „Manninheim"

Abb. 23
Mannheim, M 1,2. Rand- und Wandscherben von spätmittelalterlichen Nischenkacheln

Abb. 24
Mannheim, M 1,2. Rückseite des Kachelfragmentes mit Herstellungsspuren

Stadtarchäologie in Mannheim

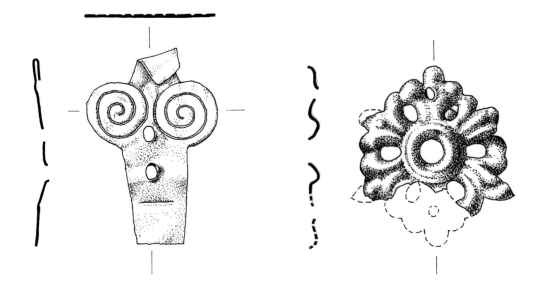

Abb. 25
Mannheim, M 1,2.
Beschlag aus Bronze (erh.
Länge 3,3 cm, B 0,82-2,3
cm)
© rem, U. Lorbeer

Abb. 26
Mannheim, M 1,2. Durch-
brochener Beschlag aus
Bronze (Dm 2,1-2,5 cm)
© rem, U. Lorbeer

bzw. „Mannenheim" begegnet uns im Lorscher Codex für das Jahr 766, als die Schwestern Druthild und Rimihild dem Kloster Lorsch zwei Morgen Ackerland vermachten.[11] „Manninheim" wird auf „Heim des Manno" zurückgeführt, der dem Dorf als Familienführer seinen Namen gab. Neben Mannheim entstanden in der Rhein-Neckar-Region viele Neugründungen mit „-heim"-Endungen, die in der ersten Hälfte des 6. Jahrhunderts Vorposten der fränkischen Kolonisation auf rechtsrheinischem Gebiet waren. Im Hochmittelalter gehörte Mannheim zur Wormser Diözese und war dem Landkapitel Weinheim unterstellt. Im 13. Jahrhundert wurde Mannheim pfalzgräflicher Besitz. Seit dem 14. Jahrhundert stieg die Bevölkerungszahl kontinuierlich an, sodass Mannheim um 1600 mit ca. 800 Personen das größte Dorf der Region war. Es ist von größter Bedeutung, dass die grundlegende Umgestaltung des Dorfes durch den Festungsbau im frühen 17. Jahrhundert auf der Grundlage gewachsener Gemeinde- und Verwaltungsstrukturen erfolgte.

Zusammenfassung

Die Sandschichten mit stark fragmentierten Scherben des Mittelalters und der frühen Neuzeit wurden ackerbaulich genutzt. Befunde einer Siedlung aus dieser Zeit waren nicht nachweisbar. Sandschichten der gleichen Art wie in M 1,2 mit zeitgleichem Fundmaterial, ebenfalls ohne Siedlungsstrukturen, wurden im Innenhof des Schlosses[12] und im Hof des Zeughauses[13] dokumentiert. Daraus folgt, dass Bebauungsstrukturen des Dorfes Mannheim weder

in den Bereichen M 1,2, Schloss (Innenhof) noch Zeughaus (C 5) nachweisbar waren. Darüber hinaus liegen weder archäologische Zeugnisse noch historische Nachrichten über ein frühmittelalterliches Gräberfeld im Altstadtgebiet von Mannheim vor, das nach den Erkenntnissen der Frühmittelalterarchäologie in Sichtweite, also in einer Entfernung von maximal 400 bis 500 m zur Siedlung angelegt worden sein müsste.[14]

Im Gegensatz zu diesen archäologischen Erkenntnissen stehen die zahlreichen Darstellungen zur Geschichte Mannheims, die den Standort des Dorfes weiterhin im Schlossbereich vermuten. Als Argumente für diese These dienen die karolingischen Scherben im Schloss (Fundjahr 1958), die grafische Darstellung (gerasteter Punkt von ca. 200 m Durchmesser) dieses Fundpunktes als karolingische „Siedlung"[15] sowie die Betonung der besonderen siedlungstopografischen Lage auf dem hochwasserfrei und flussnah gelegenen Sandhügel.

Scherben und Dokumentationen dieses Sensationsfundes sind heute nicht mehr auffindbar, sodass sich der Befund einer neuen wissenschaftlichen Bewertung entzieht. Die Scherben, die ohne publizierten Befundkontext zur „Siedlung" hochstilisiert wurden,[16] fanden nach 1958 keine Erwähnung in der archäologischen Fachliteratur. Nach Ursula Koch wählten die Vieh- und Pferdezüchter des Frühmittelalters offenes Gelände, fruchtbare Böden oder Feuchtgebiete als Weidegründe.[17] Die Dörfer lagen

Klaus Wirth

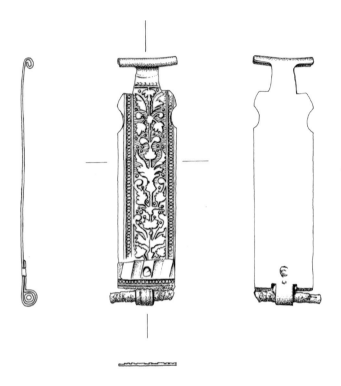

Abb. 27
Mannheim, M 1,2. Gür-
telschließe aus Bronze
(Länge 5,7 cm)
© rem, U. Lorbeer

verkehrsgünstig an intakten (altrömischen) Straßen und an Wasserstraßen. Bis auf die Wassernähe
treffen diese naturräumlichen Faktoren weder für
das Schlossareal noch für die Oberstadt zu. Es sind
demnach Zweifel an der Lokalisierung von „Manninheim" auf dem Schlosshügel berechtigt.

Einen konkreten Hinweis auf die Lage des Dorfes
erhalten wir aus dem Vertrag zwischen dem Kurfürsten Friedrich IV. und Vertretern des Dorfes
Mannheim. Der Interpretation H. Schaabs[18] zufolge sollte sich das alte Dorf auf einem Hochuferrest
südlich vom Jungbusch befunden haben, wohin
die Bewohner vor Beginn des Festungsbaus umgesiedelt wurden. Eine Siedlungsgrube dieses „Neu-
dorfes" entdeckten Archäologen der rem im Jahre
2005 im Quadrat H 3, Hausnummer 11, das ehemals
zum Jungbusch gehörte. In einer Grube fanden sie
Halb- und Fertigfabrikate von Ofenkacheln des ausgehenden 16. und frühen 17. Jahrhunderts, die den
ersten sachlichen Nachweis des Dorfes Mannheim
vor 1606 darstellten.[19]

Lage und Struktur des mittelalterlichen Dorfes
Mannheim bleiben damit Gegenstand weiterer
Forschungen. Die Grundlage dafür bilden in erster
Linie archäologische Ausgrabungen und neue
Erkenntnisse der Geoarchäologie zur zeitlich dif-
ferenzierten Veränderung der Kulturlandschaft an
Rhein und Neckar.

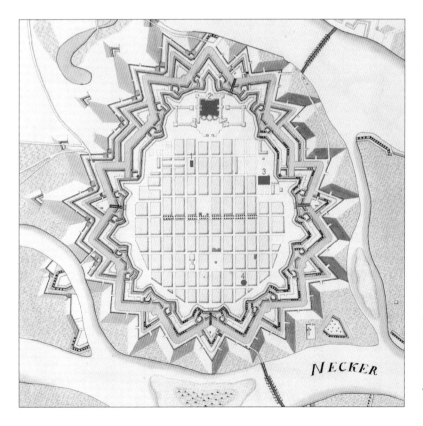

Abb. 28
„Plan de Manheim"
(1740) mit Kartierung von
Ackerflächen (Nr. 1: M 1,2,
Nr. 2: Schloss, Ehrenhof,
Nr. 3: C 5 Zeughaus Hof)
und Siedlungsgrube mit
Ofenkacheln Ende 16.
/Anfang 17. Jahrhundert in
H 3,11

Stadtarchäologie in Mannheim

Befundkatalog (Auswahl)

Legende:
B Breite, BF Befundnummer, BGR Baugrube, D Dicke, Dm Durchmesser, erh. Erhalten(e), FB Fußboden, FM Fundament, fragm. Fragment(e), GN Graben, GR Grube, H Höhe, HK Holzkohlestippen, L Länge, mind. mindestens, N Norden, NN Normalnull, O Osten, OF Oberfläche, OK Oberkante, PGR Pfostengrube, PL Pfostenloch, PS Planierschicht, S Süden, T Tiefe, UK Unterkante, VF Verfüllung, W Westen

Phase 1: BF 21: graubraune Sandschicht. UK 96,90 m NN, OF bis 97,39 m NN, nach W und N ansteigend, maximale Mächtigkeit 0,32 m. BF 269: mittel- bis dunkelgraubrauner, schluffiger Sand, darin Scherben, wenig Holzkohle, OF bis 97,44 m NN; BF 20: graubrauner Sand.

Phase 2: BF 191, zwei Pflugfurchen von 1,57 m bis 2,04 m L und maximal 0,13 m B, Ausrichtung von NW nach SO. Die Furchen waren nur maximal 3 cm tief erhalten.

Phase 3: BF 162, PS, Sand, L 3,92 m, B 2,88 m, enthielt HK, Keramik; BF 168 PS, Sand, graubeige, schwach kiesig, enthielt HK (wenig), Ziegelfragmente, Keramik; BF 197 GR, L 1,6 m, B 1,55 m, quadratisch, Störung im Osten durch BGR von 02 (Phase 10).

Phase 4: BF 164 GN, L 4,25 m, B 0,24-0,3 m, T 0,12 m, Ausrichtung NW-SO; B 174.184.186, PGR, BF 174: L-förmig, L 0,81 m, B 0,75 m, T 0,62 m, OK 97,26 m NN, UK 96,64 m NN, VF BF 173 Sand, beigebraun, Einschlüsse HK (sehr wenig), Baustoffe (sehr wenig), Keramik; BF 184 PL, L 0,19 m, B 0,14 m, T 0,05 m, muldenförmiger Querschnitt, OK 96,64 m NN, VF BF 183 Sand; BF 186 PGR, L 0,71 m, B 0,48 m; UK 96,69 m, VF BF 186, Sand, grau. BF 181 PGR, oval, L 0,67 m, B 0,64 m, T 0,15 m, OK 97,22 m NN, UK 97,07 m NN, VF BF 182, Sand. BF 176 PGR, kreisförmig, L 0,68 m, B 0,64 m, T 0,71 m, OK

97,23 m NN, UK 96,52 m NN, VF BF 175 Sand, graubraun, Einschlüsse: Ziegel- und Steinfragmente, Kalkmörtel.

Phase 5: BF 110, PS, Sand, beigegrau, schluffig, Einschlüsse HK, Keramik; L 7,14 m, B 4,6 m, OK 97,41 - 97,44 m NN.

Phase 6: BF 19, PS, Sand, graubraun, schluffig, OK 97,22 m NN, Einschlüsse: HK, Keramik; BF 106, PS, Sand, dunkel- bis schwarzbraun, schluffig, kompakt, Einschlüsse: HK (viel), Mörtelstippen, Ziegelfragmente, Rotlehm, OK 97,42 – 97,49 m NN. B 107 Steinsetzung aus NO-SW gerichteten Flussgeröllen, die ein Negativ von mind. 3,26 m L begrenzten, das möglicherweise einen Holzbalken enthielt. OK 97,34 - 97,41 m NN. BF 108 PS, toniger Lehm, rosa bis beigebraun, kompakt, Einschlüsse: HK (Fragm. bis 5 cm Größe), Tierknochen, Keramik, Ziegelfragm., OK 97,38 – 97,51 m NN. BF 116-130 Staken, kreisförmig, spitz dreieckiger Querschnitt, Dm 4-7 cm, T 4-19 cm, VF BF 115-129, Sand, graubraun, schluffig.

Phase 7: BF 15 PS, Sand, beigegrau, schwach schluffig, Einschlüsse HK, Rotlehm, L 5,45 m, B 3,85 m, D 3-5 cm. BF 105 PS, Sand, mittelbraun, schluffig, Einschlüsse HK, Tierknochenfragm., PS von Sandsteinbruch, OK 97,46 – 97,53 m NN. BF 201 PS, Sand, dunkelbraun, L 3,2 m, B 2,2 m, D 5 cm, OK 97,50 m NN. BF 228, GR, B bis FM 0,62 m, T 0,98 m, OK 97,40 m, UK 96,45 m NN.

Phase 8: BF 14, 84-86 PS, Sand, hellbraun, L 9,56 m, B 5,6 m, OK 97,68 m NN.

Phase 9: BF 81 FMGN, L 3 m, B 0,6-0,93 m, OK 97,61 m NN, VF 82, Sand braungrau, kompakt, enthielt große Mengen an Kalkmörtel; BF 74, PGR, kreisförmig, Dm 0,5 m, OK 97,55 m NN. BF 69, GR, L mind. 2,12 m, B 1,2 m (bis FM), OK 97,56 m NN. BF 13 GR, L 3,8 m, B 2,27 m; BF 41, GN, L 3 m, B 0,05-0,11 m, OK 97,64 m NN.

Klaus Wirth

Phase 10: BF 02, FM, Dm innen 5,36 m, BF 0,7-1,45 m, aufgehendes Mauerwerk aus Ziegelsteinen, die teilweise oberflächig verglast waren, OK 97,89 m NN, UK 96,65 m NN; BF 273 FM Keller Parzelle M 1.10. Sandsteinmauerwerk, Fußboden Industrieziegel. OK Mauerkrone 97,83 m NN, OK Fußboden 96,29 m NN.

Phase 11: BF 28, 63, 138, 277 FM Rückgebäude, L 8,3 m, B 4,2 m (Innenmaße des rekonstruierten Gebäudes), BF 53 Weg-/Hofpflaster aus Flussgeröllen (Maße 20x10 cm, 30x20 cm), Einfassung durch SO-NW gerichtete Gerölle (Maße 22x10 cm, 20x8 cm, 26x18 cm, 23x17 cm). BF 48, 274 FM, Markierung der Parzellengrenze zwischen M 1.2 und M 1.10, erh. L 3,3 m, B 0,4 m.

Phase 12: BF 45, GR. L 1,50 m, B 0,45 m, T 0,6 m, kastenförmiges Profil, Grubenboden gewellt, Einschnürung in der Grubenmitte könnte auf ehemals zwei nebeneinander eingetiefte Gruben hinweisen, OK 98,08 m NN, UK 97,48 m NN. BF 46 VF, Sand, mittelgraubraun, kompakt, Einschlüsse: Ziegelfragm., Tierknochen, Mörtelfragm., Keramik. Ausrichtung NNO-SSW. BF 5, FM, L (erh.) 4,46 m, B 0,5 m, OK 98,02 m NN. BF 25, FM, L (erh.) 3,8 m, B 0,41 m, OK 97,99 m NN. BF 31, FM, L (erh.) 3,05 m, B 0,43 – 0,75 m. OK 97,91 m NN. BF 33, FM, B 0,55 m. BF 276 FB, Sandsteinplatten D 7-10 cm, Maße 0,55 x 0,35 m, 0,68 x 0,55 m, 0,77 x 0,56 m, 0,9 x 0,58 m, 0,95 x 0,6 m, 1,06 x 0,52 m. BF 66, FM, L (erh.) 2,91 m, B 0,67 m. x

[1]　www.ekma.de

[2]　Neben den Mitarbeitern der rem, Dr. Klaus Wirth, Benedikt Stadler und Gerhard Antoni (beide Grabungstechnik), Peter Will und Claudia Mehn (beide Restaurierung), nahmen Heinz Heller (Grabungsarbeiter) sowie die ehrenamtlich Beauftragten Jörg Diefenbacher, Uwe Gerlach, Hermann Unser, Paul Gidius, Tanja Rehberger, Sebastian Rehbein, Friedrich Teutsch, Dr. Heidrun Pimpl, Eberhard Hettrich, Zlatko Perhoč, Timo Eichmann, Yvonne Rettenmaier sowie die Schülerpraktikantinnen und -praktikanten Annika Werres, Christian Thiel und Mathis Kreitzscheck an den Ausgrabungsarbeiten teil.

[3]　Eine 10-Liter-Probe der Sandschicht (Befund 21) enthielt keine paläobotanischen Einschlüsse. Dr. Julian Wiethold (Metz) sei für die Analyse herzlich gedankt.

Stadtarchäologie in Mannheim

4   Vgl. Arnscheidt, Grit: Mannheim im Grundriss. Druckgraphik des 17. Jahrhunderts aus der Sammlung des Mannheimer Altertumsvereins, in: Wiegand, Hermann (Hrsg.): Palatinatus semper illustrandus. Festschrift Hansjörg Probst, Sigmaringen 1997, S. 185–215, bes. 193.

5   Die Bearbeitung des barocken und nachbarocken Fundmaterials (Phasen 2–13) bleibt kommenden Ausgaben der Mannheimer Geschichtsblätter vorbehalten.

6   Die Tierknochen wurden bislang nicht untersucht.

7   Vgl. Gross, Uwe: Mittelalterliche Keramik zwischen Neckarmündung und Schwäbischer Alb, Stuttgart 1991. Dem Autor sei für die Bestimmung der Warenarten herzlich gedankt.

8   Vgl. Landesdenkmalamt Baden-Württemberg (Hrsg.): Vor dem großen Brand. Archäologie zu Füßen des Heidelberger Schlosses, Stuttgart 1992, S. 77 Abb. 82, S. 78 Abb. 83 – 84.

9   Vgl. Friedel, Birgit: Ein „Hochzeitsgürtel" aus Spalt, Landkreis Roth. Beiträge Archäologie Mittelfranken, 4/1998, S. 333– 338. Für sachliche Hinweise danke ich Dr. Robert Koch, Heroldsberg.

10 Wir möchten hier einräumen, dass die Grundlage für statistische Berechnungen angesichts der geringen Scherbenzahl kaum ausreichend ist.

11 Vgl. Nieß, Ulrich: Vom Dorf zur Doppelsternanlage – die Stadt und Festungsgründung, in: Nieß, Ulrich / Caroli, Michael (Hrsg.): Geschichte der Stadt Mannheim, Band I 1607-1801, Ubstadt-Weiher 2007, S. 1–55.

    Ders.: Das Dorf Mannheim von der urkundlichen Ersterwähnung bis zur Stadtgründung (766 bis 1606/07), in: Probst, Hansjörg (Hrsg.): Mannheim vor der Stadtgründung, Teil II Band 1, Regensburg 2006, S. 442–475.

12 Baubegleitend zu Rohrverlege- und Pflasterarbeiten wurden im Innenhof des Schlosses im Zeitraum Dezember 2006 / Januar 2007 archäologische Untersuchungen durchgeführt. Die Ergebnisse dieser Untersuchungen werden in einer der kommenden Ausgaben dieser Zeitschrift thematisiert.

13 Vgl. Wirth, Klaus: Archäologische Ausgrabungen beim Zeughaus. Mannheimer Geschichtsblätter 13-14/2006-07 (2007), S. 64–73; Ders.: Was die Schweizer Gardisten nicht wussten. Ausgrabungen beim Zeughaus in Mannheim, Arch. Ausgrab. Baden-Württemberg 2004, Stuttgart 2005, S. 265–267.

14 Vgl. Koch, Ursula: 2. Gemarkung-Siedlung-Gräberfeld: Siedlungsstrukturen im frühen Mittelalter, in: Probst, Hansjörg (Hrsg.), Mannheim vor der Stadtgründung, Teil 1 Band 2, Regensburg 2007, S. 16–33; Schreg, Rainer: Dorfgenese in Südwestdeutschland – Das Renninger Becken im Mittelalter, Stuttgart 2006.

15 Badische Fundberichte, Sonderheft 10, Karlsruhe 1967, S. 35. Archäologische Karte der Stadt- und Landkreise Heidelberg und Mannheim 1965.

16 Von allen Karteikarten im Fundstellenarchiv, die das Inventar von archäologischen Fundstellen im Schlossbereich dokumentieren, enthalten nur zwei den Datierungszusatz „Karol. ?". Das Fragezeichen deutet an, dass sich der Bearbeiter dieser Karteikarten in der Datierung des Fundmaterials nicht sicher war. Die Karten enthalten kein Funddatum, sodass die Jahresangabe „1958" im Sonderheft der Badischen Fundberichte nicht zu überprüfen ist. Die Fundortangabe lautet: „Mannheim, Schloß, rechter Flügel, Eckpavillon, unter dem Fundament", das Fundmaterial besteht aus: „Scherben, Bodenscherben, Schieferstücke, Mörtelbrocken, Maurerkelle mit Prägestempel" (Karteikarte 1), „Tierknochen" (Karteikarte 2). Als Finder wird auf den Zetteln im Fundkarton (Fritz) „Rupp" angegeben. Die Durchsicht aller Fundkartons mit Fundmaterial aus dem Schlossbereich ergab, dass es sich bei dem Fundmaterial ausschließlich um barockes Fundgut des 17. und 18. Jahrhunderts handelt. Es ist nicht auszuschließen, dass sich darunter auch mittelalterliches, sekundär verlagertes, heute jedoch nicht mehr vorhandenes Scherbenmaterial befand. Nach derzeitigem Kenntnisstand ist die Existenz einer in die karolingische Zeit zu datierenden Fundstelle im Schlossareal auszuschließen.

17 Koch: 2. Gemarkung-Siedlung-Gräberfeld.

18 Vgl. Schaab, Meinrad: Geschichte der Stadt, in: Die Stadt- und die Landkreise Heidelberg und Mannheim. Amtliche Kreisbeschreibung, Karlsruhe 1970, S. 6–7.

19 Vgl. Wirth, Klaus: Ausgrabungen im Töpferviertel von Mannheim, Arch. Ausgrab. Baden-Württemberg 2005, Stuttgart 2006, S. 208–210.

Friedrich Teutsch

M 1,2/2a Baulust des Bakke von Bergenstein

Abb. 1
Grundriss der Zitadel-
le Friedrichsburg und
der Stadt Mannheim,
Zeichner Jacob van Deyl,
Kupferstich, Version von
1664, Ausschnitt mit Qua-
drat M 1 (hellrot)

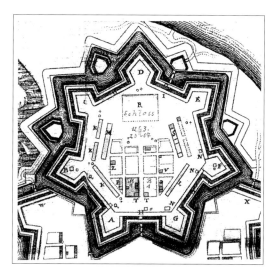

Nach geometrischen und fotometrischen Verfahren befinden sich die Gelände des heutigen Quadrats M1 bereits auf den Plänen des Jacob van Deyl
von 1663 und 1664.[1]

Schriftquellen des 18.Jahrhunderts über den Grund-
stücksverkehr in der ehemaligen Festung Friedrichsburg erhärten diesen Befund.[2] Demzufolge dürften
die beiden Grundstücke identisch sein mit den zwei
auf diesem Areal bei van Deyl eingezeichneten und
aneinandergrenzenden Häusern (Abb. 1).

Überdies gehörten 1712 die Hausplätze, damals
Quadrat U, Nr. 4 und 5 (heute M1,2 und M1,2a) den
Familien Ulmann bzw. Langhans, deren Namen in
Mannheim dem 17. Jahrhundert zuzuordnen sind.
Die Käufer, der kurpfälzische Hofschmied Franz
Feuchter und der Bierbrauermeister Johann Adam
Cloßmann, errichteten dort bis spätestens 1720 ihre
Häuser (Abb. 2). Die Maße der Grundstücke betru-
gen 48 Schuh 4 Zoll x 120 Schuh (ohne die hintere
„Einfahrt" von 12 Schuh 6 bzw. 7 Zoll x 80 Schuh) und
40 x 120 Schuh, wobei 1 Schuh 29 cm entspricht.

Abb. 2
Grundrissbuch,
1720/1721, Quadrat U (M).
Die Tiefe der Hausgrund-
stücke müsste mit 120
bzw. 80 Schuh angegeben
sein. Die Summe (200
Schuh) und die Zeich-
nung stimmen aber. Der
Hausplatz U, Nr. 4 (grün),
muss schon vor der Zer-
störung 1689 bestanden
haben.
Bayerische Staatsbiblio-
thek, München,
C g m 1661
Bearbeiter Friedrich
Teutsch

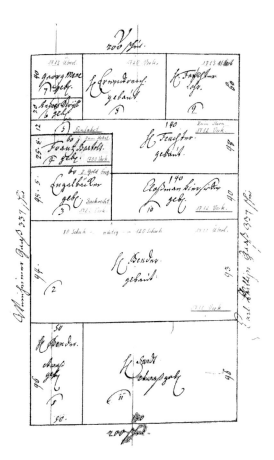

Feuchter verkaufte sein Haus 1726 und Cloßmann
1736 an Erasmus Johannes Bakke (gest. 1749). Dieser erwarb auch die rückwärtig angrenzenden Lie-
genschaften, damals die Nummern 1fh, 11 und 12 in
den Jahren 1727, 1739 und 1737, die später zu M1,8
zusammengefasst wurden.

Bakke entstammte einer 1654 vom dänischen König
geadelten Familie und brachte es in kurpfälzischen
Diensten bis zum Geheimen Rat und Vizekanz-
ler des Hubertus Ordens sowie zum kaiserlichen
Reichshofrat.[3] Um 1737/1739 dürfte er das Anwe-
sen großzügig umgestaltet haben (Abb. 3a und
3b). Seine Baulust ist ebenso 1742 für sein großes
Hofgut in Friesenheim (heute Stadtteil von Lud-
wigshafen) bezeugt.[4] In jenem Jahr erhielt er eine
Adels- und Wappenbestätigung durch den Kaiser.
Besondere Verdienste erwarb sich Bakke um die
Errichtung der katholischen Pfarrei und den Bau der

M 1,2 / 2a Baulust des Bakke von Bergenstein

neuen katholischen Galluskirche in Friesenheim. In ihr wurden er und seine Frau auch zur letzten Ruhe gebettet, wo ihre Epitaphien und Gruft bis heute erhalten blieben.

Das von Bakkesche Erbe ging 1774 testamentarisch offenbar an Verwandte der damals verstorbenen Witwe Christina von Bakke, geb. Hoffstadt. Nach der Zuschreibung des großen Anwesens in M1 im Jahre 1784 veräußerten es die von Hoffstadt umgehend an Exzellenz von Rodenhausen, Günstling der Kurfürstin Elisabeth Augusta von der Pfalz, und eifriger Förderer des katholischen Bürgerhospitals.[5]

Abb. 3a
Grundrissbuch, Herbst 1771.
Generallandesarchiv, Karlsruhe, 66/10509
Bearbeiter Friedrich Teutsch

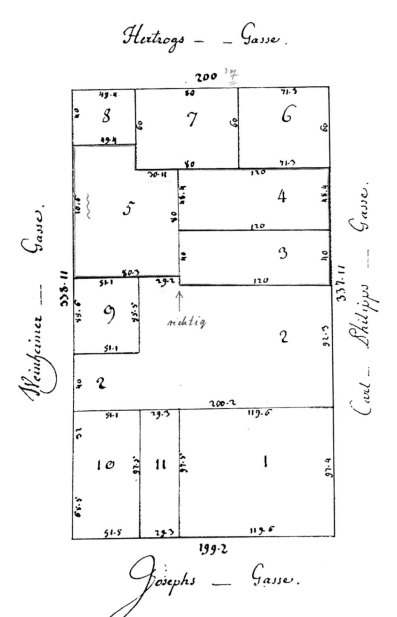

Friedrich Teutsch

Abb. 3b

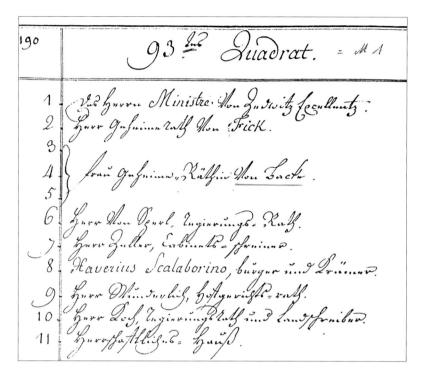

Abb. 4
Katasterblatt, Ausschnitt
mit M 1,2/2a, um 1895.
Fachbereich Geoinformation und Vermessung,
Mannheim

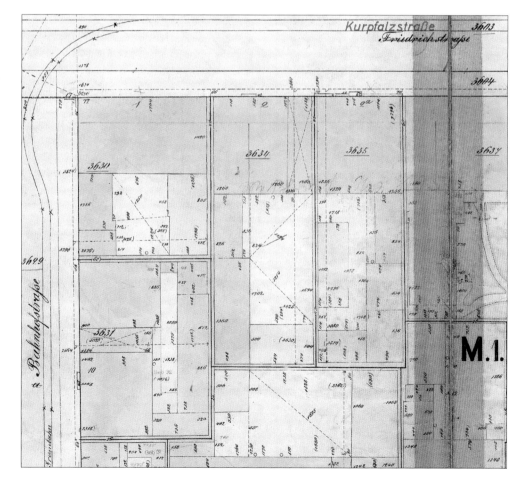

M 1,2 / 2a Baulust des Bakke von Bergenstein

Der Komplex gehörte mit 525 Gulden Schatzung im Jahre 1774 zu den größten barocken Anlagen in Mannheim.[6] Bestätigt wird dies durch die Höhe des Schatzungs- bzw. Brandversicherungskapitals im Jahre 1820 für die 1808 in M 1,2 und M 1,8 aufgeteilte Liegenschaft.[7]

Nach den Adressbüchern wurde das Anwesen M 1,2 im Jahre 1834/1835 in M 1,2 und M 1,2a geteilt und die Grundstücksgrenze von 1720/1721 wieder hergestellt (Abb. 4).

In Verbindung mit der nach Bauphasen unterschiedenen Häuserkartierung von 1903 lässt sich der Neubau auf M 1,2a zeitlich zwischen 1834 und 1850 eingrenzen. M 1,2 gehört danach aber in die Zeit vor 1800 mit einer Baumaßnahme zwischen 1891 und 1903.[8] Da von diesen Gebäuden derzeit keine Bauakten oder Bilder bekannt sind, lassen sich die Fragen, die sich aus den Stockwerksangaben im Mannheimer Adressbuch von 1899 ergeben, nicht abklären (Abb. 5). Für die archäologischen Grabungsergebnisse ist dies aber ohne Belang, zumal 1953 die Bauflucht um 4,56 m zurückverlegt wurde.[9]

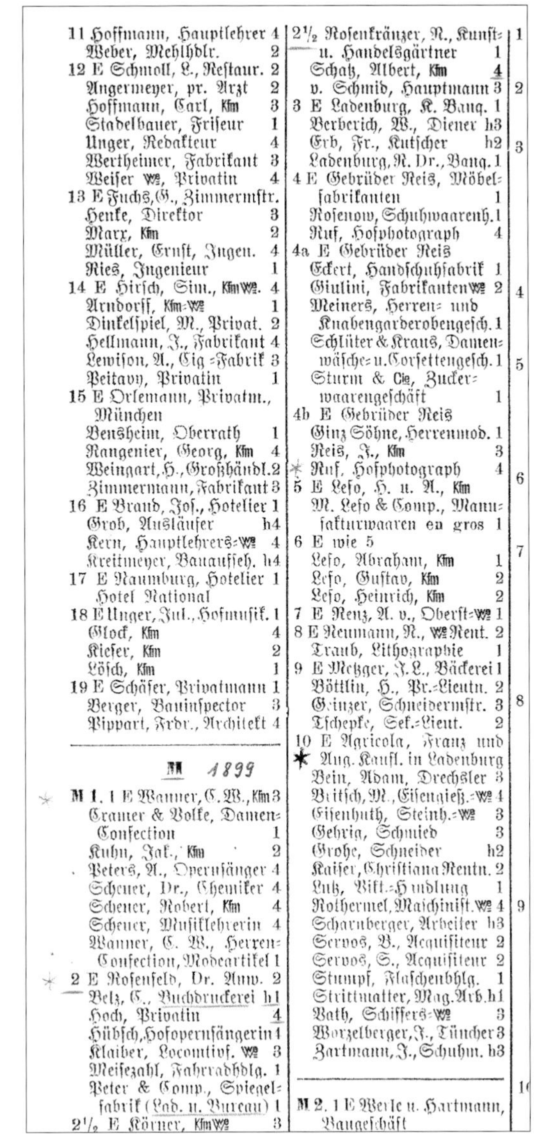
11 Hoffmann, Hauptlehrer 4
Weber, Mehlhdlr. 2
12 E Schmoll, L., Restaur. 2
Angermeyer, pr. Arzt 2
Hoffmann, Carl, Kfm 3
Stadelbauer, Friseur 1
Unger, Redakteur 4
Wertheimer, Fabrikant 3
Weiser Wwe, Privatin 4
13 E Fuchs, G., Zimmermstr.
Henke, Direktor 3
Marx, Kfm 2
Müller, Ernst, Ingen. 4
Ries, Ingenieur 1
14 E Hirsch, Sim., Kfm Wwe. 4
Arndorff, Kfm-Wwe 1
Dinkelspiel, M., Privat. 2
Hellmann, J., Fabrikant 4
Lewison, A., Cig.-Fabrik 3
Peitavy, Privatin 1
15 E Orlemann, Privatm., München
Bensheim, Oberrath 1
Rangenier, Georg, Kfm 4
Weingart, H., Großhändl. 2
Zimmermann, Fabrikant 3
16 E Brand, Jos., Hotelier 1
Grob, Ausläufer h4
Kern, Hauptlehrers-Wwe 4
Kreitmeyer, Bauaufseh. h4
17 E Naumburg, Hotelier 1
Hotel National
18 E Unger, Jul., Hofmusik. 1
Glock, Kfm 4
Kiefer, Kfm 2
Lösch, Kfm 1
19 E Schäfer, Privatmann 1
Berger, Bauinspector 3
Pippart, Frdr., Architekt 4

M 1899

M 1. 1 E Wanner, C. W., Kfm 3
Cramer & Volke, Damen-Confection 1
Kuhn, Jak., Kfm 2
Peters, A., Opernsänger 4
Scheuer, Dr., Chemiker 4
Scheuer, Robert, Kfm 4
Scheuer, Musiklehrerin 4
Wanner, C. W., Herren-Confection, Modeartikel 1
2 E Rosenfeld, Dr. Anw. 2
Belz, C., Buchdruckerei h1
Hoch, Privatin 4
Hübsch, Hofopernsängerin 1
Klaiber, Locomtivf. Wwe 3
Meisezahl, Fahrradhdlg. 1
Peter & Comp., Spiegelfabrik (Lad. u. Bureau) 1
2½ E Körner, Kfm Wwe 3
2½ Rosenkränzer, R., Kunst- u. Handelsgärtner 1
Schatz, Albert, Kfm 4
v. Schmid, Hauptmann 3
3 E Ladenburg, K. Banq. 1
Berberich, W., Diener h3
Erb, Fr., Kutscher h2
Ladenburg, R. Dr., Banq. 1
4 E Gebrüder Reis, Möbelfabrikanten 1
Rosenow, Schuhwaarenh. 1
Ruf, Hofphotograph 4
4a E Gebrüder Reis
Eckert, Handschuhfabrik 1
Giulini, Fabrikanten Wwe 2
Meiners, Herren- und Knabengarderobengesch. 1
Schlüter & Kraus, Damenwäsche- u. Corsettengesch. 1
Sturm & Cie, Zuckerwaarengeschäft 1
4b E Gebrüder Reis
Ginz Söhne, Herrenmod. 1
Reis, J., Kfm 3
Ruf, Hofphotograph 4
5 E Leso, H. u. A., Kfm
M. Leso & Comp., Manufakturwaaren en gros 1
6 E wie 5
Leso, Abraham, Kfm 1
Leso, Gustav, Kfm 2
Leso, Heinrich, Kfm 2
7 E Renz, A. v., Oberst-Wwe 1
8 E Neumann, R., Wwe Rent. 2
Traub, Lithographie 1
9 E Metzger, J. L., Bäckerei 1
Böttlin, H., Pr.-Lieutn. 2
Geinzer, Schneidermstr. 3
Tschepke, Sek.-Lieut. 2
10 E Agricola, Franz und Aug. Kaufl. in Ladenburg
Bein, Adam, Drechsler 3
Britsch, M., Eisengieß.-Wwe 4
Eisenhuth, Steinh.-Wwe 3
Gehrig, Schmied 3
Grohe, Schneider h2
Kaiser, Christiana Rentn. 2
Lutz, Vikt.-Handlung 1
Rothermel, Maschinist Wwe 4
Scharnberger, Arbeiter h3
Servos, B., Acquisiteur 2
Servos, S., Acquisiteur 2
Stumpf, Flaschenbhlg. 1
Strittmatter, Mag.Arb. h1
Bath, Schiffers-Wwe 3
Worzelberger, J., Tüncher 3
Zartmann, J., Schuhm. h3

M 2. 1 E Werle u. Hartmann, Baugeschäft

Abb. 5
Mannheimer Adressbuch 1899, S. 274

1. Teutsch, Friedrich: Im Detail steckt der Teufel, in: Mannheimer Geschichtsblätter – rem-Magazin 13-14/2006-07, S. 74–76; Teutsch, Friedrich: Neue Datierung historischer Stadtpläne. Ein Beitrag zum Stadtjubiläum 2007. Vervielf. Manuskript.
2. Forschungsmethoden und archivalische Belege bleiben zu dieser Problematik einer eigenen Darstellung vorbehalten.
3. Kurpfälzischer Hofkalender für 1749, S. 6; Frank, Karl Friedrich von: Standeserhebungen und Gnadenakte für das Deutsche Reich und die Österreichischen Erblande bis 1806 sowie kaiserlich österreichische bis 1823. Mit einigen Nachträgen zum „Alt-Österreichischen Adels-Lexikon" 1823–1918, Bd. 1, Senftenegg 1967, S. 46. Dieser Sachverhalt war bisher unbekannt.
4. Ruf, Peter: Geschichte von Friesenheim, Bd. 2, Ludwigshafen 1996, S. 87–109. Dort Abb. der Hofeinfahrt, abgerissen 1977, der Kanzel nebst Grabmal und des Wappens.
5. StadtA-ISG Mannheim, Kaufprotokoll 1784, S. 47; Huth, Hans: Die Kunstdenkmäler des Stadtkreises Mannheim, Bd. 1, München 1982, S. 727, 735, 738f. Dort Nachweis seines Grabmals und Abb. seines Bildnisses.
6. Teutsch, Friedrich: Stadt und Standort, Bau und Bauherrn der Baden-Württembergischen Bank, Mannheim 1994, S. 26, Tabelle b.
7. Verzeichniß Sämmtlicher Gebäude in Mannheim mit Bemerkung der ihrer dermaligen Eigenthümer, Mannheim 1820, S. 167ff.: „M 1,2: Schatz. 17.775 Gulden, Brandv. 10.000 Gulden, M 1,8 Schatz. 9.125 Gulden, Brandv. 7.500, lt. Anhang 8.050 Gulden."
8. Mannheim in Vergangenheit und Gegenwart, Bd. 3, Mannheim 1907, Plan zwischen S. 210/211.
9. Der Verfasser dankt für Informationen und Unterlagen Herrn Gerhard Michel, Fachbereich Geoinformation und Vermessung, Stadt Mannheim.

Andreas Erb

Die Teutsche Privatgesellschaft in Heidelberg

„Die Universität ist, mit einem Wort gesagt, erbärmlich." – Das vernichtende Urteil, das Lauckhardt in seinen Memoiren fällte, deckt sich mit zahlreichen zeitgenössischen wie späteren Stimmen,[1] die das Zeitalter der Aufklärung als finsterste Periode in der langen Geschichte der kurpfälzischen Landesuniversität ansehen. Die Heidelberger Studenten nahm Lauckhardt keineswegs aus: „Die Studenten unterscheiden sich in ihrer Aufführung wenig von Gymnasiasten; es fehlt ihnen allen das sonst bei Studenten gewöhnliche freie unbefangene Wesen. Doch saufen die Leute wie die Bürstenbinder, denn der Wein ist sehr wohlfeil da." Erst in jüngerer Zeit, vor allem im Umfeld des Universitätsjubiläums, wurden Korrekturen an diesem trüben Bild angebracht,[2] die in erster Linie den Lehrkörper der Universität in den Blick nahmen. Parallel förderte die Dissertation von Karl Henning Wolf eine Vielzahl von neuen Erkenntnissen über die regionale Herkunft und soziale Zusammensetzung der Heidelberger Studenten zutage.[3] Der Frage, inwieweit die Heidelberger Studenten an der Aufklärungsbewegung partizipiert haben, blieb schon aus Mangel an brauchbaren Quellen offen, zumal Studenten auch nicht an den in der Forschung bekannten gelehrten Gesellschaften der Kurpfalz partizipierten. Dieses Bild steht in seltsamem Kontrast zu anderen Sozietätslandschaften, wo neuere Forschungen den gewichtigen Anteil dieser Gruppe an den verschiedenen aufgeklärten Gesellschaftsformen betonen.[4] Die Nichtpräsenz von Studenten in den kurpfälzischen Sozietäten setzt sich – scheinbar – auch in einem Sozietätstypus wie der Deutschen Gesellschaft fort, der studentischen Ursprungs ist: Die Mannheimer Deutsche Gesellschaft hat Studenten in ihren Statuten zwar nicht aus ihren Reihen ausgeschlossen, deren Aufnahme aber auch nicht praktiziert, sondern lediglich eine Reihe Heidelberger Dozenten aufgenommen.[5]

Durch einen Quellenfund im Archiv des Germanischen Nationalmuseums Nürnberg kann dieses Bild nunmehr etwas korrigiert werden; in der dort verwahrten Überlieferung des Pegnesischen Blu-

menordens fand sich eine Quelle zu einer bisher unbekannten Teutschen Privatgesellschaft, die seit 1777 an der Universität Heidelberg existierte. Unter dem Titel „Pinselstriche zur Charakteristik der teutschen Privatgesellschaft zu Heidelberg" hat Johann Wolfgang Helmes aus Weiden in der Oberpfalz (um 1752 – 1836)[6] auf vier Seiten im Quartformat eine Kurzbeschreibung der Gesellschaft verfasst.

Helmes zählte zu den Gründungsmitgliedern der deutschen Privatgesellschaft an der nürnbergischen Universität Altdorf, einer Nachfolgegründung der 1756 unter der Leitung von Georg Andreas Will gegründeten Deutschen Gesellschaft. Darf diese erste Gründung mit über 250 Mitgliedern zu den größeren Sozietäten dieses Typus gerechnet werden,[7] so trug die deutsche Privatgesellschaft mit 26 bekannten Mitgliedern eher Züge eines Freundeskreises.[8]

Als sich diese Gesellschaft 1777 konstituierte, waren es neben Helmes nur zwei weitere Mitglieder, sodass dieser sich bei seinem bald darauf erfolgten Abgang von der Universität Altdorf in einem noch sehr kleinen studentischen Zirkel bewegt hatte. Der Kontakt riss jedoch nicht ab und lebte nach Helmes´ Rückkehr ins Fränkische wieder auf, wie seine Schilderungen zur Geschichte der Altdorfer Sozietät im Anhang zeigen.

Mit der Gründung einer Deutschen Gesellschaft nahmen diese an einer Sozietätsbewegung Teil, die in den 1720er Jahren an der Universität Leipzig unter maßgeblicher Mitwirkung Johann Christoph Gottscheds an der Universität Leipzig begonnen hatte und sich von dort zunächst über den mittel- und norddeutschen Raum verbreitete.[9] Zur „Pflege der deutschen Sprache, Poesie und Beredsamkeit" vor allem an Universitäten und Gymnasia illustria gegründet, waren ihre Mitglieder gehalten, regelmäßig Gedichte und Abhandlungen „in reiner deutscher Schreibart" vorzutragen und damit der Verbreitung des Deutschen als Wissenschafts- und Literatursprache den Weg zu ebnen. Im süddeut-

Die Teutsche Privatgesellschaft in Heidelberg

schen Raum konnte sie erst um die Jahrhundertmitte bspw. in Oettingen am Ries und Tübingen Fuß fassen, ohne die Größe und Bedeutung der mittel- und norddeutschen Sozietäten zu erreichen. Eine Gründungswelle erschien in Südwestdeutschland Mitte der 1770er Jahre, als in Mannheim (1775), Straßburg (1776)[10] und schließlich in Heidelberg (1777) Gesellschaften dieses Typs gegründet wurden, während eine Nachfolgegründung in Tübingen Projekt blieb.[11]

Mitglieder der Heidelberger Gesellschaft waren neben Helmes der Jurastudent Daniel Theophil von Flad[12], Sohn des reformierten Kirchenrats Philipp Wilhelm Ludwig Flad und späterer Kirchenökonomierat[13], der Mannheimer Theologiestudent Johann Jakob Kühner, der Badener Jurastudent Joseph August Rutschmann, der Theologiestudent Johann Adam Weber aus Godramstein, der später in die juristische Fakultät wechselte,[14] sowie der Heidelberger Justus Friedrich Wundt, vermutlich ein Mitglied der Heidelberger Professorenfamilie Wundt.

In der regional eng begrenzten Herkunft der Mitglieder spiegelte sich die „zunehmende Konzentration des Einzugsbereichs der Universität Heidelberg auf die Kurpfalz und die ihr direkt benachbarten Territorien."[15] Bis auf den Badener Rutschmann kamen diese Studenten aus der Kurpfalz, wobei Helmes aus dem sulzbachischen Landesteil stammte. Konfessionell war die Gesellschaft protestantisch dominiert; lediglich der Badener Rutschmann war Katholik, sein Bekenntnis hob Helmes mit der Formulierung „ein Papalis" ausdrücklich heraus.

Nur indirekt, über die Aufzählung der im Protokoll aufzuführenden Punkte, lassen sich Aussagen über die Regeln treffen, nach denen sich das gesellschaftliche Leben abspielen sollte. Von den sonstigen studentischen Vereinigungen in Heidelberg wollten sich die Gründer durch entsprechende Regelwerke und protokollarische Nachweise der eigenen Tätigkeit bewusst abgrenzen. Wie in den anderen Deutschen Gesellschaften auch üblich, machte die Vorlesung eigener Arbeiten in einer festgelegten Ordnung und deren Beurteilung durch ausgewählte Sitzungsteilnehmer den größten Teil der

Sitzungen aus, die wechselnd in den Wohnungen der Mitglieder stattfanden. Diese mussten für eine Abwesenheit eine Entschuldigung benennen. Den Statuten anderer Deutscher Gesellschaften nachempfunden war offensichtlich auch die gesellschaftlichen Ämter; neben einem Direktor (Helmes) spielte der Sekretär (Flad) als Protokollführer und Kanzlist eine wichtige Rolle in der Gesellschaft.

Wenig lässt sich über die dort entstandenen Werke sagen; lediglich eine Probeschrift des später aufgenommenen Siebein und dessen Abschiedsgedicht auf Helmes werden erwähnt. Probeschriften der Aufnahmekandidaten waren in den meisten Statuten der Deutschen Gesellschaften ausdrücklich verlangt, ebenso wie Gelegenheitswerke zum Eintritt und Abschied von Mitgliedern zu den festen Ritualen dieser Sozietäten gehörten. Ob die gewählten Themen „Genie" und „Freundschaft" auf den Sturm und Drang verweisen oder früheren Phasen der Aufklärung zuzurechnen sind, lässt sich nicht sagen, da beide Themen schon in den Deutschen Gesellschaften der ersten Jahrhunderthälfte viele Bearbeiter fanden. Noch weniger lässt sich darüber sagen, inwieweit die Zielsetzung der Deutschen Gesellschaften, ihre Ausarbeitungen in einem reinem und klaren Deutsch abzuliefern, verwirklicht wurden; das Deutsch Helmes´ jedenfalls ist stark von Latinismen und Ausdrücken aus der Studentensprache durchsetzt und für die sonstigen Arbeiten dieser Gesellschaften mehr als untypisch.

Untypisch für eine Deutsche Gesellschaft war ihre frühe Abschottung nach außen, die wenn man Helmes Glauben schenkt, nicht durch einen Mangel an geeigneten Bewerbern verursacht war. Lediglich der Theologiestudent Jakob Wilhelm Siebein aus Iggelheim (1757 – 1803)[16] konnte in späterer Zeit eine Aufnahme ehrenhalber erreichen. Eine Vernetzung durch Doppel- und Mehrfachmitgliedschaften mit anderen Gesellschaften des südwestdeutschen Raumes fand nicht statt;[17] möglicherweise ist die vorliegende Charakteristik der Heidelberger Gesellschaft ein Versuch, eine Partnerschaft mit der Altdorfer Gründung herbeizuführen.[18]

Ferner sahen die Mitglieder davon ab, einen oder mehrere Mitglieder des Lehrkörpers hinzuzuziehen,

Andreas Erb

wie das etwa bei den Deutschen Gesellschaften in Helmstedt, Altdorf und Erlangen der Fall war, wo diese Dozenten Mitglieder anwerben und den Gesellschaften über eine Verankerung im Gefüge der Universität institutionelle Verfestigung und Kontinuität verschaffen konnten. Ebenso unterblieb die bei den meisten anderen Gesellschaften gängige Praxis, bekannte und einflussreiche Persönlichkeiten zu Ehrenmitgliedern zu ernennen.

In dieser Vermeidung jeder Öffentlichkeit ähnelte die Gesellschaft eher den in der zweiten Jahrhunderthälfte aufkommenden studentischen Freundschaftsbünden. In dieselbe Richtung weisen die gesuchten Anklänge der Helmesschen Schilderung an den genialischen Ton des Sturm und Drang, das Freundschaftspathos in vielen Mitgliederporträts und die Beschwörung von Silbermond, melancholischer Heiterkeit und Gesang im Porträt Siebeins.

Die wahrscheinliche Konsequenz ihrer Abschottung war ihre Kurzlebigkeit; weil sie früh darauf verzichtete, durch Ausbreitung in der Heidelberger Studentenschaft ihr Fortbestehen zu sichern und in die Öffentlichkeit zu wirken, dürfte sie mit dem Abzug der Mitglieder von der Universität aufgehört haben zu existieren. Ob und inwieweit interne Querelen, wie sie Helmes andeutet, zu einem Niedergang beigetragen haben, muss offenbleiben. Insgesamt kann sie wie etwa die Sozietäten in Rinteln oder Halle zu den vielen kurzlebigen Gründungen unter den Deutschen Gesellschaften gerechnet werden. Bezogen auf die Verhältnisse in der Kurpfalz erweist sich an ihr, dass der regionale Aufklärungsprozess, der in der Kurpfalz Mitte der 1770er Jahre einsetzte,[19] keine alleinige Angelegenheit der „großen" kurpfälzischen gelehrten Gesellschaften wie der Akademie der Wissenschaften, der Mannheimer Deutschen Gesellschaft, der Physikalisch-Ökonomischen Gesellschaft oder der Meteorologischen Gesellschaft war. Die von Lauckhardt so gescholtenen Heidelberger Studenten haben die Tendenzen der deutschen Aufklärung keineswegs nur passiv beobachtet. Die Heidelberger Deutsche Gesellschaft zeigt vielmehr, dass auch diese aktiv am regionalen Prozess der Aufklärung mitwirkten.

Archiv des Germanischen Nationalmuseums Nürnberg
Archiv des Pegnesisischen Blumenordens LXXX

Pinselstriche zur Charakteristik der teutschen Privatgesellschaft zu Heidelberg welche am 19ten des Christmonats 1777 ihre erste Sitzung hielt
entworfen von Johann Wolfgang Helmes, Kurf. Pfalzsulbachischen Regierungsadvokat und Mitglied der teutschen Privatgesellschaft zu Altdorf und Heidelberg

Erinnerung
Daß der Verfasser sich selbst gezeichnet und oben an gesezzet hat, geschahe der Vollständigkeit und Ordnung wegen. Sollte dieser Grund zu seiner Rechtfertigung unzulänglich scheinen, so kann ihn wenigstens der Verdacht einer stolzen Erwartung nicht treffen, der vielleicht auf ihn fallen würde, wenn er unter seinen Namen einen leeren Raum zum Ausfüllen gelassen hätte. Er ist übrigens von Herzen überzeugt, daß affektirte Bescheidenheit und unbescheidener Stolz gleich ekelhaft und unmännlich seien.

Johann Wolfgang Helmes aus Weyden
Voll guten Willens und Beharrlichkeit in gemeinschaftlich gefaßten Beschlüssen – dies erkannten seine Freunde, die meistens edel und bieder denken und liesen sich daher seine Meinungen und seinen Umgang nach Möglichkeit behagen. Er war der erste, der das Sekretariat zu Altdorf bekleidete; von da gieng er über Erlang nach Heidelberg, wo er Direktor wurde. Er lies sich das Institut so ziemlich angelegen seyn, und fährt fort, noch immer an Kleinigkeiten so viel zu liefern, als ihm bei seiner Advokatur möglich ist. Die Talente seiner Lieblinge verehrt er aus Gefühl eigner Schwäche in Sak und Asche auf dem Haupt – Ehe er das akademische Bürgerrecht der Juristerei durch die großmütige Unterstützung eines russischen Prinzen erkaufte und genos, ministrierte er acht Jahre lang in einer Kapelle des

Die Teutsche Privatgesellschaft in Heidelberg

Merkurs zu Nürnberg. In seinem Reiseregister stehen auch die Universitäten Leipzig, Wittenberg und Ingolstadt benennt.

Daniel Theophilus von Flad aus Heidelberg der gesellschaftliche Sekretär, Protokollist[I] und Schriftenbewahrer zu Heidelberg - ein ernster Jüngling, der, wo es auf Ehre ankam, stets Mut und Entschlossenheit – seinem Freund aber immer ein sanftes wohlwollendes Herz zeugte. Er hatte in juristischen und schönen Wissenschaften viele Belesenheit, arbeitete fleisig und hielt sehr auf Ordnung, zu welcher auch die übrigen Mitglieder so sehr geneigt waren, daß das Institut blos aus Furcht, in jener gestöhrt zu werden, durch keine neuen Mitglieder vermehrt wurde.[II] In den von Fladischen Produkten entdekt man gewisse Blösen – Zeichen eines noch nicht ganz berichtigten Sistems, wovon im Kopf die Materialien zwar vorhanden sind, die aber nach den Regeln der logikalischen Baukunst erst noch geordnet, zusammen gesezt und aufgeräumt werden müssen. Sein Vater ist Kirchenrathsdirektor und Oberappellationsrath, ohne sich seines angebohrenen Adels zu bedienen – ein unermüdeter Gelehrter und verdienstvoller Architect des aus gewissen Ursachen zur Zeit noch ungedrukten Pfälzischen Lehensrechts, welches eben Kurfürsten Karl Theodor bewog, ihn mit jenen glänzenden Würden zu belohnen.

Johann Adam Weber aus Godramstein bei Landau
Geschikt, fleisig, brav und beliebt. Er wandelte bereits schon etliche Jahre in den Feldern der Theologie umher, die er bei verspührter Brustschwäche verlies zu Justinians Gesetzgebung schwörend.

Joseph August Ludwig Rutschmann aus dem Badischen, ein Papalis
Wußte seine Rolle, selbst wenn er egoirte und petitmaitrirte, gut zu spielen. Er konzipirte die Vertheidigungsschrift, die bei Gelegenheit eines ausgebrochenen Tumults von den sämtlich Studierenden eingereicht wurde, mit verdientem Beifall. Karl Friedrich, der weise Markgraf von Baden lies ihn studieren und ihm als noch zu Heidelberg frequentirenden Juristen Seine Zufriedenheit durch ein Regierungsadvokatur zu erkennen geben. Übertriebener Hang zu spöttelnden Wizeleien machten Rutschmanns Charakter etwas zweifelhaft.

Justus Friedrich Wund aus Heidelberg
In seinen Romanzen und Dramen herrscht lachende Satire, originell in Erfindung und Ausdruk. Witz und Laune karakterisiren seine Epigramme wie seinen Umgang. Ein heller Kopf im Schleier der Bescheidenheit! Indeß er im Tempel der Themis Andacht und lange Gebete glüht, seinen Musen und Grazien, ihn neue Gesänge auf Apollo´s Leier zu lehren.

Johann Jakob Kühner aus Mannheim
Anlage zur Sprachkenntnis, Geschichte und Dichtkunst. Er hat hievon nicht zu verachtende Proben abgelegt. Nur müsse ihm stets das etiam bene agendo timo zum Wahlspruch dienen!

J W Siebein, d. h. P.A. Kandidat zu Igelheim
Wurde im Monat Merz 1778 zum Ehrenmitglied ernennt. Seine Initialschrift war eine durchgedachte Abhandlung über das Genie. Sein zweites eingeschikte Produkt ist das Gedicht auf Helmes Abschied; lezteres ist zugleich ein Beweis seines warmen Enthusiasmus für Freundschaft. Die österlich akademischen Ruhetäge feierten Flad, Weber, Kühner und Helmes bei Siebein zu Igelheim in dem Landhause des Kirchenraths, seines verehrungswürdigen Vaters; ein Leben, das selbst im Elisium noch süße Erinnerung gewähren wird – der Silbermond umflos zehnmal diesen Freundezirkel, während daß Philippius um Hanchen, Siebeins Schwester durch Sang und Klavier melankolische Heiterkeit und Entzüken in die Seele zauberten.

Andreas Erb

Anhang

Friedrich, König, Angerer, Wucherer und Helmes besprachen sich untereinander über eine zu errichtende Freundegesellschaft, in welcher vom sogenannten Purschencomment schlechterdings nichts vorkomme – sondern die Übung in denen Wissenschaften lediglich und alleine Hauptendzwek seyn sollte. Man wurde eins. König konzipirte die Gesezze, die übrigen genehmigten sie unter einigen Zusätzen und Änderung. Die erste Zusammenkunft wurde auf Königs Zimmer gefeiert und Helmes zum Sekretär gewählt. Dies geschahe, wo nicht das Gedächtnis trügt, im Frühling des Jahres

1777 – In der 5t oder 6ten Sitzung wurde Balbach ein Mitglied und bei Helmes Abschied Götz, bei welchem solemen Akt zugleich das Sekretariat an König übergieng. Kurz vor Balbachs Aufnahme wurde Angerer über zu Schuld gebrachten Leichtsinn gegen die Gesellschaft vermittels eines unter gesellschaftlichen Kollektivnamen zugefertigten Verweises förmlich ausgeschlossen. Angerer bereuete aber seinen Fehltritt bald wieder, daher er um die Erlaubnis bat, durch eine Rede um Verzeihung und abermalige Aufnahme bitten zu dürfen. Dies wurde ihm auch gestattet und die Aufnahme neuerdings gewährt.

1   Vgl. exemplarisch die Publikation zum vorangegangenen Universitätsjubiläum: Hinz, Gerhard: Die Geschichte der Universität Heidelberg (Überblick), in: Hinz, Gerhard (Hrsg.): Ruperto-Carola: Aus der Geschichte der Universität Heidelberg und ihrer Fakultäten, Heidelberg 1961.

2   Vgl. Wolgast, Eike: Die kurpfälzische Universität 1386 – 1803, in: Doerr, Wilhelm (Hrsg.) : Semper apertus. Sechshundert Jahre Ruprecht-Karls-Universität Heidelberg 1386 – 1986, Bd. 1, Mittelalter und Frühe Neuzeit 1386 – 1803, u. a. Berlin, Heidelberg, New York, Tokyo 1985, S. 1 – 70; Wolgast, Eike: Phönix aus der Asche? Die Reorganisation der Universität Heidelberg zu Beginn des 19. Jahrhunderts, in: Starck, Friedrich (Hrsg.): Heidelberg im säkularen Umbruch. Traditionsbewußtsein und Kulturpolitik um 1800, Deutscher Idealismus 12, Stuttgart 1987, S. 35 – 60. Er erkennt Erneuerungstendenzen schon mit dem Amtsantritt Max Josephs 1799.

3   Wolf, Karl Henning: Die Heidelberger Universitätsangehörigen im 18. Jahrhundert. Studien zu Herkunft, Werdegang und sozialem Beziehungsgeflecht, Heidelberg 1991.

4   Vgl. Zaunstöck, Holger: Sozietätslandschaft und Mitgliederstrukturen. Die mitteldeutschen Aufklärungsgesellschaften im 18. Jahrhundert, Hallesche Beiträge zur europäischen Aufklärung 9, Tübingen 1999, S. 184 – 187.

5   Vgl. zum Netzwerk zwischen der Universität Heidelberg und der Mannheimer Deutschen Gesellschaft, Wolf: Die Heidelberger Universitätsangehörigen, S. 214 – 216. Zur Geschichte der Mannheimer Deutschen Gesellschaft, vgl. demnächst die Edition ihrer Protokolle durch Wilhelm Kreutz und den Verfasser.

6   Vgl. zu Helmes, Fabian, Bernhard: Deutsches Biographisches Archiv. Eine Kumulation aus 264 der wichtigsten biographischen Nachschlagewerke für den deutschen Bereich bis zum Ausgang des neunzehnten Jahrhunderts, bearbeitet unter der Leitung von Willi Gorzny. Microfiche-Edition, München 1982 – 1986, Fiche Nr. 508, 374.

Die Teutsche Privatgesellschaft in Heidelberg

7   Vgl. zur Altdorfer Deutschen Gesellschaft, Frommann, Carl: Die Altdorfer Deutsche Gesellschaft, in: Festgruß dem Rektor des Gymnasiums zu Nürnberg Herrn Oberstudienrath Dr. Heinrich Heerwagen zur 25. Feier seines Amtsantritts, Erlangen 1882, S. 31 – 58; Wolff, Eugen: Die Deutschen Gesellschaften zu Erlangen und Altdorf im 18. Jahrhundert, in: Monatshefte der Comenius-Gesellschaft 8/1899, S. 200 – 209; Seiderer, Georg: Formen der Aufklärung in den fränkischen Städten. Ansbach, Bamberg und Nürnberg im Vergleich, München 1997, S. 152 – 155. Zum Mitgliederbestand, vgl. Verzeichnis aller in der Matrikel deutschen Gesellschaft zu Altdorf befindlichen Personen, o. O. 1767.

8   Vgl. zur Altdorfer Deutschen Privatgesellschaft (1777 bis 1784) einführend, Kügel, Werner: Geschichte und Gedichte des Pegnesischen Blumenordens, Erstes Buch 1699 bis 1794, Nürnberg 1998, S. 185 – 251. Eine handschriftliche Mitgliederliste mit Eintrittsdatum befindet sich in der Handschriftenabteilung der Stadtbibliothek Nürnberg, Nachlass Georg Andreas Will VIII 950b. Unter den Nummern 944 – 955 befinden sich ferner gedruckte Ausarbeitungen der Gesellschaft. Handschriftliche Ausarbeitungen der Gesellschaft befinden sich wie der hier edierte Aufsatz im Archiv des Germanischen Nationalmuseums Nürnberg, Archiv des Pegnesischen Blumenordens LXXX.

9   Eine eingehende monografische Studie zu diesem Thema wird derzeit vom Verfasser vorbereitet. Vgl. zu diesem Thema, Rauter, Thomas Charles: The Eighteenth-Century „Deutsche Gesellschaft": A Literary Society of the German Middle Class, Diss. Urbana/Illinois 1970; Hardtwig, Wolfgang: Genossenschaft, Sekte, Verein in Deutschland, Bd. 1, Vom Spätmittelalter bis zur Französischen Revolution München 1997; Döring, Detlef: Die Geschichte der Deutschen Gesellschaft in Leipzig. Von der Gründung bis in die ersten Jahre des Seniorats Johann Christoph Gottscheds, Frühe Neuzeit 70, Tübingen 2002; Cherubim, Dieter / Walsdorf, Ariane: Sprachkritik als Aufklärung. Die Deutsche Gesellschaft in Göttingen im 18. Jahrhundert, Göttingen 2004.

10 Vgl. zu Straßburg die Edition der Protokolle, Froitzheim, Johann: Zu Straßburgs Sturm- und Drangperiode 1770 – 1776, Straßburg 1888.

11 Vgl. Gehring, Paul: Pläne zu einer Württembergischen Gesellschaft der Wissenschaften unter Herzog Karl (1767 – 1770), in: Bihl, Hans (Hrsg.): Beiträge zur Geschichte, Literatur und Sprachkunde vornehmlich Württembergs, Festgabe für Karl Bohnenberger, Tübingen 1938, S. 92 – 106.

12 Vgl. Fuchs, Peter: Palatinatus illustratus. Die historische Forschung an der Kurpfälzischen Akademie der Wissenschaften, Mannheim 1963, S. 457, Anm. 369. Zum Kirchenrat, vgl. Maesel, Markus A.: Der Kurpfälzische Reformierte Kirchenrat im 18. Jahrhundert unter besonderer Berücksichtigung der zentralen Konflikte in der zweiten Jahrhunderthälfte, Heidelberg 1997.

13 Vgl. Baden-Württembergisches Pfarrerbuch, Bd. I, Kraichgau-Odenwald, Teil 2, bearbeitet von Max-Adolf Cramer, Karlsruhe 1988, S. 186, Nr. 796.

14 1783 – 1796 ist ein Johann Adam Weber als Oberamtsadvokat nachweisbar. Vgl. Bolle, Herrmann: Der kurpfälzische Beamtenstab der linksrheinischen Gebiete in der zweiten Hälfte des 18. Jahrhunderts, in: Mitteilungen des Historischen Vereins der Pfalz 53/1955, S. 177.

15 Wolf: Die Heidelberger Universitätsangehörigen, S. 143.

16 Vgl. zu Biundo, Siebein, Georg: Die evangelischen Geistlichen der Pfalz seit der Reformation, Neustadt/Aisch 1968, S. 436, Nr. 5075.

17 Vgl. zu diesem Netzwerk, Kreutz, Wilhelm: Von der höfischen Institution zur bürgerlichen Sozietät – Das regionale Netzwerk der kurpfälzischen Aufklärung, in: Mannheimer Geschichtsblätter, Neue Folge, 3/1996, S. 235 – 254.

18 Vgl. Kügel: Geschichte und Gedichte, S. 193.

19 Vgl. Kreutz, Wilhelm: Lesegesellschaften im Mannheim des ausgehenden 18. und frühen 19. Jahrhunderts. in: Nieß, Ulrich / Caroli, Michael (Hrsg.): Das Gedächtnis der Verwaltung und ein Haus der Geschichte. Stadtarchivarbeit im 21. Jahrhundert, Festschrift für Jörg Schadt anläßlich seines 65. Geburtstages, Mannheimer Geschichtsblätter, Neue Folge, 9/2002, S. 178.

I   Originalfußnote aus dem Archiv des Germanischen Nationalmuseums Nürnberg, Archiv des Pegnesischen Blumenordens LXXX: „Das Protokoll jeder Sitzung enthielt folgende Stüke: 1.) Tag, Monat und Jahr, 2.) bei wen die Versammlung gehalten wurde, 3.) wer zugegen gewesen, 4.) die Entschuldigungsgründe der Abwesenden, 5.) wer der Vorleser war, 6.) welchen Gegenstadt er bearbeitet hatte, 7.) die hierüber vom Direktor ernannten zwei Rezensenten, 8.) die geschehene Ablesung [der] Kritik des in lezter Versammlung eingelieferten Produkts, 9.) von wem etwas außerordentlich übergeben und abgelesen worden 10.) die sonstigen Vorfallenheiten z.E. Resultate der aufgeworfenen Beratschlagung, eingelassene Briefe, die einem Mitglied beschehenen Aufträge und dergleichen."

II Originalfußnote aus dem Archiv des Germanischen Nationalmuseums Nürnberg, Archiv des Pegnesischen Blumenordens LXXX: „ohngeachtet die würdigsten Kandidaten das Konsortium des Instituts ambirten."

Rainer Kunze

Miszelle – Revision der Revision (Windeck)[1]

Nachdem der Verfasser nun nahezu alle (98%) der etwa 400 Burgen zwischen Main und Schwarzwald überblickt und dabei auch dazugelernt hat – was ja vorkommen soll – sieht er sich genötigt zur Burg Windeck über Weinheim folgende Korrekturen anzubringen:

1. Basis: Zwischen 1120 und 1140 ist es üblich, die Ecken von Ringmauern und Wohntürmen („Bergfriede" gibt es noch nicht) durch große Glattquader zu betonen. Beispiele in situ, in Resten, wiederverwendet: Lindenfels, Windeck, Schauenburg, Dilsberg, Alt-Wiesloch, Helmsheim, Gondelsheim. Davor war Kleinquaderwerk ohne Eckbetonung (ältestes Beispiel: der Wohnturm von Lauffen um 1030) üblich, danach entwickelt sich der „Buckelquader" (ältestes Beispiel: Walldürn).

2. Auf dem Windeck dürfte damit noch der untere Teil der westlichen Ringmauer der Ursprungszeit (um 1130) entstammen, ebenso das Tor im Süden.

3. Der Wohnturm über diesem Tor wurde – ungeachtet der Erneuerungen Anfang des 20. Jahrhunderts – in Teilen aus dem Material des abgerissenen und durch den heutigen Bergfried ersetzten Wohnturms errichtet. Der ursprüngliche Wohnturm dürfte in der Hofmitte gestanden haben (quadratisch, etwa 10 x 10 m).

4. Der große Kemenatenanbau, der im Südosten an den neuen Tor- und Wohnturm anschließt, wurde in Teilen über der alten Ringmauer erbaut, deren Material ansonsten quasi nur nach außen verschoben wiederverwendet.

Bauabfolge

A) Im unteren Bereich (Abb. 1) erhaltene spätsalierzeitliche Ringmauer.

B) Anzunehmeder Wohnturm von durchschnittlicher Größe, Lage auf Fernwirkung berechnet.

C) Ursprünglicher Torbau, zum Wohnturm umgestaltet.

D) Im Südbereich wiederverwendetes salierzeitliches Quadermaterial.

Abb. 1

Miszelle – Revision der Revision (Windeck)

Abb. 2

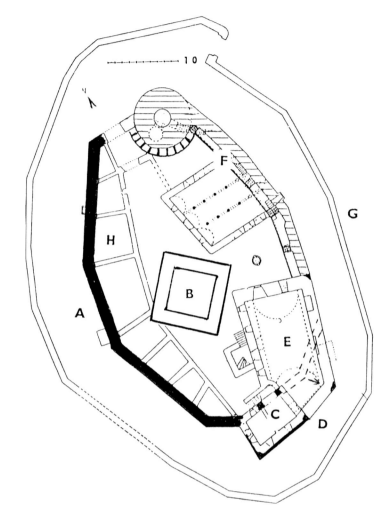

Abb. 3

E) Der große Kemenatenanbau aus dem dritten Viertel des 14. Jahrhunderts mit Kapellenerker.

F) Neubau des Nordostbereiches mit Frontbergfried, Blendbogenschildmauer, Saalbau und neuem Tor (zweite Hälfte des 14. Jahrhunderts). Ohne weitere Anhaltspunkte sind „E" und „F" austauschbar, d. h. die Kemenate könnte auch erst nach „F" unter Beseitigung der salierzeitlichen Ringmauer nur ein- bzw. vorgeschoben worden sein (wachsender Bedarf an Platz und Komfort).

G) Die Zwingermauer mit einfachem Tor und ohne Flankierungstürme ist nach Bogenfriesvorkragung

nach 1320 errichtet und könnte als eine erste Absicherung vor den großen Umbauten an der Kernburg verstanden werden.

H) Randbebauung der Westseite (wohl 15. Jahrhundert) für Wirtschaftszwecke, da die Anlage nicht über eine Vorburg verfügte; Verstärkung des Tores durch Torkammer.

1   Artikel erstmals erschienen in Mannheimer Geschichtsblätter,
    Neue Folge 2, 11/1995, S. 475 – 483.

Meinolf Hellmund

Das berühmte „Urpferd" aus dem Geiseltal bei Halle (Saale) in Mitteldeutschland

Einführung

Die Pferde sind in der heutigen Tierwelt im Vergleich zu den Nashörnern und Tapiren mit weitem Abstand die häufigsten Unpaarhufer. Sie weisen eine lange Entwicklungsgeschichte von über 50 Millionen Jahren auf.

Im Unterschied zu den vielfältigen Themenkomplexen, die in der Ausstellung „Pferdestärken – das Pferd bewegt die Menschheit" in den rem behandelt wurden, heben sich paläobiologische Objekte gegenüber den anderen Exponaten heraus, denn es handelt sich um ausgesprochen seltene Naturobjekte in ihrer authentischen und ureigenen Ausprägung. Sie stammen aus der jüngeren Erdgeschichte (Erdneuzeit), aus einem Zeitabschnitt, der etwa vor 50 Millionen Jahren begann. Um dies näher zu verdeutlichen: Junge Faltengebirge wie die Alpen oder Pyrenäen existierten zu dieser Zeit noch nicht und der nördliche Atlantik war nicht vollends „geöffnet". Das heißt, es gab noch eine Landverbindung nach Nordamerika, die Bedeutung für den Faunenaustausch von und nach Europa hatte.

Beispielhaft wird hier ein primitiver, also urtümlicher Vertreter der pferdeartigen Säugetiere vorgestellt, der uns in der Gestalt eines zusammenhängenden Skelettfundes begegnet.[1] Seine charakteristischen Merkmale lassen sich zwar schon erahnen, jedoch erst bei näherer Betrachtung verifizieren. Ganz allgemein kann man sagen, dass auch dieses Säugetier sowohl mit seinen Artgenossen als auch mit den anderen Lebewesen desselben Ökosystems in Wechselwirkung stand, also in einer Welt ganz ohne Präsenz und Einfluss des Menschen, denn bis zu dessen Erscheinen sollten noch circa 46 Millionen Jahre vergehen.

Der hier präsentierte, fossil gewordene Organismus ist das Ergebnis eines lange währenden natürlichen Entwicklungsprozesses. Die erlangte Entwicklungsstufe ist bei dessen Einbettung authentisch konserviert worden.

Das unverwechselbare Merkmalsinventar dieser europäischen Gattung der sogenannten „Urpferde", deren wissenschaftliche Gattungsbezeichnung *Propalaeotherium* lautet, hat sich aufgrund des Zusammenwirkens verschiedener Evolutionsfaktoren wie Mutation, Selektion, Isolation usw. herausgebildet.

Die erst seit einigen Jahrhunderten durch den Menschen praktizierte Züchtung, die man auch mit „Selektion durch Menschenhand" beschreiben könnte, hat zu bestimmten Merkmalsänderungen des Phänotyps geführt, die letztlich aber insgesamt das so bezeichnete „moderne Pferd" (*Equus* sp.) ausmachen, das uns allgemein vertraut ist.

Es bleibt noch zu erwähnen, dass die Paläontologie zwar eine historisch orientierte Wissenschaft ist, die jedoch naturgemäß ohne Inschriften oder Archivalien, welcher Art auch immer, auskommen muss. Der Fossilbericht, d.h. die Summe aller beobachtbaren Merkmale und deren Details, ist demzufolge die einzige authentische Quelle, um entsprechende Diagnosen zu stellen. So führen die Deutungen bestimmter Morphologien, die Fragen nach den ehemaligen Funktionen einzelner Merkmale („Funktionsmorphologie"), ihre paläobiologische Relevanz, sowie deren mögliche Wechselwirkungen und Analogien zu heute lebenden Tieren und Pflanzen (Aktualitätsprinzip) zusammengenommen zum Verständnis der uns bisweilen fremdartig erscheinenden Organismen.

Im Folgenden werden die charakteristischen Merkmale des „Urpferdes" *Propalaeotherium isselanum* bzw. *Propalaeotherium hassiacum* näher beleuchtet und bildlich dargestellt.

Das berühmte „Urpferd" aus Mitteldeutschland mit seinem besonderen Merkmalsinventar

Die Martin-Luther-Universität Halle-Wittenberg unterhält seit 1934 das sogenannte Geiseltalmuseum mit der Geiseltalsammlung. Hier werden vorrangig Vertebratenfunde aus der ehemaligen

Das berühmte „Urpferd" aus dem Geiseltal bei Halle (Saale) in Mitteldeutschland

„Braunkohlenlagerstätte Geiseltal" ausgestellt und verwahrt. Das Braunkohlenvorkommen selbst ist seit Jahren wirtschaftlich erschöpft und die Rekultivierung zumindest schon in Teilen abgeschlossen.

Das bekannteste Fundstück der Geiseltalsammlung ist das nahezu vollständig artikulierte und in Fundlage erhaltene „Urpferd" (Abb. 1). Durch eine Stauchung in der Körperlängsachse, die nach dem Tode auf die Leiche eingewirkt hat, ist das Erscheinungsbild für den Betrachter mehr oder weniger verzerrt und deshalb in seinem natürlichen Körperbau nur eingeschränkt vorstellbar. Gegenüber dem tatsächlichen Aussehen ist es entstellt.

Rekonstruktion des Habitus
Um eine bessere Vorstellung von der körperlichen Gestalt derartiger Tiere zu vermitteln, wurde eine dreidimensionale Skelettrekonstruktion dieses Objektes erarbeitet.[2] Der außergewöhnliche, bisweilen dreidimensionale Erhaltungszustand des fossilen Knochenmaterials aus dem eozänen Geiseltal (cirka 50 Millionen Jahre vor heute) beförderte dieses Projekt.

Die Skelettrekonstruktion, auf der die gezeichnete Silhouette beruht, wurde in natürlicher Größe ausgeführt.[3] Dabei handelt es sich um ein ausgewachsenes, weibliches Individuum von *Propalaeotherium hassiacum* HAUPT, der größten im Geiseltal vorkommenden „Urpferd"-Art. Die Körperlänge beträgt etwa 90 cm. Als charakteristische Merkmale sind zu nennen (Abb. 2):

- der mehr oder weniger dreieckig umrissene Schädel
- das Laubäsergebiss, bestehend aus Höckern in Kombination mit Schneidekanten
- der kurze, aufrechte Hals
- der hochgewölbte Rücken (Kruppe)
- der keilförmige Brustkorb
- die Vierfingrigkeit vorne und die Dreizehigkeit hinten
- im Erwachsenenalter von der Größe eines Deutschen Schäferhundes.

An dem rekonstruierten Skelett sind über 200 Einzelknochen beteiligt, die von zahlreichen Individuen stammen. Dabei wurden zum Beispiel unvollständige Gelenke oder auch ganze Spiegelbilder für die andere Körperseite erarbeitet. Die Einbeziehung von Einzelfunden und artikulierten Skeletten aus der Grube Messel, die lediglich zweidimensional vorliegen, ermöglichten Ergänzungen und zusätzliche Detailvergleiche. Die endgültige Montage wurde aus dynamischen Erwägungen in Schrittstellung aufgebaut. Bei den „Knochen" handelt es sich um Kopien der Originale, die aus Epoxidharz hergestellt wurden.[4]

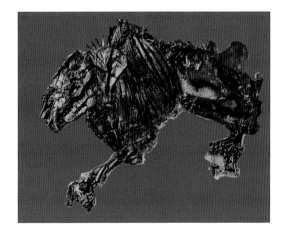

Abb. I
„Urpferd" in Fundlage,
Länge 60 cm
Foto: Geiseltal-Museum

Weitere Anhaltspunkte für den Aufbau des Skelettes von *Propalaeotherium hassiacum* ergaben sich aus der Körperhaltung fossiler Equiden-„Wasserleichen" und aus Analogien zur Körperform rezenter afrikanischer Ducker und deren Lebensweise. Der sich aus der Rekonstruktion des Skelettes abzeichnende Habitus weist nämlich typische Merkmale von vorwiegend im Urwalddickicht lebenden sogenannten Buschschlüpfern auf. Darauf deuten bei *Propalaeotherium* der bogenförmige, leicht überbaute Rücken (Kruppe), der kurze Hals und der keilförmige Brustkorb hin. Es bestehen morphologische Ähnlichkeiten im Bauplan zwischen dem primitiven Perissodactylen *Propalaeotherium* und dem rezenten Artiodactylen *Cephalophus zebra* (Zebraducker).

Lebensbild
Ein solcher Habitus ermöglicht und begünstigt die Fortbewegung und Lebensweise in dichter Vegetation, also an waldartigen (trockeneren) Standorten. Demzufolge dürften sie sich zumindest teilweise in derartigen Dickichtzonen aufgehalten haben.

Meinolf Hellmund

Abb. 2
Silhouette zur Darstellung des Habitus von *Propalaeotherium*, seitlich von links
Zeichnung: W. Hellmund

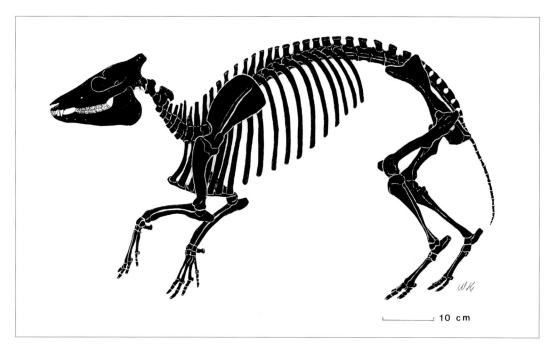

└─────────────┘ **10 cm**

Dies wird auch durch Analysen von Mageninhalten bestätigt und gestützt, die vorwiegend Lauraceen-Blätter und Früchte aufweisen, die an den oben erwähnten Standorten aufgenommen wurden.[5] Andererseits erlaubte der vielstrahlige Bau der Autopodien ant. bzw. post. auch die trittsichere Fortbewegung in einer offeneren Landschaft, auf anmoorigem bis sumpfigem, also weicherem Substrat (z. B. an Tränkestellen).

Die Fellfarbe wurde in Anlehnung an diejenige der rezenten Duckerantilopen gemalt. Der Fossilbericht gibt hierzu bislang keinen Aufschluss. Das Habitat ist im Hintergrund durch dichte Urwaldvegetation gekennzeichnet, im Vordergrund hat sich eine Herde an einer Tränkestelle eingefunden. Die Synthese zahlreicher Einzelbeobachtungen, ausgehend vom Skelett und dem sich hieraus ergebenden Habitus des Körpers[6] sowie von Befunden über die Gestalt einzelner Weichteile, wie z. B. Ohren[7] und der Vegetation,[8] haben zu einer neuen umfassenden bildlichen Darstellung geführt,[9] die von dem akademischen Maler P. Major (Prag) in ein Aquarell umgesetzt wurde (Abb. 3).[10]

Zur wissenschaftlichen Bedeutung der Geiseltalsammlung

Besondere Bedeutung hat die Geiseltalsammlung als wissenschaftliche Vergleichs- und Studiensammlung für das Eozän und für die Erforschung der Radiation der Säugetiere, die von Fachkollegen aus der ganzen Welt zu Vergleichszwecken aufgesucht und herangezogen wird. Es sind bis jetzt 125 verschiedene Wirbeltierarten aus dem Geiseltal beschrieben worden, bei einigen handelt es sich um Erstbeschreibungen sowie Erstbenennungen. Die Tatsache, dass beispielsweise Wirbeltierskelette direkt in einem organischen Substrat wie hier in der Braunkohle erhalten geblieben sind, ist zumindest für Mitteleuropa einmalig, möglicherweise aber auch weit darüber hinaus. Die ausgesprochen wasserhaltige (bis zu 50 %) Braunkohle stellte zunächst ein präparatorisches Problem dar, das aber mittels eines speziell entwickelten Transferverfahrens durch Paraffin gelöst werden konnte (Paraffinmethode). Diese Umbettung verhinderte den Zerfall von Knochen und Zähnen bei der Trocknung und

Abb. 3
Lebensbild aus dem Eozän
(Maße des Aquarells im Original 68 cm x 46 cm)
Archiv Geiseltal-Museum

Das berühmte „Urpferd" aus dem Geiseltal bei Halle (Saale) in Mitteldeutschland

bewahrte so den Fundzusammenhang. Zu weiteren Besonderheiten gehören die weitgehend dreidimensionale Überlieferung von Knochen und Zähnen, die strukturgetreue Überlieferung von Weichteilen (Muskelzellen, Haut, Federn etc.), schließlich die Farberhaltung von Käferflügeldecken und von Blattfarbstoffen wie Derivaten von Chlorophyll.

1 Siehe Abb. 1. Das nahezu vollständige Skelett des *Propalaeotherium isselanum* (CUVIER) stammt aus der Oberen Mittelkohle des Geiseltales. Es wurde im Verlauf der Grabungskampagne des Jahres 1933 geborgen. Vgl. Weigelt, Johannes: Die Geiseltalgrabungen des Jahres 1933 und die Biostratinomie der Fundschichten, in: Nova Acta Leopold, Neue Folge, 1/1934, Halle (Saale), S. 552–600, 13 Tafeln. Es ist das bekannteste Objekt der Geiseltalsammlung der Martin-Luther-Universität in Halle (Saale). Die Länge des in der Körperlängsachse gestauchten Skelettes beträgt nur ca. 60 cm. Erwachsene Individuen erreichten mit etwa 90 cm die Körperlänge eines Deutschen Schäferhundes. Ein charakteristisches Merkmal dieser primitiven Vertreter der Pferdeartigen sind die vierstrahligen Vorder- und die dreistrahligen Hinterextremitäten.

2 Vgl. Hellmund, Meinolf / Koehn, Christoph: Skelettrekonstruktion von *Propalaeotherium hassiacum* (Equidae, Perissodactyla, Mammalia), basierend auf Funden aus dem eozänen Geiseltal (Sachsen-Anhalt, Deutschland), in: Hallesches Jahrbuch für Geowissenschaften, Reihe B, Beiheft 12, Halle (Saale) 2000, S. 1–55, 5 Abbildungen, 8 Tabellen, 7 Tafeln und 14 S. Anhang.

3 Siehe Abb. 2. Silhouette zur Darstellung des Habitus von *Propalaeotherium*, seitlich von links, Zeichnung W. Hellmund, basierend auf der dreidimensionalen Skelettrekonstruktion, Originallänge 90 cm, aus Hellmund / Koehn: Skelettrekonstruktion von *Propalaeotherium hassiacum*.

4 Vgl. Hellmund / Koehn: Skelettrekonstruktion von *Propalaeotherium hassiacum*; Koehn, Christoph / Hellmund, Meinolf: Zur Skelettrekonstruktion des „Urpferdes" *Propalaeotherium hassiacum* HAUPT aus dem unteren Mitteleozän Deutschlands, in: Der Präparator 47, 3/2001, Hannover, S. 127–140, 13 Abbildungen, 3 Tabellen.

5 Vgl. Sturm, Martin: Maw contents of an Eocene horse (*Propalaeotherium*) out of the oil shale of Messel near Darmstadt (Preliminary report), in: Courier Forschungs-Institut Senckenberg, 30/1978, Frankfurt/Main, S. 120–122; Koenigswald, Wighart von/ Schaarschmidt, Friedemann: Ein Urpferd aus Messel, das Weinbeeren fraß, in: Natur und Museum, 113, 3/1983 Frankfurt/Main, S. 79–84, 8 Abbildungen.

6 Vgl. z. B. Hellmund / Koehn : Skelettrekonstruktion von *Propalaeotherium hassiacum*.

7 Vgl. z. B. Franzen, Jens Lorenz: Die Equoidea des europäischen Mitteleozäns (Geiseltalium), in: Hallesches Jahrbuch für Geowissenschaften, Reihe B 17, Halle (Saale) 1995, S. 31–45, Abb. 17.

8 Vgl. Wilde, Volker: Die Makroflora aus dem Mitteleozän des Geiseltal-Gebietes, kurze Übersicht und Vergleiche, in: Hallesches Jahrbuch für Geowissenschaften, Reihe B 17, Halle (Saale) 1995, S. 121–138; Wilde, Volker: Ein Farnhorizont aus dem Mitteleozän des Geiseltales (Sachsen-Anhalt, Deutschland), in: Hellmund, Meinolf / Wilde, Volker (Hrsg.): Das Geiseltal-Projekt 2000 – erste wissenschaftliche Ergebnisse, Hallesches Jahrbuch für Geowissenschaften, Reihe B, Beiheft 13, Halle (Saale) 2001, S. 69–75,.

9 Siehe Abb. 3. Lebensbild mit vier „Urpferden" der Gattung *Propalaeotherium* in deren natürlicher Umgebung. Die kleine Herde hat sich an einer Wasserstelle im Geiseltal in dichter urwaldartiger Vegetation eingefunden. Im Vordergrund sind Atemknie (Transpirationsorgane) mächtiger Taxodien (Sumpfzypressen) zu erkennen. In diese bildliche Rekonstruktion sind Daten aus verschiedenen Einzelpublikationen zu den „Urpferden" der letzten Jahre mit eingegangen. Vgl. z. B. Haupt, Oskar: Die Paläohippiden der eozänen Süßwasserablagerungen von Messel bei Darmstadt, in: Abhandlungen der Hessischen geologischen Landesanstalt zu Darmstadt, Bd. 6, 4/1925 Darmstadt, S. 1–159, 29 Tafeln; Franzen, Jens Lorenz / Haubold, Hartmut: Revision der Equoidea aus den eozänen Braunkohlen des Geiseltales bei Halle (DDR), in: Palaeovertebrata, 16, 1/1986 Montpellier, S. 1–34, 7 Abbildungen, 2 Tafeln; Franzen: Die Equoidea des europäischen Mitteleozäns (Geiseltalium); Koehn / Hellmund: Zur Skelettrekonstruktion des „Urpferdes"; bzw. zur Vegetation des Geiseltales z. B. Wilde.: Die Makroflora aus dem Mitteleozän; Wilde: Ein Farnhorizont aus dem Mitteleozän des Geiseltales. Wissenschaftliche Synthese und Bearbeitung: Prof. Dr. Oldrich Fejfar, Prag und Dr. Meinolf Hellmund, Halle (Saale); zeichnerische Umsetzung und Aquarell: P. Major, akademischer Maler, Prag, aus Hellmund, Meinolf: A three-dimensional skeletal reconstruction of the Middle *Eocene Propalaeotherium hassiacum* HAUPT 1925 (Equidae, Perissodactyla, Mammalia) and a modern synoptic painting of some individuals within their habitat, in: Kaupia, Darmstädter Beiträge zur Naturgeschichte 14/2005 Darmstadt, S. 15–20, 4 Tafeln.

10 Vgl. Hellmund: A three-dimensional skeletal reconstruction of the Middle *Eocene Propalaeotherium hassiacum*.

Falko Daim

Clash of Cultures – Die Awaren und Byzanz

Vortrag gehalten zu Ehren des 80. Geburtstages von Frau Dr. Magdalene von Dewall am 8. Mai 2007 in den rem

Das Byzantinische Reich: Staatsideologie, Lebensformen und Mentalitäten

Das mittelalterliche, christlich gewordene ost-römische Reich wird etwas unglücklich als das „Byzantinische" bezeichnet, und galt lange als etwas Uninteressantes. Althistoriker und Klassische Archäologen schauten verächtlich auf eine ver-derbte, verarmte Antike, eine Epoche der Dekadenz und des beständigen Niedergangs. Man verglich die byzantinischen Kunstwerke an denen der grie-chischen Klassik, die als das Maß aller Dinge galten. Die Vorstellung vom „Idealen", dem „Unübertreff-lichen" verstellte die Sicht auf eine faszinierende Kultur, die eine enorme Rolle bei der Ausformung des modernen Europa gespielt hat. Byzanz schlug die Brücke von der Antike in die Neuzeit, während ihre Entwicklung im Westen durch die „Große Völ-kerwanderung" im 5. Jahrhundert zu einem Ende gekommen ist. Hat man sich unter den Karolingern und dann wieder in der Renaissance bemüht, an die Antike anzuknüpfen und dazu intensive historische Studien betrieben, blieb die Antike in Byzanz stets lebendig, sodass man aus ihr jederzeit schöpfen konnte. Freilich blieb zwischen der antiken Mytho-logie und dem Christentum eine Kluft, fast eine Sollbruchstelle, sodass Plethon, ein byzantinischer Gelehrter des 15. Jahrhunderts, der in Mystra bei Sparta gewirkt hat, versuchte, den antiken Götter-himmel mit Zeus an der Spitze wiederzubeleben. Erfolglos, wie wir wissen.

Während des „Byzantinischen Jahrtausends", von der Gründung Konstantinopels 324 durch Kaiser Konstantin bis zur Eroberung der Hautptstadt durch Mehmet (Mohammed) II. 1453, wandelte sich die Osthälfte des Römerreiches grundlegend. So zeigt sich Konstantinopel zur Zeit Justinians trotz der vielen Kirchenbauten noch als typisch römische Großstadt mit öffentlichen Prachtbauten und Zirkusspielen. Damit verbunden war auch der Anspruch auf die Beherrschung des gesamten Mit-telmeers, den man schon kurz danach endgültig aufgeben musste, als eine Schwächeperiode im 7. Jahrhundert fast zum Ende des Reiches führte. Dass dieses nicht eintrat, war auch einigen Zufäl-len zu danken, z. B., dass Konstantinopel westlich des Bosporus lag, nicht östlich davon. Byzanz zeigte sich meist offen für Einflüsse von außen, vor allem aus dem Osten, doch nach der Eroberung Konstan-tinopels durch die Kreuzritter 1204, die im Westen als Schandfleck in der eigenen Geschichte verstan-den wird, finden sich auch verstärkt interessante westliche Einflüsse in Byzanz, sowohl in der Kultur als auch im Gesellschaftssystem. So kommt es zu einer Feudalisierung, und die verschiedenen Adels-familien gewinnen zunehmend an Einfluss.

Die Byzantinische Kultur war eine städtische. Das Reich wurde von Konstantinopel aus zentral gelenkt und verwaltet. Die Byzantinische Kultur war schrift-lich. Dazu hatte man einen verhältnismäßig billigen Schreibstoff, den Papyrus, von dem unser „Papier" abzuleiten ist. Es gab ein einheitliches Geld- und Maßsystem, die Berufsgruppen waren in Zünften organisiert. Das Wissen speicherte man in Archiven und Bibliotheken, auf die man zugreifen konnte. Neue Erfahrungen und Erkenntnisse, z. B. in Technik und Medizin, wurden aufgezeichnet und weiterge-

Abb. 1
Konstantinopel, Theodo-sianische Landmauer
Foto: Falko Daim

Clash of Cultures – Die Awaren und Byzanz

Abb. 2
Das „Goldene Tor"
Foto: Falko Daim

Abb. 3
Mosaik vom „Großen Kai-
serpalast" (Mitte 6. Jh.)
Foto: Falko Daim

geben. Bereits im 9. Jahrhundert gab es in Konstantinopel offenbar schon etwas wie eine Universität,
mit Lehrstühlen für Philosophie, Geometrie, Astro-
nomie und Grammatik. Die öffentliche Hand sorgte
für die Instandhaltung der Verkehrswege und die
Versorgung der Städte mit Lebensmitteln.

Doch was bekamen Händler und Gesandte, die –
sagen wir – am Ende des 6. Jahrhunderts nach Konstantinopel kamen, davon zu sehen? Das waren die
gewaltigen Landmauern, die öffentlichen Gebäude
mit ihren Steinskulpturen und Mosaiken, die Brun-
nen und Zisternen, Kirchen und Klöster, Gedenk-
säulen und andere Monumente, das Hippodrom,
der wichtigste Ort der Begegnung zwischen Volk
und seinem Kaiser, die gewaltigen Handels- und
Kriegsschiffe in den Häfen. Hier konnte man auch
exotische Tiere sehen, Elefanten und Löwen. Dazu
kamen die Luxuswaren aus Elfenbein, Edelsteinen,
Seide, Gold und Silber. Und so sehr unsere Besucher vielleicht von den öffentlichen Bauten auch
beeindruckt gewesen sind, es waren gerade diese
mobilen kunsthandwerklichen Produkte, welche
das Interesse der Fremden erregte, sodass Johannes
von Ephesos süffisant anmerkte, dass die Barbaren

Falko Daim

unter allerlei Vorwänden immer neue Gesandtschaften nach Konstantinopel schickten, um vom Kaiser Geschenke zu erhalten. Menander erzählt, dass die awarischen Gesandten am Markt „Goldene Ketten, wie zur Fesselung Flüchtiger gemacht, und goldene Betten und andere Gegenstände einer feineren Lebensart" kauften. Die Formulierung ist bemerkenswert! Den Byzantinern fiel auf, dass sich der Geschmack der Awaren von dem der Byzantiner unterschied. Das schwere Edelmetall war ihnen wichtig, eine feine Machart, raffinierte technische Lösungen bei der Herstellung uninteressant.

Das Angebot an mobilem Kunsthandwerk in den byzantinischen Zentralorten war beinahe unerschöpflich und höchst variantenreich. Ein byzan-

Abb. 4
Hagia Sophia
Foto: Falko Daim

Abb. 5
Hippodrom. Im Vordergrund der Obelisk Konstantins, im Hintergrund der ägyptische Obelisk des Theodosius, dazwischen die „Schlangensäule" aus Delphi
Foto: Falko Daim

tinischer Künstler verfügte einerseits über einen unermesslichen Formen- und Motivschatz aus der mediterranen Antike, den benachbarten Kulturen wie der sasanidischen, und andererseits war ihm die christliche Ikonografie geläufig. Diese bilden im Grunde genommen zwei völlig unabhängige Bilderwelten, die miteinander kaum jemals in Verbindung treten. So konnte die gleiche Werkstätte Elfenbeinkästchen, -diptychen oder -pyxiden mit christlichen oder antik-mythologischen Szenen produzieren, aber die beiden Motivkreise wurden niemals kombiniert. Gleiches gilt für Metallgegenstände, Holzschnitzereien, Seidenstoffe, aber auch für Skulpturen, Wandmalerei und Mosaiken.

Mit Metallgefäßen, Schmuck und Seiden, vielleicht auch mit Elfenbeingegenständen gelangten mediterrane Motive in das Karpatenbecken. Doch nicht alles wurde von den Awaren geschätzt, nicht alles von ihnen übernommen. Manche Motive hat man ersetzt, andere dem eigenen Geschmack angepasst. Derartige Prozesse der Aneignung zu analysieren, gehört zu den interessantesten Kapiteln der Archäologie insgesamt.

Die Awaren

558 stellte sich eine Gruppe Gesandter bei Kaiser Justinian als „Awaren" vor und bot ihre Dienste an. Tatsächlich führten sie in den darauf folgenden Jahren Aufträge für die Byzantiner durch, unter anderem kämpften sie zwei Mal gegen die Franken, wie Gregor von Tours berichtet. Der Wunsch nach Siedlungsland innerhalb der byzantinischen Reichsgrenzen blieb den Awaren jedoch versagt, bis sie 567 einen Vertrag mit den Langobarden in Pannonien gegen die Gepiden östlich der Theiß und in Syrmien abschlossen. Nachdem die Gepiden geschlagen waren und sich viele davon den Siegern angeschlossen hatten, brachen die Langobarden und ihre Verbündeten nach Italien auf und überließen den Awaren das gesamte Karpatenbecken. Damit beginnt eine fast 250 Jahre dauernde Herrschaft der „Zopfträger", die erst mit dem Heidenkriegszug Karls des Großen um 800 ihr Ende finden sollte. Die archäologische Hinterlassenschaft der Awaren ist überaus reich, umfasst rund 70.000 Grabinventare und zahlreiche Siedlungen, von denen allerdings nur eine Handvoll ausgegraben ist.

Clash of Cultures – Die Awaren und Byzanz

Abb. 6
Basis des ägyptischen
Obelisks. Oben Kaiser
Theodosius mit dem
Siegeskranz
Foto: Falko Daim

Was die Byzantiner von den Awaren hielten, das geht aus den Schriftquellen sehr detailreich hervor. „Das Volk der Awaren ist sehr schlecht, listig und erfahren im Krieg". „Nur Türken und Awaren denken über Taktik nach, sie kämpfen stärker als die anderen Skythen im Verband". Relativ ausführlich erfahren wir aus dem Strategikon, einem faszinierenden Kriegshandbuch, das um 600 verfasst worden ist, auch über die Ausrüstung der Awaren: „Gerüstet sind sie mit Panzerhemden, Schwert, Bogen und Lanze, weswegen die meisten von ihnen im Kampf zwei Waffen mitnehmen, indem sie an der Schulter die Lanze tragen und den Bogen in Händen halten und beides je nach Bedarf verwenden. Nicht nur sie tragen Waffen, auch die Pferde der Vornehmen sind an der Brust durch Eisen oder Filz geschützt. Gut geübt sind sie im Bogenschießen zu Pferd." Manche Ausrüstungteile der Awaren wurden von den Byzantinern übernommen oder vom Strategikon zur Übernahme empfohlen: Unter der Überschrift „Wie man den Kavalleristen bewaffnen muß, und welche Ausrüstung er notwendigerweise besitzen muß" findet man auch „Reiterlanzen mit Riemen in der Mitte in der Art der Awaren, mit Fähnchen", „runde Halsberge wie bei den Awaren in Form von Fransen, außen aus Leinen innen aus Wolle." „Die Pferde, vor allem der Kommandanten [...] müssen

an der Stirn einen eisernen Schutz tragen und einen Brustschutz aus Eisen bzw. Filz oder nach der Art der Awaren Brust und Nacken bedecken [...]". „Ihre Bekleidung muß breit und passend sein, nach der Art der Awaren gearbeitet, d. h. Tuniken, entweder aus Leinen, aus Ziegenfell oder aus grobem Stoff, damit durch sie während des Rittes die Knie bedeckt werden und die Reiter prächtig erscheinen." „[...] es ist aber gut, die Zelte nach der Art der Awaren zu haben, weil diese Zelte zugleich prächtig und nützlich sind."

Allgemein wird – aufgrund der Bodenfunde - angenommen, dass die awarische Streitmacht die erste in Europa war, die vollständig mit dem eisernen Steigbügel ausgestattet war. Für den Verfasser des Strategikon, vermutlich Kaiser Maurikios, war er offenbar selbstverständlich. Er wird nur zwei Mal kurz erwähnt, so fordert er: „an den Sätteln müssen zwei eiserne Steigbügel sein [...]". Seit wann er zur Standardausrüstung des byzantinischen Militärs gehört, ist unklar. Zumindest um 600 war er jedenfalls keine Neuerung mehr.

Wieso konnten es die Awaren zu einer derartigen Meisterschaft im Reiterkampf bringen? Es hat zunächst mit den Erfordernissen eines Lebens in

Falko Daim

der Steppe zu tun. Nomaden sind konditioniert, mit minimalen Ressourcen auszukommen, die eine sesshafte Bevölkerung nicht erhalten könnten. Im Fall der eurasiatischen Steppenleute betrifft das vor allem Weideland und Wasser. Um mit dem Vorhandenen auszukommen, muss sich die Gesellschaft in viele kleine und kleinste Gruppen aufteilen. Wie für die Nomaden in Tuwa gezeigt werden konnte, unterscheiden sich die Gruppen im Detail, was die Wirtschaftsweise betrifft. Manche hatten Kamele, andere Pferde, manche bloß Ziegen und Schafe, manche betrieben Gartenbau, manche teilten sich in einen sesshaften Teil und einen, der mit den Herden umherzieht. In der Steppe sind zahlreiche verschiedene Lebensmodelle möglich.

Abb. 7
Gürtelbeschläge aus
dem Schatz von Akalan
(Türkei). Verbergung nach
616 n. Chr
Foto: Falko Daim

Die großen Entfernungen, die in der Steppe zwischen den einzelnen Gesellschaftsgruppen zu überwinden sind, machen Reittiere notwendig. Kein Wunder, dass die Steppenbewohner stets Meister im Reiten waren, wenn sie schon von klein auf dem Pferd saßen. Auch gejagt wurde vom Pferd aus. Wer aber mit Pfeil und Bogen einen Hasen erlegen kann, kann diese Fertigkeit auch als Krieger einsetzen. Wir können davon ausgehen, dass die Kriegerqualitäten z. B. in Mannbarkeitsritualen noch ideologisch überhöht wurden, ähnlich wie dies auch anderswo üblich war. Denken wir nur an unser mittelalterliches Ritterwesen. Tatsache ist, dass Byzanz den Awaren anfangs wenig entgegenzusetzen hatte. Das Strategikon beschäftigt sich umfassend mit Strategie und Taktik im Feld, und wie man sie

optimal an die Kampfgewohnheiten der einzelnen „Völker" anpasst. Ein Problem scheint aber stets die Ausbildung der Bogenschützen geblieben zu sein. Ihr wird das sehr eindrucksvolle erste Kapitel gewidmet, doch auch später wird immer wieder angedeutet, dass viele Soldaten mit dem Bogen nicht umgehen können.

Sobald sich die Awaren im Karpatenbecken niedergelassen hatten, begannen sie, die byzantinischen Siedlungen, Befestigungen und Städte anzugreifen. Mit von der Partie waren germanische Gefolgschaften und Slawen, die sich auf der Balkanhalbinsel niederließen. Wegen der ständigen Auseinandersetzungen mit den Persern und der weitaus größeren wirtschaftlichen Bedeutung Kleinasiens, Armeniens und der nahöstlichen Gebiete des Reiches gab Konstantinopel die Balkanhalbinsel praktisch preis. Bis auf wenige Gebiete im heutigen Albanien, um Thessaloniki und auf der Peloponnes war sie slawisch beherrscht und besiedelt.

Die Raubzüge der Awaren und ihrer Verbündeten liefen meist nach ungeschriebenen Regeln, in gewisser Weise ritualisiert ab. Durch Zahlungen konnte häufig eine Belagerung abgewendet, Gefangene konnten zu Fixpreisen zurückgekauft werden. Für den Erhalt der Herrschaft musste der Khagan wenigstens eine geringe Beute vorweisen können. Bisweilen wurde dieses Spiel ganz offen ausgetragen. So verhandelte der Khagan 568 vor den Mauern Sirmium mit dem Feldherrn Bonus. „Gib mir wenigstens einen silbernen Teller, damit ich zu Hause etwas vorweisen kann, wenn ich jetzt mit meinen Kriegern abziehe." Bonus verweigerte jedoch die Gabe. Er könne ein solches Zugeständnis ohne die Einwilligung des Kaisers nicht machen.

Bis 626 erhielten die Awaren von den Byzantinern Jahrgelder, zuletzt immerhin 200.000 Solidi, die von den Awaren als Tributzahlungen angesehen wurden, von den Byzantinern jedoch als Geschenke, die der Kaiser in seiner Güte den Nachbarn macht. In den ersten zwei Generationen der awarischen Präsenz in Mitteleuropa gelangte also durch Beute und Tribute eine beachtliche Menge von Reichtümern in das Karpatenbecken und stabilisierten so die Herrschaft des Khagans und seiner „Umge-

Clash of Cultures – Die Awaren und Byzanz

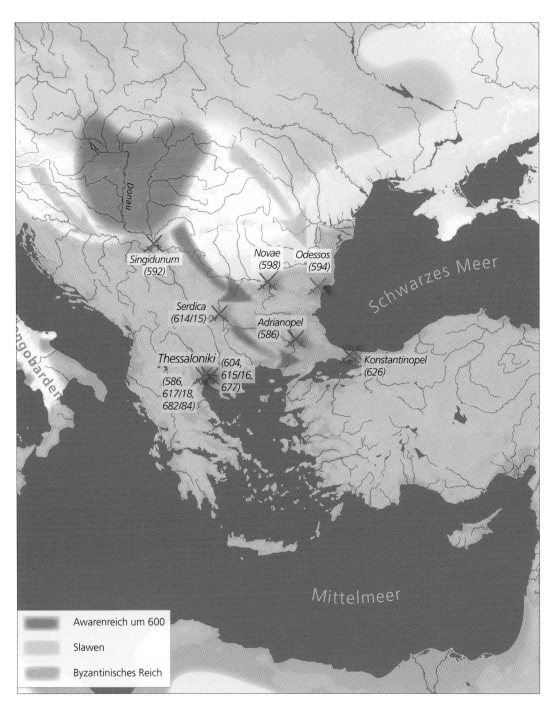

Abb. 8
Das awarische Siedlungs-
gebiet im Karpatenbe-
cken und einige Raubzü-
ge gegen byzantinische
Städte
Nach Pohl, Grafik: Micha-
el Ober, RGZM

bung". Dazu kamen noch Geschenke, die damals wie heute zu den diplomatischen Gepflogenheiten zählten, wie wir aus den Quellen wissen. So musste eine Gesandtschaft mit vielerlei Mitbringseln auf den Weg gehen, deren Werte genau auf die Adressaten abgestimmt waren, z. B. Gürtel und Schuhe, mit Purpur oder falschem Purpur gefärbt, Schmuck, Seidenkleider, oder – im Fall von Gesandtschaften nach dem Westen – auch Bücher. Manchmal kamen Geschenke auch – bei allem guten Willen – nicht

an. So bekam der awarische Khagan einmal einen Elefanten geschickt, wie Theophylaktes Simokattes berichtet, den er aber zurückschickt. „Ob aus Schrecken oder Verachtung über das Wunderwesen", weiß der Chronist nicht zu sagen. Könnte es sein, fragt Walter Pohl, dass der awarische Kaiser nichts Gleichwertiges zu geben hatte?

Zwischen den Kriegs- und Raubzügen gab es immer wieder Friedensperioden, in denen die Awaren für

Falko Daim

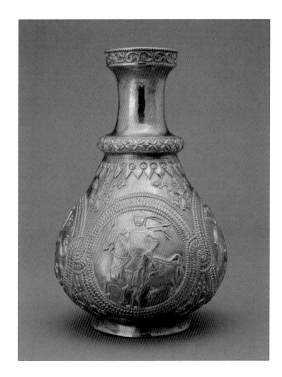

Abb. 9
Schatz von Sânnicolau
Mare (ungarisch: Nagy-
szentmiklós), Krug 2.
8. Jh.
© Kunsthistorisches
Museum, Wien

Abb. 10
Detail: schwer gepan-
zerter Lanzenreiter
© Kunsthistorisches
Museum, Wien

die Byzantiner eine Art Ordnungsmacht spielten. So unternahmen sie 578 eine Strafexpedition gegen slawische Gruppen an der unteren Donau. Damit die Awaren die alten Römerstraßen südlich des Flusses benützen konnten, wurden die awarischen Reiter auf großen Lastkähnen über die Donau gesetzt. Zu Ostern 598, als die awarische Streitmacht und die byzantinische bei Tomis am Schwarzen Meer über-winterten und den Römern die Vorräte ausgingen, schickte der Khagan der bedrängten Armee meh-rere Wagenladungen Proviant. Tage später erschie-nen dann Gesandte beim Feldherrn und baten um indische Gewürze, die sie auch bekamen. Der Kha-gan war daraufhin „von den Aromen übermannt", wie Theophylakt berichtet.

Sowohl in der Frühawarenzeit wie im 8. Jahrhundert bildet die Gegend um Keszthely am Westende des Plattensees eine Sondergruppe im Awarenreich, die offenbar noch auf die Langobardenzeit zurückgeht, dann aber – im späten 7. und 8. Jahrhundert - die byzantinischen Grundformen des 6. Jahrhunderts lokal begrenzt weiterentwickelt. Vermutlich hatte man keine Informationen mehr über die aktuellen Trends im byzantinischen Frauenschmuck. Hier lebten zumindest während der Frühawarenzeit Christen, von denen einige sogar Pilgerfahrten in das Heilige Land unternommen haben dürften.

626 versuchten die Awaren im Verbund mit den Persern Konstantinopel einzunehmen. Allerdings gelang es offenbar der Byzantinischen Flotte, die Vereinigung der beiden Heere zu vereiteln. Inte-ressant sind die unterschiedlichen Interessen der Bündnispartner. Während die Awaren bloß die prächtige Stadt plündern wollten, hätten die Perser die Bewohner, damals wohl weniger als 100.000, als Sklaven abgeführt. Die Niederlage des awarischen Khagans vor den Mauern Kon-stantinopels hälte wohl zum Auseinanderfallen des Reiches führen müssen und tatsächlich lesen wir von Bürgerkrieg um die Oberherrschaft und dem Auszug einer größeren Bulgarengruppe nach dem Westen. Wieso das Awarenreich nicht zerfiel, gehört zu den Geheimnissen des dunklen 7. Jahr-hunderts. Tatsache ist, dass es sich nach etwa einer Generation konsolidieren konnte und zwar offen-bar in gewisser Abgeschiedenheit. Von Raubzügen

Clash of Cultures – Die Awaren und Byzanz

Abb. 11
Awarisches Gräberfeld
von Leobersdorf, Nie-
derösterreich, Grab 71.
Mitte 8. Jh.
Foto: Falko Daim

römischen Bad, das sich der vornehme Hunne Onegesios von einem gefangenen römischen Baumeister errichten und betreiben ließ. Zumindest bei Attila wären die Expertise, Stein- oder Ziegelbauten zu errichten, also durchaus vorhanden gewesen, bloß, dass solche für die Hunnen (in der Regel) nicht erstrebenswert waren. Dies dürfte auch für die Awaren gelten. Die byzantinische Lebensweise war für die Awaren nicht vorstellbar. Es waren die mobilen repräsentativen Gegenstände, vorzugsweise aus wertvollem Rohstoff, die sie interessierten, die sie versuchten zu bekommen und – weil das nicht für alle möglich war – auch nachmachten.

In der Ausgestaltung der Häuser und in der Küche dürften jedoch byzantinische Waren durchaus zu finden gewesen sein. So ist die Siedlung von Kölked-Feketekapu voll mit byzantinischen Amphoren. Man hatte also zumindest stellenweise Zugang zu Wein, Olivenöl, vielleicht auch zu mediterraner Fischsoße (Garum) und eventuell auch manchen Gewürzen.

Im 3. Viertel des 7. Jahrhunderts kommt wieder eine größere Menge byzantinischen Goldschmucks in die reichen Awarengräber. Offenbar hängt diese erneute Annäherung zwischen den Awaren und Byzanz mit der bulgarischen Staatsgründung an der unteren Donau zusammen. Deutlich wird der Frühling zwischen den beiden Reichen, wenn 678/79 eine awarische Gesandtschaft nach Konstantinopel kommt, um den Byzantinern zu einem Sieg über die Araber zu gratulieren. Im 8. Jahrhundert scheinen nur mehr wenige byzantinische Originale in das Karpatenbecken gekommen zu sein. Immerhin konnten einige davon identifiziert werden und beleuchten einen interessanten Aspekt des interkulturellen Austausches. Nicht nur, dass die Awaren - soweit wir sehen – an eher simplen technischen Lösungen interessiert waren, lehnten sie auch die in Byzanz so reiche Dekoration mit Vögeln aller Art ab. Lediglich der majestätische Adler kommt einige Male vor, alle anderen werden erbarmungslos durch Vierfüßer ersetzt.

ist nichts mehr zu hören. Hingegen entstehen ab der Mitte des 7. Jahrhunderts größere Gräberfelder nach dem Reihengräbermodell, die dann meist bis an das Ende der Awarenzeit belegt werden. Mit der Nachricht Einhards von dem gewaltigen Schatz des awarischen Khagans, der nach Aachen verschleppt wurde, kontrastiert der einfache Charakter der awarischen Siedlungen. Wie die Auswertung der Tierknochen von Zillingtal im Burgenland zeigte, wurden die Tiere erst geschlachtet, wenn sie als Milchproduzenten ausgedient hatten, nicht, wenn sie besonders zart und schmackhaft waren.

Müssen wir uns die Siedlungen der Awaren also ärmlich vorstellen? Keineswegs, auch wenn wir keinen einzigen awarischen Stein- oder Ziegelbau kennen. Aus dem heutigen Ungarn und der Slowakei sind Siedlungen mit eingetieften, beheizten Holzhütten bekannt, aus Zillingtal kennen wir erstmals auch oberirdische Holzbauten, wobei die Ständer sauber quadratisch zugerichtet worden sind. Vermutlich waren die Häuser mit Schnitzwerk verziert, mit Webteppichen ausgestattet und durchaus komfortabel. Erinnern wir uns an den berühmten Bericht des Priskos vom hölzernen Palast Attilas des Hunnenkönigs auf einem Hügel und von dem

Leider wissen wir nicht, welche Gegenstände der Schatz des awarischen Khagans enthielt. Möglicherweise gehörten auch die Goldgefäße aus dem

Falko Daim

Abb. 12
Detail: Gürtelgarnitur,
Bronze, vergoldet
Foto: Falko Daim

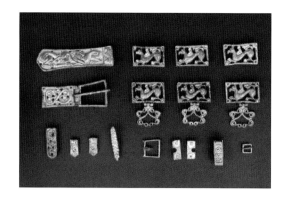

Abb. 13
Detail: Beschlag mit Grei-
fendarstellung
Foto: Falko Daim

Nach dem Zusammenstoß: Abwehr und Aneignung

Anders als Odoaker, Theoderich und die Langobarden des späten 6. Jahrhunderts strebten die Awaren nicht an, Teil der Römischen Welt zu werden. Sie behielten ihr Wertsystem bis zum Ende des Awarenreiches bei, auch wenn sich die Machtverhältnisse und damit die ökonomischen Grundlagen des Awarenreiches im Laufe seines Bestehens fundamental geändert haben. Geschätzt wurden von den Awaren vor allem repräsentativer Schmuck, Gewürze, vielleicht auch Wein, Olivenöl und Garum (Fischsoße). Was die Bilderwelt der Awaren betrifft, so wurden von den mediterranen Vorlagen ausgewählt, was mit dem eigenen Wertsystem nicht kollidierte. Greife und Tierkampfszenen, Eber und Weinranken waren im 8. Jahrhundert sehr populär, Vögel wurden weitgehend vermieden.

Für die Byzantiner stellten die Awaren zunächst Föderaten dar, die im Auftrag Kriegs- und Raubzüge unternehmen. Das Byzantinische Heer dürfte von den Awaren manche Ausrüstungsgegenstände übernommen zu haben. Wie weit dies ging, ist schwer zu sagen, aber dass man grundsätzlich für Neues offen war, zeigt die Darstellung des Theodotus, Oberbefehlshaber der kaiserlichen Truppen in Rom in der Mitte des 8. Jahrhunderts, der einen Kaftan und einen vielteiligen, verzierten Gürtel trägt.

Schatz von Sânnicolau Mare (Nagyszentmiklós) dazu, die den Franken entgingen. Sie gehören zu den schönsten und qualitätvollsten Gegenständen des europäischen Frühmittelalters und zeigen eine schier unglaubliche Kenntnis antiker Mythologie verschiedener östlicher und mediterraner Kulturen, tragen noch unaufgelöste Inschriften und auch christliche Kreuze. Es ist sehr wahrscheinlich, dass sich am Hof des Awarenherrschers allerlei Gelehrte, Diplomaten, Berater und erstklassige Kunsthandwerker befanden.

Die awarischen Traditionen waren stark genug, wesentliche Änderungen in der politischen Geografie Europas zu überdauern. Die awarische Herrschaft in ein mittelalterliches Staatswesen überzuführen, ist jedoch nicht gelungen. Dieses Kunststück brachte etwa 200 Jahre später der ungarische König Stephan zustande, dem wir es verdanken, dass Ungarn bis heute lebendig geblieben ist, während die Awaren in der karolingerzeitlichen Bevölkerung aufgingen und nur mehr dem Historiker und Archäologen zugänglich sind.

Eine kombinierte Auswertung aller zur Verfügung stehenden frühmittelalterlicher Primärquellen lässt vor unseren Augen eine sehr bunte Welt entstehen, nicht immer friedlich, nicht immer anheimelnd. Aber eine sehr menschliche Welt, in der sich ständig unterschiedliche Kulturen, Lebensformen und Wertsysteme begegnen und miteinander verzahnen. Aus dem Beharren auf kulturellen Traditionen und der Aufnahme von manchem Fremden können abwechselnd ein vorsichtiger Kulturwandel, rasche Moden oder lokale kulturelle Spielarten resultieren. Die Beziehungen der awarischen Kultur zum Byzantinischen Reich zeigen viele der Möglichkeiten, wie sich Kulturkontakte auswirken können, und die detaillierte kombinierte Auswertung von Schriftquellen und archäologischen Daten werden weitere Einblicke in die Mechanik des Umgangs mit „dem Fremden" geben.

Clash of Cultures – Die Awaren und Byzanz

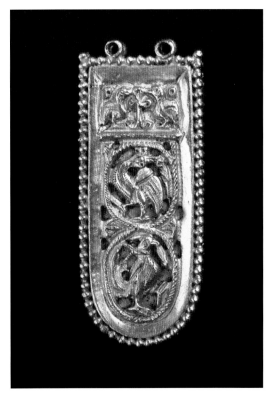

Abb. 14
Byzantinische Riemen-
zunge, Gold, angeblich
aus Aleppo. Vermutlich
8. Jh.
Foto: Falko Daim

Abb. 15
Awarische Riemenzunge
nach dem Vorbild des
Typs der Riemenzunge
von Aleppo. 2. Hälfte
8. Jh.
Foto: Falko Daim

Zitierte Quellen:

Tours, Gregor von: Historia Francorum, in: Krusch, Bruno / Levison, Wilhelm (Hrsg.): Monumente Germaniae Historica rer. Mer. 1/1951.

Menandros Protector, Historiae Fragmenta, in: de Boor, Karl (Hrsg.): Excerpta historica iussu Imperatoris Constantini Porphyrogeneti confecta 1. Excerpta de legationibus, 2 Bde., Berlin 1903, deutsch, in: Doblhofer, Ernst (Hrsg.): Byzanti-nische Diplomaten und östliche Barbaren, Byzantinische Geschichtsschreiber 4/1955, S. 88ff.

Mauricii Strategikon, in: Dennis, George T. / Gamillscheg, Ernst (Hrsg.): Corpus Fontium Historiae Byzantinae 17, Wien 1981.

Theophylacti Simocattae Historia, in: de Boor, Karl (Hrsg.): Leipzig 1887, deutsch, in: Schreiner, Peter (Hrsg.): Bibliothek der griechischen Literatur 20, Stuttgart 1985.

Weiterführende Literatur:

Daim, Falko: Avars and Avar Archaeology. An Introduction, in: Goetz, Hans-Werner / Jarnut, Jörg / Pohl, Walter (Hrsg.): Regna and Gentes. The Relationship between Late Antique and Early Medieval Peoples and Kingdoms in the Transfor-mation of the Roman World, TRW 13, Leiden – Boston 2003, S. 463 – 570.

Daim, Falko (Hrsg.): Die Awaren am Rand der byzantinischen Welt. Studien zu Diplomatie, Handel und Technologietrans-fer im Frühmittelalter (The Avars on the Border of the Byzan-tine World. Diplomacy, Trade and the Transfer of Technology in the Early Middle Ages), Monographien zur Frühgeschichte und Mittelalterarchäologie 7, Innsbruck 2000.

Mango, Cyril (Hrsg.): The Oxford History of Byzantium, Oxford 2002.

Pohl, Walter: Die Awaren. Ein Steppenvolk in Mitteleuropa 567 – 822 n. Chr., München 1988.

Ute Luise Dietz

Angeborenes und erlerntes Verhalten des Pferdes und die Auswirkungen auf seine Nutzung

Vortrag gehalten zu Ehren des 80. Geburtstages von
Frau Dr. Magdalene von Dewall am 8. Mai 2007
in den rem

Für die Nutzung der Geschwindigkeit des Pferdes zahlt der Mensch einen hohen Preis: er wird abhängig vom Gehorsam des Tieres. Sobald man den Boden verlässt, um ein Pferd oder einen Wagen zu besteigen, ist man nicht mehr in der Lage, das Tier zum Gehorsam zu zwingen.[1] Die Nutzung von Geschwindigkeit und Kraft des Pferdes ist daher nur in Verbindung mit der Aufgabe der absoluten Gewalt über das Tier möglich. Eine Bezwingung des Pferdes mit physischen Mitteln kann nur durch Fesselung oder sonstige Fixierung erfolgen, wodurch seine Kraft eingeschränkt, die Nutzung seiner Geschwindigkeit aber unmöglich wird. Die Beherrschung eines gerittenen oder gefahrenen Pferdes beruht darauf, dass es sich dem Willen des Menschen fügt, und erfolgt auf Grund seiner nachgeordneten sozialen Position, jedoch nicht durch mechanische Vorrichtungen irgendwelcher Art. Selbstverständlich wird mittels Zäumungen und den anderen zur Lenkung des Pferdes entwickelten Instrumenten wie Peitsche, Treibstachel (Kentron) oder Sporen teilweise in erheblichem Maße auf das Pferd eingewirkt. Es handelt sich dabei jedoch lediglich um eine – wenn auch manchmal mit sehr drastischen Mitteln durchgeführte – Kommunikation. Obwohl in den letzten vier Jahrtausenden ein umfangreiches Instrumentarium zu diesem Zweck erdacht wurde, ist es im Prinzip noch immer unmöglich, die Geschwindigkeit des Pferdes zu nutzen und gleichzeitig in jeglicher Situation seiner Herr zu sein.[2]

Die Grundlage für die Nutzung der Geschwindigkeit des Pferdes besteht daher in der Fähigkeit des Tieres, sich in eine Gruppenhierarchie einzuordnen und sich anderen – höherrangigen Artgenossen ebenso wie dem Menschen – unterzuordnen. Wie im Folgenden gezeigt werden soll, gehört zum Sozialverhalten auch die Bestimmung von Art und Richtung der Bewegung durch die Leittiere; dies ist die Basis für die Lenkbarkeit des Pferdes auch durch den Menschen.

Sozialverhalten des Pferdes

Die Hierarchie innerhalb der Pferdegruppen wird nicht nur durch Körperkraft, sondern auch durch Erfahrung bzw. Persönlichkeitsstärke ausgebildet. Dies betrifft vor allem die aus Stuten mit ihren Fohlen bestehenden Familiengruppen, an deren Spitze der Leithengst steht, aber ebenso die Junggesellengruppen aus Hengsten, die keinen Familienverband für sich erobern konnten.[3] Ist die Gruppenhierarchie einmal festgelegt, wird sie kaum ernsthaft in Frage gestellt.

Im Konfliktfall wird das gesamte aggressive Verhaltensspektrum eingesetzt, wobei die Auseinandersetzungen in der Regel durch Ausschöpfen des Drohpotenzials erfolgen. Die Drohmimik und -gestik ist deutlich z. B. an den angelegten Ohren oder dem schlagbereit gehobenen Bein erkennbar (Abb. 1).[4] Das aggressive Verhalten kann aber auch schließlich zu heftigen Attacken führen, bei denen ein Pferd einem Konfliktpartner heftige Biss- und

Abb. 1
Detail des Goldpektorales von der Tolstaja Mogila mit Darstellung einer deutliches Drohverhalten zeigenden Mutterstute
Foto: H. Jäger im Auftrag des Archäologischen Landesmuseums Schloss Gottorf, Schleswig
© H. Jäger

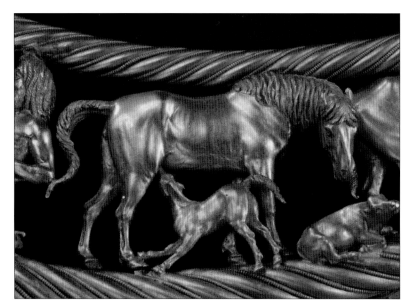

Angeborenes und erlerntes Verhalten des Pferdes und die Auswirkungen auf seine Nutzung

Trittwunden zufügen kann. Dieses Verhalten ist bei Przewalskipferden sehr deutlich ausgeprägt.[5] Fühlt sich ein Pferd unterlegen, wird es weichen und sich dem negativen Einfluss entziehen.[6]

Sehr bedeutsam für das Pferd ist die relative Körperposition in der Bewegung, wobei die Position vor dem Kopf – d. h. „an der Spitze" der Gruppe, die durchaus auch aus zwei Individuen bestehen kann – als Führposition und die mit dem Kopf in Kruppenhöhe des niederrangigen Tiers als Treibposition verstanden werden, die von höherrangigen Tieren (vor allem Leitstute bzw. -hengst) eingenommen werden. Aus diesen Positionen wird auf die Bewegung der Gruppenmitglieder eingewirkt, d. h. durch Führen oder Treiben.[7]

Zum Pferdeverhalten gehört weiterhin, die Bewegungen im Lauf zu synchronisieren; dies zeigt sich z. B. bei Stuten und Fohlen, aber auch bei Pferden, die spielerisch nebeneinander im gleichen Takt laufen (Abb. 2).[8] Dies kann ebenso bei Gespannpferden beobachtet werden,[9] was vor allem für die im Altertum übliche Anspannung unter dem Joch von Bedeutung ist; dessen Starre macht eine gewisse Synchronizität der Bewegungen vor allem im durch die Sprungbewegungen geprägten Galopp erforderlich, die durch bewusste Lenkung durch den Menschen kaum zu erreichen ist.[10]

Höherrangige Tiere können durch diesen Synchronisierungstrieb auch das Tempo bestimmen, indem sie selbst z. B. die Geschwindigkeit zurücknehmen, woraufhin das niederrangige Tier seine Bewegungen anpasst.

Die innerartliche Kommunikation beim Pferd ist daher sehr differenziert, wobei auch sehr feine Körpersignale beachtet werden. Da die Vorrangstellung nicht nur auf größerer Körperkraft, sondern ebenso auf Persönlichkeitsstärke basiert und nicht grundlos in Frage gestellt wird, kann sie auch vom Menschen übernommen und beibehalten werden. Zum Verhaltensspektrum gehört zudem die Bestimmung der Laufgeschwindigkeit durch höherrangige Gruppenmitglieder. Dies stellt die Grundlage für die Lenkbarkeit des Pferdes auch in höherem Tempo dar.

Abb. 2
Synchrone Bewegungen bei Pferden im Spiel
Foto: © Bernd Illig

Kommunikation mit dem Menschen

Im Gegensatz zu diesen angeborenen Verhaltensweisen muss die Bedeutung der vom Menschen ausgesandten Signale vom Pferd erlernt werden. Dabei muss sich das Tier auf personen- wie situationsbedingte Unterschiede einstellen können; zudem können die Signale in Kombination mit anderen durchaus verschiedene Bedeutung haben. Weiterhin sind die Signale bei Mensch und Pferd sehr unterschiedlich gewichtet; während für das Pferd am wichtigsten die Körpersignale sind und besonderes Interesse den olfaktorischen Reizen gilt, ist die lautliche Kommunikation nicht sehr differenziert.[11] Beim Menschen ist das Gegenteil der Fall, wobei zur verbalen Kommunikation noch die (in der Regel allerdings nur in eingeschränktem

Abb. 3
Nur wenige Darstellungen zeigen die Defizite in der Kommunikation zwischen Mensch und Pferd so deutlich wie das 1894 entstandene Bild „Die Reiterin" von František Kupka
© Nationalmuseum Prag

Ute Luise Dietz

Maß bewusst angewandte) Gestik tritt. Letztere könnte man in gewissem Sinn durch das Hantieren mit dem Zügel (bzw. Agieren mit den Beinen) ersetzt sehen, andere Signale wie z. B. Gewichtsverlagerungen erfolgen jedoch wesentlich weniger bewusst.

Wie oben erwähnt, muss das Pferd die Bedeutung der vom Menschen übermittelten Signale, den sogenannten Hilfen, erlernen; dies ist ein komplexer Vorgang, da dadurch nicht nur simple Parameter wie Richtung und Geschwindigkeit ausgedrückt werden. Vielmehr handelt es sich um die Angabe von Gangart (Schritt, Trab, Galopp bzw. rassenspezifische Gangarten, s.u.) und Tempo, aber auch der Körperhaltung (z. B. Kopfhaltung, Grad der Halsbiegung oder Längsbiegung bei der Wendung). Weiterhin sind die Signale für das Pferd häufig nicht intuitiv vom Tier zu verstehen, da sie nur zum Teil auf Reflexen beruhen. Schließlich werden für die Kommunikation mit dem Pferd in der Regel mehrere unterschiedliche Signale kombiniert (Zügel-, Gewichts- und Schenkelhilfen, gegebenenfalls auch Stimmhilfen).

Abb. 4
Klassische Reitkunst:
Versammelter Galopp
Foto: Verlag Parey

So ist für das Pferd die – mittels des Hantierens mit dem Zügel ausgeübte – Wirkung der Zäumung nicht von Anfang an verständlich. Bei gebisslosen

Zäumungen[12] führt ein kurzer Druck auf das Nasenbein reflexartig zu einem Zurücknehmen des Kopfes, was zunächst mit einer Verringerung des Tempos verbunden ist; der lang dauernde Druck wird jedoch mit einer Abwehrreaktion beantwortet, die im Heben des Kopfes besteht. Bei der seitlichen Einwirkung wird durch das Annehmen des Zügels Druck auf die gegenüberliegende Schädelseite ausgeübt, dem das Tier auszuweichen sucht; dadurch wendet es sich in die gewünschte Richtung.

Die Funktionsweise der Zäumungen mit Mundstück ist sehr komplex. Ermöglicht wird sie durch den für Herbivoren typischen langen Schädel und die dadurch bewirkte Öffnung des Bereichs zwischen Schneide- und Backenzähnen, das Diastema, in dem das Mundstück zu liegen kommt.[13] Die Einwirkung erfolgt primär auf die Zunge und z. T. auf den Unterkiefer.[14]

Der unangenehme Druck im Maulbereich, der ein Zurücknehmen des Kopfes und damit eine Verlangsamung des Tieres bewirken soll,[15] wird zunächst als Abwehrreaktion mit einem Hochnehmen des Kopfes beantwortet. Ebenso reagiert das Pferd bei beidseitigem Annehmen der Zügel, wenn ein einfach gebrochenes Gebiss gegen das Gaumendach drückt, da es diesem Druck auszuweichen versucht. Das Tier muss daher zunächst lernen, dass es dem Gebissdruck nach unten ausweichen und den Kopf senken soll; als Belohnung erfolgt das Nachlassen des Drucks.[16] Dieses Verhalten kann sich jedoch ins Negative verkehren, indem das Pferd den Hals zu sehr beugt und sich der Einwirkung dadurch entzieht (Abb. 10, rechts).[17] Dieser Abwehrreaktion des Pferdes, das nun „hinter dem Zügel" ist, wird durch intervallartige Annahme des Zügels begegnet und das Tier angeregt, den Kopf wieder zu heben. Obwohl das Ziel völlig unterschiedlich ist, sind die Zügelhilfen gleich.

Ähnlich komplex verhält es sich mit der Richtungsangabe durch das Mundstück; das Pferd muss lernen, dem unangenehmen Druck zu folgen, statt ihm auszuweichen. Starre Mundstücke wirken zudem bei einseitigem Zügelzug nicht nur auf die jeweilige Zungen- und Unterkieferseite, sondern auch auf den gegenüberliegenden Oberkieferast.

Angeborenes und erlerntes Verhalten des Pferdes und die Auswirkungen auf seine Nutzung

Die Richtungsangabe wird durch die nicht nur bei den antiken Trensen üblichen Knebel erleichtert.[18] Da es bei der Kommunikation von Mensch und Pferd keine eindeutigen und „richtigen" Signale gibt, unterliegen sie einer gewissen Willkür. Derer ist sich der Mensch in der Regel allerdings nicht bewusst, da er beim Umgang mit dem Pferd ebenfalls erlernten Regeln folgt, die er als „richtig" verinnerlicht hat. Die Vermittlung dieses Wissens erfolgt über den Umgang mit bereits ausgebildeten Pferden, die die „korrekte" Anwendung der Hilfen durch das Aufzeigen der gewünschten Reaktion bestätigen (Abb. 3).[19]

Daher konnte sich eine große Vielfalt von unterschiedlichen Reit- und Fahrweisen entwickeln, die aus Geschichte wie Gegenwart bekannt und in gewissem Maß wohl auch für die vorgeschichtliche Zeit anzunehmen ist.

Reitweisen

Zur Illustration sollen hier kurz die drei am weitesten verbreiteten Beispiele aus der heutigen Zeit vorgestellt werden. Zunächst sei die in der Tradition der Barockzeit stehende „klassische" Reiterei genannt, wie sie z. B. an der Spanischen Hofreitschule in Wien oder beim Cadre Noir in Saumur gepflegt wird. Das Ziel bildet dabei die Hohe Schule, bei der das Pferd mit minimalen Hilfen bei Lektionen äußerster Anspannung und Versammlung unterstützt wird. Bei dieser Reitweise wird permanent auf das Pferd eingewirkt – man spricht davon, dass das Pferd „an den Hilfen stehen" soll. Angestrebt wird die Haltung des Pferdes mit untergesetzten Hinterbeinen und gebogenem Hals (Abb. 4).[20] Aus dieser Tradition heraus ist – über die Kavallerieausbildung – auch die moderne Sportreiterei erwachsen. Die Hilfen der Springreiter und Vielseitigkeitsreiter entsprechen daher grundsätzlich denen der Dressurreiter, obwohl die Aufgaben völlig verschieden sind.[21]

Nicht nur hinsichtlich der Kleidung unterscheidet sich hiervon das an der Gebrauchsreiterei der Viehhüter orientierte sog. Westernreiten.[22] Hier erfolgen die Hilfen impulsartig; das Ziel ist nicht die Versammlung, sondern das leicht zu reitende Pferd. Daher werden auch flache Gangarten gefördert, z. B. der Jog, bei dem es sich um einen

nicht sehr deutlich ausgeprägten Trab handelt. Die Unterschiede zur „klassischen" Reiterei zeigen sich auch in der Haltung mit eher gestrecktem Körper und gesenktem Hals (Abb. 5),[23] wie sie besonders in der Disziplin des „Pleasure" deutlich wird.

Abb. 5
Ein Element des Westernreitens ist die Überwindung von Hindernisparcours („Trails"); hier ein Norwegerpferd an der Wippe. Das Pferd ist nicht gezäumt, sondern wird mittels eines Halsrings gelenkt
Foto: © Kerstin Diacont

Abb. 6
Islandpferd im Rennpass
Foto: © L. Lenz / Pferdefotoarchiv

Keinesfalls ein Nischendasein fristen inzwischen die sogenannten Gangpferde, von denen die Islandpferde wohl am bekanntesten sind; sie zeigen zu den drei Grundgangarten noch Tölt und Pass. Hier steht nicht zuletzt die Bequemlichkeit für den Reiter im Vordergrund; diese ist durch die erschütterungsarmen Gangarten dieser Pferde gegeben, bei denen die Beine schnell gesetzt werden, der Rücken jedoch relativ ruhig bleibt (Abb. 6).[24] Obwohl das Gangpferdereiten in der Tradition der „klassischen" Reiterei steht, ist für diese Gangarten wie Tölt oder Pass eine eigenständige Hilfengebung notwendig;

Ute Luise Dietz

Abb. 7:
Bei den Ausrüstungs-
gegenständen der
„klassischen" Reitwei-
se handelt es sich um
einfache Trensen (A), um
gebrochene Gebisse mit
Anzügen (z. B. Pelhams)
(B) und um Kandaren,
besonders die Dres-
surkandaren, die sich
durch starre Mundstücke
und starr angebrachte
Anzüge auszeichnen (C).
Die Pendants dazu beim
Westernreiten werden
als Snaffle-Bit, Snaffle
with Shanks (D) und
Grazer-Bit bezeichnet (E).
Zudem gibt es vergleich-
bare Gebisse, die beim
Gespannfahren einge-
setzt werden; es handelt
sich wiederum um ein-
fache Trensen (F) sowie
Hebelstangengebisse mit
gebrochenem (G) und mit
starrem Mundstück (H)
© Abb. 7 A- C, F - H FN
Deutsche Reiterliche
Vereinigung e. V. (FN) mit
freundlicher Genehmi-
gung entnommen aus
„Leistungs-Prüfungs-
Ordnung (LPO) 2008,
Deutsche Reiterliche
Vereinigung e.V. (Hrsg.),
FNverlag, Warendorf
2008, © Abb. 7 E, D Ker-
stin Diacont

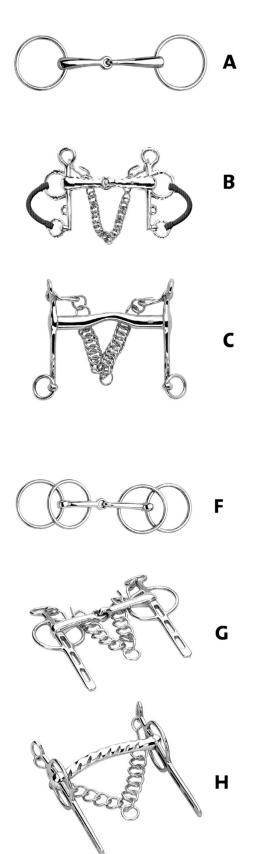

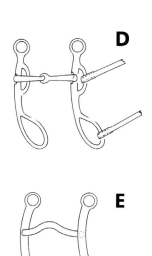

die Besonderheit ist hierbei nicht zuletzt der beim
Tölt und beim Pass erhobene Kopf, wobei der dau-
ernde Zügelkontakt erhalten bleiben muss, um eine
Taktklarheit des Ganges zu gewährleisten.[25]

Dass die Gangpferde keine Erscheinung der neueren Zeit sind, zeigt die berühmte Han-zeitliche
Bronzeplastik eines „fliegenden Pferdes", das eindeutig im Pass geht,[26] ebenso wie Darstellungen
auf rotfigurigen Vasen[27] oder auf dem Wandteppich von Bayeux.[28]

Zäumungen

Angesichts dieser Vielfalt in den Reitweisen stellt
sich die Frage, inwieweit es möglich ist, aus dem
archäologischen Material Schlüsse auf die Reit-
bzw. Fahrweise zu ziehen.

Obwohl sich alle drei vorgestellten Reitweisen deutlich voneinander unterscheiden, gehören zu ihrer
Ausrüstung ähnliche Zäumungsbestandteile. Hier
sei das Augenmerk auf die Gebisse gerichtet, da
diese den größten Anteil der Pferdegeschirrfunde
im archäologischen Material ausmachen.

Angeborenes und erlerntes Verhalten des Pferdes und die Auswirkungen auf seine Nutzung

In allen drei Reitweisen, aber auch beim Fahren, werden einfache gebrochene Mundstücke, d. h. Trensen, verwendet, ebenso aber auch Gebisse mit Hebelbäumen, deren Mundstücke gebrochen wie starr sein können (Abb. 7).[29] Es ist zwar eine Vielzahl von Gebissen auf dem Markt; sie unterscheiden sich jedoch vor allem in der Gestaltung der Anzüge und in der Schärfe der Mundstücke, die vor allem von der Dicke der Stange abhängt. Das grundsätzliche Aufbauprinzip und damit die Wirkungsweise sind jedoch gleich.[30]

Trotz der leichten Unterschiede im Aufbau ist es grundsätzlich möglich, eben diese Zäumungsbestandteile auch bei den jeweils anderen Reitweisen bzw. beim Fahren einzusetzen. Die Form des Gebisses, d. h. das Artefakt, ermöglicht daher lediglich eine Aussage über eine mögliche Funktion, anhand seiner kann sie aber nicht belegt werden.

Vergleicht man nun archäologische Funde damit, so lassen sich deutliche formale Parallelen erkennen (Abb. 8).[31] Bei dem hier gezeigten Ringmundstück, und den Hebelstangentrensen mit starrem bzw. gebrochenem Mundstück handelt es sich um Funde von der unteren Donau, die ins 3. Jahrhundert v. Chr. bis mindestens ins 1. Jahrhundert n. Chr. datieren;[32] dabei überschneiden sich die Laufzeiten deutlich. Es ist daher nicht möglich, anhand von modernen Parallelen dieser Funde deren Einsatzbereich oder gar eine bestimmte Reitweise zu rekonstruieren. Die einzigen Quellen hierfür sind im archäologischen Bereich die bildlichen Darstellungen.

Reaktionen auf die Gebisswirkung

Auf diesen Darstellungen sind auch Widersetzlichkeiten gegen die Einwirkungen der Hilfen zu erkennen; sie zeigen sich am deutlichsten in der Kopf- und Halshaltung der Pferde. Das häufigste Zeichen für den Protest gegen die Einwirkung des Gebisses ist wohl das geöffnete Maul, durch das das Pferd dem unangenehmen Druck auszuweichen versucht.[32] Diese auf älteren Darstellungen sehr häufig zu beobachtende Reaktion ist im heutigen Sport nicht mehr zu sehen. Dies liegt allerdings nicht daran, dass die Pferde nicht mehr gegen den Gebissdruck protestieren, sondern dass zur Zäumung sogenannte Reithalfter gehören, die

Abb. 8
Synoptische Darstellung eisenzeitlicher Gebisse von der unteren Donau (die Abbildung liegt ohne Maßstab vor)

Ute Luise Dietz

Abb. 9
Pferd mit hochge-
rissenem Kopf und
aufgerissenem Maul beim
Reiterspiel Buskaschi
Foto: nach Mörmann,
Hanne / Plöger, Erich:
Buskaschi in Afghanistan,
Luzern und Frankfurt a.
M. 1978, S. 71

ein Öffnen des Maules verhindern.[34] In anderen Sparten der Reiterei ist es heute durchaus noch zu beobachten (Abb. 9).[35]

Das deutliche Zurücknehmen des Kopfes hinter die Senkrechte[36] (Abb. 10, rechts) – man spricht davon, dass das Pferd „hinter dem Zügel" ist[37] – erleichtert es dem Pferd, die Spannung durch einen Bocksprung zu lösen. Man begegnet dieser Haltung mit vermehrtem Vorwärtstreiben sowie mit dem intervallartigen Annehmen des Zügels, wodurch die – in diesem Fall erwünschte – Reaktion des Kopfhebens erfolgt (s. o.).

Allerdings entzieht sich das Pferd dem Gebissdruck auch durch das Hochreißen des Kopfes;[38] dadurch drückt das Gebiss nicht mehr auf die Zunge, sondern an die Prämolaren. Man spricht davon, dass das Pferd „über dem Zügel" ist (Abb. 9; 10, links).[39] Dem entgegen zu wirken ist die Hauptfunktion der Gebisse mit Hebelbäumen, die beim Zügelzug über das Kopfgestell vermehrt Druck auf das Genick des Pferdes ausüben und es dadurch zur gewünschten Kopfhaltung bewegen sollen. Analog funktionieren auch die sogenannten Aufziehtrensen, bei denen die Ringknebel der Trensen als Hebelbäume dienen, durch die über das Genick führende Riemen gezogen werden.[40]

Zweifellos war sich das gegen die Hilfen wehrende Pferd stets ein nicht selten zu beobachtendes Bild; die Intention der häufigen Darstellungen bestand jedoch wohl vor allem darin, die großen reiterlichen und fahrerischen Fähigkeiten des Menschen zu betonen, der letzendlich doch seinen Willen durchzusetzten vermag.[41]

Zusammenfassung

Zäumungen werden in der archäologischen Literatur häufig als „Zwangsmittel" bezeichnet, um „den Willen des ungebändigten Tieres zu brechen und zu kontrollieren".[42] Dahinter steht die Überlegung, dass dem Pferd darüber Schmerz zugefügt werden kann und das Tier aus Furcht davor gehorcht. Auf diese Weise könne es dann „gezügelt" und schließlich zum Halten gebracht werden.[43]

Abb. 10
Detail des Parthenon-
Frieses: Abwehrreaktionen auf die Gebisswirkung (links über dem
Zügel, rechts hinter dem
Zügel)
Foto: © Hirmer-Verlag

Angeborenes und erlerntes Verhalten des Pferdes und die Auswirkungen auf seine Nutzung

Dem steht allerdings das Vermeidungsverhalten des Pferdes entgegen, das wie oben erwähnt zu den Grundcharakteristika dieser Tiere zählt. In der Regel besteht die Reaktion des Pferdes auf negative Reize stets in der Vermeidung, die im Extrem zur panischen Flucht führt. Angesichts des Vermeidungsverhaltens ist eine Lenkung und damit verbunden eine Kontrolle der Geschwindigkeit kaum möglich, wenn die Wirkmechanismen für das Pferd negativ besetzt sind und es permanent bestrebt ist, sich diesen zu entziehen. Dies gilt besonders in Extremsituationen wie z. B. im Kampf, in dem eine zuverlässige Kontrolle über das Pferd lebenswichtig ist, sie durch die äußeren Umstände jedoch erheblich erschwert wird.

Zäumungen müssen daher dosiert eingesetzt werden; die Wirkung muss für das Pferd nachvollziehbar sein, sodass der Einsatz schärferer Zäumungen erst beim ausgebildeten Tier sinnvoll ist. Die Übermittlung der Signale kann durchaus in einer für das Pferd unangenehmen Intensität erfolgen, wenn – wie im Falle der höherrangigen Artgenossen – das Tier dennoch Vertrauen dazu hat, dass die Situation vom Menschen richtig eingeschätzt wird. Eine unverhältnismäßige Verstärkung der Signale hat in der Regel verstärkte Abwehrreaktionen des Pferdes zur Folge; der Einsatz der Hilfen muss daher überlegt und dosiert erfolgen, um die Kontrolle über das Pferd nicht zu verlieren, das letztendlich durch die Persönlichkeit des Reiters, nicht durch seine Ausrüstung gelenkt wird. Dieses notwendige Vertrauensverhältnis zwischen Mensch und Pferd wird deutlich auf dem Alexandermosaik ausgedrückt, ist hier allerdings blutiger Ernst.[44] Bukephalos fürchtet sich, doch Alexander hält ihn am Zügel. Es ist nicht die Zäumung, die das Pferd gehorchen lässt, es ist sein Vertrauen zu Alexanders Person, das ihn in den Schrecken der Schlacht ausharren und letztendlich siegen lässt – ebenso wie das der sie umgebenden Makedonen.

Bei dem vorliegenden Text handelt es sich um einen nur wenig überarbeiteten Vortrag, der am 8. Mai 2007 beim Festkolloquium anlässlich des 80. Geburtstags von Dr. Magdalene von Dewall gehalten wurde. Ich danke Frau Jeanette Werning für ihre Unterstützung und für zahlreiche hilfreiche Anmerkungen.

1   Vgl. Dietz, Ute Luise: Horseback Riding – Man's Acess to Speed?, in: Levine, Marsha / Renfrew, Colin / Boyle, Katie (Hrsg.): Prehistoric Steppe Adaptation and the Horse, Cambridge 2003, S. 189.

2   Ebenda.

3   Vgl. Schäfer, Michael: Pferd, in: Sambraus, Hans Hinrich (Hrsg.): Nutztierethologie. Berlin-Hamburg 1978, S. 214 – 248; Sambraus, Hans Hinrich: Nutztierkunde, Stuttgart 1991, S. 113ff.

4   Abb. nach Rolle, Renate / Müller-Wille, Michael / Schietzel, Kurt: Gold der Steppe. Archäologie der Ukraine, Schleswig 1991, Abb. auf S. 390, oben.

5   Houpt, Katherine A.: Veterinary care, in: Boyd, Lee u. a. (Hrsg.): Przewalski's horse. The history and biology of an endangered species. Albany, NY 1994, S. 143 – 172. Bei den häufig zu beobachtenden kämpferischen Auseinandersetzungen, die durchaus zu Verletzungen führen können, handelt es sich allerdings häufig um Kampfspiele unter Junghengsten oder Wallachen, die jedoch keinesfalls mit einer grundsätzlichen Ausfechtung der Hierarchie oder gar der Leitposition verbunden sind.

Ute Luise Dietz

6   Statt als „Fluchttier" sollte das Pferd daher eher als „Vermeidungstier" bezeichnet werden, da die Flucht nur eine Extremform der Vermeidung darstellt.

7   Vgl. Haßenberg, Liselore: Verhalten bei Einhufern (Beiträge zu einem Ethogramm für Equiden), Wittenberg Lutherstadt 1971, S.91f., 112.

8   Abb. nach Spilker, Imke: Selbstbewußte Pferde. Wie Pferde ihre eigenen Übungen und Lektionen entwickeln, Stuttgart 2000, Abb. auf S. 75

9   Z. B. Laur, Hermann P.: Fahrsport – Kutschen – Wagenpferde, in: Thein, Peter (Hrsg.): Handbuch Pferd, 5. Auflage, München, Wien, Zürich 2000, Abb. auf S. 435, 445, 446, 452.

10   Vgl. Brownrigg, Gail: Schirrung und Zäumung des Streitwagenpferdes: Funktion und Rekonstruktion, in: Burmeister, Stefan (Hrsg.): Rad und Wagen. Der Ursprung einer Innovation. Wagen im Vorderen Orient und Europa. Ausstellung Museum Oldenburg 2004, S. 483ff. Bei der heute üblichen Anspannung mittels Zugsträngen ist diese Synchronizität nicht mehr von Bedeutung.

11   Vgl. Schäfer, Michael: Die Sprache des Pferdes. Lebensweise, Verhalten, Ausdrucksformen, Stuttgart 1993, S. 201ff.

12   Gebisslose Zäumungen werden heute in allen Sparten der Reiterei verwendet, vornehmlich zur Ausbildung: Kappzaum, Lindel, Bosal, Hackamore. Vgl. hierzu Bruns, Ursula / Becher, Rolf / Brand, Joachim: Gebißlose Zäumungen – Hilfszügel, Bonn o. J., S. 1ff. Die Wirkung ist dabei unterschiedlich scharf, vgl. z. B. das relativ sanft wirkende Sidepull oder Lindel, das in seinem Aufbau dem Halfter entspricht, mit dem Bosal oder manueller Hackamore, das eine leichte, und der mechanischen Hackamore, die eine sehr starke Hebelwirkung ausübt. Vgl. hierzu Edwards, Elwyn Hartley: Sattel, Zaumzeug & Geschirr, Cham 1996, S. 141ff. Beim Fahren werden gebisslose Zäumungen heute nicht verwendet; allerdings gibt es antike Darstellung von Maultiergespannen mit Zäumungen ohne Gebiss. Vgl. hierzu Boardman, John / Dörig, José/ Fuchs, Werner / Hirmer, Max: Die griechische Kunst, München 1984, 3. durchgesehene Auflage, Taf. 100 (bemalte Tontafel des Exekias).

13   Vgl. Edwards: Sattel, Zaumzeug & Geschirr, S. 122.

14   Vgl. Engelke, Elisabeth / Gasse, Hagen: Zur Lage unterschiedlicher Trensengebisse im Pferdemaul. Pferdeheilkunde 18, 2002, S. 367–372.

15   Vgl. Potratz, Johannes: Die Pferdetrensen des Alten Orient. Analecta Orientalia. Commentationes scientificae de rebus orientis antiqui, Bd. 41, Roma 1966, S. 87.

16   Vgl. Albrecht, Kurt: Die Ausbildung des Dressurpferdes bis zur Hohen Schule, in: Thein: Handbuch Pferd, S. 355.

17   Abb. nach Boardman / Dörig / Fuchs / Hirmer: Die griechische Kunst, Taf. 191 unten.

18   Die Knebel dienen daher nicht nur dazu, das Durchziehen des Mundstücks durchs Maul zu verhindern und die Trense am Kopfgestell zu befestigen. In modernen Zäumungen wirken die Zügelringe wie Ringknebel; daneben gibt es aber auch Trensen mit stangenförmigen Knebeln, die als Knebeltrense bezeichnet werden. Vgl. Hechler, Helmut: Zäumung und Sattelung, in: Theine: Handbuch Pferd Abb. auf S. 236f.; Edwards: Sattel, Zaumzeug & Geschirr, Abb. auf S. 124.

19   Abb. nach Harrison: Pferde, Abb. auf S. 172.

20   Vgl. Mairinger, Franz: Reitkunst in Vollendung, Cham 1991, passim; Albrecht, Ausbildung des Dressurpferdes S. 352ff. Abb. nach Baron von Eisenberg, der Klassische Reitmeister. Die Eisenberg-Sammlung im Wilton House. Vorgestellt und erläutert von Dorian Williams. Berlin und Hamburg 1980, Abb. 26.

21   Vgl. Hennig, Susanne: Geschichte des modernen Pferdesports, in: Wieczorek, Alfried / Tellenbach, Michael (Hrsg.): Pferdestärken. Das Pferd bewegt die Menschheit. Katalog Mannheim 2007, S. 165ff. Vgl. allgemein Thein: Handbuch Pferd S. 279ff.

22   Vgl. Diacont, Kerstin: Westernreiten, in: Thein: Handbuch Pferd, S. 497.

23   Abb. nach Diacont, Westernreiten, Abb. auf S. 522, links oben.

24   Abb. nach Over, Uta: Gangpferdereiten, in: Thein: Handbuch Pferd, Abb. auf S. 510, oben.

25   Vgl. Over: Gangpferdereiten, S. 530ff. Weitere Gangpferderassen, die z. T. rassespezifische Lateralgangarten aufweisen, sind z. B. das American Saddlebred (mit dem Rack), der Missouri Foxtrotter, der Paso Fino oder der Paso Peruano. Vgl. hierzu ebenda, S. 534ff.

26   Vgl. Harrison, Lorraine: Pferde in Kunst, Fotografie und Literatur, Köln 2000, Abb. auf S. 134; Vgl. auch die Abreibungen Han-zeitlicher Bronzevorlagen: Art Department. China Publications Centre (Hrsg.): Chinese Rubbings, Beijing o. J., S. 23, Nr. 2017-B, C; S. 25, Nr. 2021-B, C.

27   Vgl. Over: Gangpferdereiten, Abb. auf S. 530; Anderson, John K.: Ancient Greek Horsemanship, Berkeley, Los Angeles 1961, Taf. 18, b (Schale des Euphronios).

28   Vgl. Stenton, Frank u. a.: Der Wandteppich von Bayeux, Köln 1957, Taf. 57, 58; Grape, Wolfgang: Der Teppich von Bayeux. Triumphdemkmal

---

Angeborenes und erlerntes Verhalten des Pferdes und die Auswirkungen auf seine Nutzung

---

der Normannen, München 1994, Abb. auf S. 148–149.

29   Abb. A–C, F–H nach Hechler: Zäumung und Sattelung, S. 238 f.; D und E nach Diacont: Westernreiten, S. 502

30   Einen gewissen Einblick in die Vielfalt der derzeit gebräuchlichen Gebisse gibt die Zusammenstellung der für den Turniereinsatz zuge-

lassenen bei Hechler: Zäumung und Sattelung, S. 236f. Für die Gangpferde werden einfache Wassertrensen (Abb. 6), aber auch sog.

Islandkandaren verwendet, bei denen es sich um ein gebrochenes Mundstück mit langen Hebelbäumen handelt; bei den südameri

kanischen Paso Finos bzw. Paso Peruanos wird auch das sog. Pasobit benutzt, dessen Mundstück starr ist: Bruns, Ursula / Brand,

Joachim, Zäumungen – Gebisse. Bonn o. J., S. 44, Abb. Mitte unten; S. 49 m. Abb.

31   nach Werner, Wolfgang M.: Eisenzeitliche Trensen an der unteren und mittleren Donau. Prähistorische Bronzefunde Abt. XVI, Bd. 4, München

1988, Trensen Taf. 29, 214; 41, 276; 58, 345.

32   Vgl. Ebenda, S. 61ff, 81ff, 101ff.

33   Z. B. Crouwel, Joost H.: Chariots and other Wheeled Vehicles in Iron Age Greece. Allard Pierson Series Bd. 9, Amsterdam 1992, Taf. 14; 15, 2;

16, 2; 29, 1.

34   Vgl. Edwards: Sattel, Zaumzeug & Geschirr S. 132f.; Bruns / Becher / Brand, Gebißlose Zäumungen, S. 21–28.

35   Abb. nach Mörmann, Hanne / Plöger, Erich: Buskaschi in Afghanistan. Luzern und Frankfurt a.M. 1978, Abb. auf S. 71.

36   Z. B. Crouwel, Chariots, Taf. 11, 1.

37   Vgl. Deutsche Reiterliche Vereinigung e. V. (Hrsg.): Grundausbildung für Reiter und Pferd Bd. 1. Richtlinien für Reiten und Fahren. 25. Aufl.,

Warendorf 1986, 67 Abb. auf S. 68, c.

38   Z. B. Crouwel, Chariots, Taf. 15, 2.

39   Reiterliche Vereinigung (Hrsg.): Grundausbildung 67 Abb. auf S. 68, d.

40   Vgl. Edwards: Sattel, Zaumzeug und Geschirr S. 129; Bruns / Becher / Brand: Gebißlose Zäumungen S. 34.

41   Eine bemerkenswerte Ausnahme stellt die Ritzung auf einem skythischen Kamm aus dem Kurgan von Kul'-Oba dar, bei einer Longen-

lektion mit dem Durchgehen des Pferdes endete, das den Longenführer dabei umriss: Piotrovskij, Boris / Galanina, Ljudmila / Grač, Nona:

Skythische Kunst. Altertümer der skythischen Welt Mitte des 7. bis zum 3. Jahrhundert v. u. Z., Leningrad 1986, Taf.-Abb. 215.

42   Vgl. Hüttel, Hans Georg: Bronzezeitliche Trensen in Mittel- und Osteuropa. Grundzüge ihrer Entwicklung, München 1981, S. 11.

43   Vgl. osteen, Markus: Unter die Räder gekommen. Untersuchungen zu Sherratts „Secondary products revolution", Archäologische Berichte

(Bonn), Bd. 7, Bonn 1996, S. 51.

44   Vgl. Boardman / Dörig / Fuchs / Hirmer: Die griechische Kunst Taf. XLIV.

Hans-Peter Uerpmann

Archäozoologisches zum Pferd

Vortrag gehalten zu Ehren des 80. Geburtstages von
Frau Dr. Magdalene von Dewall am 8. Mai 2007
in den rem

Nomenklatur der Wildpferde

Pferd und Mensch haben eine lange gemeinsame Geschichte – eine Geschichte, die das Pferd heute in völlige Abhängigkeit vom Menschen gebracht hat. Zwar gibt es noch wild lebende Pferdepopulationen, aber dabei handelt es sich fast ausschließlich um verwilderte Hauspferde. Das Wildpferd ist unter den Augen der Wissenschaft in der zweiten Hälfte des 20. Jahrhunderts in freier Wildbahn ausgestorben. Inzwischen bemüht man sich, diese Tiere aus Gehege- und Zoobeständen wieder in den mongolischen Wüstensteppen anzusiedeln, die ihr letzter natürlicher Lebensraum waren. Aber auch diese ausgewilderten Tiere sind auf Gedeih und Verderb auf den Menschen angewiesen, denn ohne organisierten Schutz würden auch sie schnell wieder aus ihren Lebensräumen verdrängt, weil dort die nomadische Viehwirtschaft ihnen insbesondere den Zugang zum Trinkwasser streitig macht – was schon das Ende der wirklich wild lebenden Przewalski-Pferde im letzten Jahrhundert herbeigeführt hat.

Das mongolische Wildpferd wurde zunächst nach seinem Entdecker als *Equus przewalskii* benannt. Diese „binominale" Schreibweise des Namens drückt aus, dass es sich dabei um eine eigenständige Tierart handeln soll – eine Ansicht, die von manchen Zoologen immer noch vertreten wird. Überwiegend ist man sich aber einig, dass das Przewalski-Pferd eine Unterart des Wildpferdes ist, das den zoologischen Namen *Equus ferus* trägt, sodass die richtige trinominale Bezeichnung für das Przewalski-Pferd *Equus ferus przewalskii* lauten muss. Aber selbst der Name für das Wildpferd ist nicht unumstritten, weil der Begründer der zoologischen Nomenklatur, Carl von Linné, dem Pferd den Namen *Equus caballus* verliehen hat. Nach der Prioritätsregel hätte dieser Name eigentlich Vorrang – aber Linné kannte das Pferd nur als Haustier. Erst 2004 hat die Internationale Zoologische Nomenklatur-

kommission entschieden, dass jene lateinischen Namen, die Linné an Haustiere vergeben hat, nicht für die Benennung ihrer wilden Vorfahren verwendet werden dürfen, sondern dass für diese das jeweils nächst jüngere Synonym gültig ist. Zwar hat der Tübinger Zoologe Gmelin während seiner tierkundlichen Entdeckungsreisen im Auftrag des Zaren die letzten Wildpferde Europas in den südrussischen Steppen schon in den 60er Jahren des 18. Jahrhunderts beschrieben, aber da er dies nicht auf Lateinisch getan hat, ist er nicht der Namen gebende Autor für *Equus ferus*, was ja auch nichts anderes heißt als „Wildpferd", sondern der Niederländer Boddaert, der 1785 in seinem Elenchus animalium die wildlebenden Pferde so benannt hat.

Ist es schon nicht ganz einfach sich auf einen wissenschaftlichen Namen für das in Resten noch existierende Wildpferd zu verständigen, so wird die Nomenklatur völlig unübersichtlich, wenn es um die Benennung von fossilen Pferden geht. Viele Autoren sind der Versuchung erlegen, kleine Unterschiede der Zahn- und Knochenformen als Artunterschiede zu werten. So wurden Artnamen vergeben, die nach den Kriterien der heutigen Systematik nicht haltbar sind. Viele Formen sind unter (lokal-) patriotischen Gesichtspunkten benannt worden, z. B. als *Equus gallicus*, dem natürlich ein *Equus germanicus* gegenüber gestellt werden musste. Sicherlich gibt es in der Regel gewisse Unterschiede zwischen zeitlich oder räumlich verschiedenen Fossilpopulationen, aber innerhalb der Knochenfunde von Einhufern sind Reste von Pferden immer deutlich von esel- oder zebraartigen Tieren zu unterscheiden – was wirklichen Artunterschieden entspricht – während zwischen den verschiedenen Ausprägungsformen der eigentlichen Pferde die Grenzen so sehr verschwimmen, dass es sinnvoll erscheint, sie alle zusammen als Wildpferd, *Equus ferus*, anzusprechen und die kleineren Unterschiede gegebenenfalls auf dem Unterartniveau zu berück-

Archäozoologisches zum Pferd

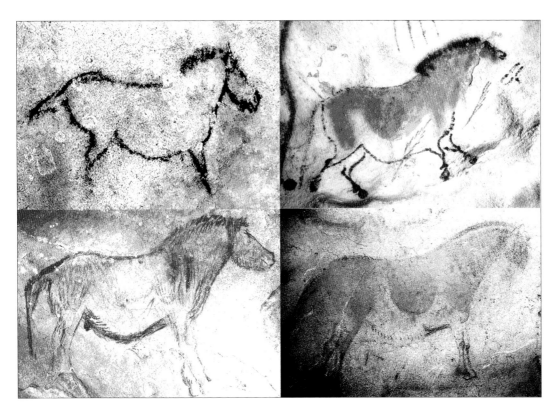

Abb. 1:
Magdalenien-zeitliche
Pferdeabbildungen in
südwesteuropäischen
Höhlen (a und c Niaux; b
Lascaux; d Ekain)

sichtigen, beispielsweise als *Equus ferus solutreensis*, wenn es um die mitteleuropäischen Wildpferde der letzten Kaltphase der Eiszeit geht. Dieses Wildpferd, dessen Reste zu Tausenden unterhalb des Felsens von Solutré in Burgund ausgegraben worden sind, ist uns nicht nur aus diesen Knochenfunden bekannt. Es war zweifellos das gleiche Tier, das die Eiszeitkünstler in den Höhlen der Dordogne und anderer Teile Frankreichs vielfach abgebildet haben. Daher wissen wir mehr über dieses Tier als uns die Knochenfunde sagen können, denn wenn man die Höhlenmalereien gewissermaßen als zeitgenössische Quelle benutzt, schildern sie nicht nur das Aussehen dieser Tiere sondern auch manche Einzelheiten ihres Verhaltens.

Die vier Bilder in Abb. 1 zeigen Malereien von Wildpferden in unterschiedlichen Bewegungs- bzw. Ruhephasen, die ein Pferdekenner leicht deuten kann. Interessant sind einige Details der Färbung, die besonders auf den Abbildungen 1b und 1d zu erkennen sind – insbesondere wenn man sie mit der Färbung des Przewalski-Pferdes vergleicht (Abb. 2). Nicht nur ist die generelle Farbverteilung die gleiche, auch kleine Details sind fast identisch wiedergegeben, insbesondere die schwache zebraar-

tige Streifung am Hals des Pferdes aus Ekain. Die weniger regelmäßigen dunklen Streifen am Hals der drei anderen Höhlenbilder beziehen sich wahrscheinlich auf das gleiche Merkmal der Wildpferde. Wegen der hohen Übereinstimmung der Skelett- und Zahnmerkmale einerseits – aber auch auf Grund der Ähnlichkeiten in der Färbung – kann man daher davon ausgehen, dass die spätglazialen Wildpferde und ihre letzten Überlebenden in der Mongolei zur gleichen Tierart gehörten.

Für die etwas älteren Pferdebilder aus der Grotte de Chauvet in Südfrankreich lässt sich die Färbung der dargestellten Tiere nicht so gut rekonstruieren wie für die Bilder aus Lascaux und Ekain. Zu der kleinen, mit wahrscheinlich etwa 35.000 Jahren

Abb. 2:
Przewalski-Wildpferd
(*Equus ferus przewalskii*)

Hans-Peter Uerpmann

noch älteren Pferdestatuette aus der Vogelherd-höhle (Abb. 3) liegt naturgemäß überhaupt keine Farbinformation vor. Trotzdem genügt - neben den osteologischen Merkmalen - auch für diese ältere Phase des Jungpleistozäns die generelle Übereinstimmung der körperlichen Konfiguration, um auch diese Pferde an die Art *Equus ferus* anzuschließen.

Aus der Zeit vor dem Jungpaläolithikum gibt es nach dem heutigen Stand der Forschung keine bildlichen Darstellungen von Pferden. Auch wenn die Pferdereste aus dieser Zeit meist von etwas größeren Tieren stammen, besteht trotzdem kein Grund, sie einer anderen Art zuzuweisen. Größenveränderungen im Zusammenhang mit den Klimaschwankungen der Eiszeiten sind ein bekanntes Phänomen bei verschiedenen Tiergruppen. Soweit man über ausreichendes Fossilmaterial verfügt, scheinen die Pferde in den wärmeren Zwischeneiszeiten jeweils etwas größer gewesen zu sein als in den eigentlichen Eiszeiten.

Wildpferden geliefert, die in der Paläontologie als „*Equus mosbachensis*" bekannt sind, benannt nach einer Fundstelle bei Wiesbaden. Welche überregionalen Umweltveränderungen Mensch und Pferd damals zusammengeführt haben, ist bei heutigen Forschungstand noch nicht sicher zu beantworten. Jedenfalls gehörte das Wildpferd seit jener Zeit zu den regelmäßigen Beutetieren des Menschen. Offenbar hatten unsere Vorfahren auch schon vor der Erfindung von Fernwaffen Techniken entwickelt, die es ihnen erlaubten, Wildequiden zu erlegen. Dazu mögen ihnen Waffen wie die Holzspeere gedient haben, die man bei Schöningen in Norddeutschland entdeckt hat.

In der Folgezeit haben sich Wildpferde und Menschen in Eurasien anscheinend soweit aufeinander eingestellt, dass es zu einer Koexistenz von Jägern und Gejagten gekommen ist. Dies ist keine Selbstverständlichkeit zwischen den beiden Arten, wie nicht nur die jüngste Ausrottung des Wildpferdes im letzten Jahrhundert zeigt: Auch in Nordamerika, dem eigentlichen Evolutionszentrum der Pferdeartigen, sind diese im Gefolge der Einwanderung des Menschen gegen Ende der letzten Eiszeit ausgestorben. Ein ursächlicher Zusammenhang ist hoch wahrscheinlich.

Abb.3
Aurignacien-zeitliches
Pferdefigürchen aus dem
Vogelherd
Foto: Institut für Ur- und
Frühgeschichte und
Archäologie des Mittelalters, Universität Tübingen

Insgesamt kann man beim heutigen Forschungsstand davon ausgehen, dass die Archäozoologie des Pferdes in Mitteleuropa fast gleichzeitig mit der Archäologie des Menschen selbst beginnt. Der frühe Mensch in der Form des „*Homo heidelbergensis*" ist hier ungefähr zur gleichen Zeit eingewandert wie das Wildpferd, ersterer von Afrika her und letzteres aus Nordamerika. Die berühmte Fundstelle des Heidelberger Menschen bei Mauer am unteren Neckar hat auch Reste von echten

Man mag sich fragen, warum die menschlichen Jäger in Nordamerika die Wildpferde ausgerottet haben sollen, wenn es lange zuvor in Eurasien zur Entstehung einer biologischen Koexistenz zwischen beiden gekommen ist. Dies ist relativ leicht damit zu erklären, dass erst der *Homo sapiens* – der „moderne" Mensch – Nordamerika erreicht hat. Zu dieser Zeit besaß er schon weit reichende Waffen, leichte Speere, vielleicht mit der Hilfe von Speerschleudern geworfen, die ein tödliches Geschoss über 50m oder mehr ins Ziel bringen konnten. Die so ausgestatteten Jäger trafen unvermittelt mit Tieren zusammen, die sich vorher überhaupt nicht an den Menschen adaptieren konnten, an einen Jäger also, der ihnen schon gefährlich wurde, wenn er noch gar nicht in körperlicher Reichweite war. In „Alten" Welt stand sicherlich bedeutend mehr Zeit für die gegenseitige Anpassung von Jagdtechniken und Fluchtdistanzen zur Verfügung als in der auch damals schon für den Menschen „Neuen" Welt.

Archäozoologisches zum Pferd

Verbreitung

Das Wildpferd war die letzte Ausprägungsform der Pferdeartigen, die sich vom nordamerikanischen Evolutionszentrum dieser Gruppe nach Eurasien ausgebreitet hat. Zuvor waren es die Zebras und die Esel. Man kann vermuten, dass sich deren Ausbreitungszeiten in ihrer heutigen Verbreitung spiegeln. Das Bergzebra (*Equus zebra*), das heute ganz im Süden Afrikas lebt, dürfte vor den Steppenzebras (*Equus quagga, E. burchelli*) eingewandert sein, und letztere vor dem Grevy-Zebra (*E. grevyi*). Auf dieses könnte der Esel (*E. africanus*) gefolgt sein, und darauf wiederum die Halbesel (*E. hemionus, E. kiang*). Zuletzt kamen die Wildpferde über die Beringstraße. Sie nahmen den nördlichsten Verbreitungsgürtel ein und waren damit ihrem Einwanderungsort noch am nächsten. Vermutlich sind nach der Einwanderung des Mosbach-Pferdes auch in späteren Kaltzeiten, wenn der Meeresspiegel weit genug abgesenkt war um die Bering-Landbrücke trockenzulegen, weitere Wildpferde nach Eurasien eingewandert, die sich mit den dortigen Tieren vermischt und so zu deren relativer Variabilität beigetragen haben

Im Hinblick auf die jüngere Geschichte der Beziehungen zwischen Mensch und Pferd ist es wichtig zu klären, wie weit es insgesamt nach Süden vorgestoßen ist und wo seine Verbreitungsgrenzen lagen, als der Mensch das Pferd gezähmt und domestiziert hat. Im größten Teil Asiens ist es beim heutigen Forschungs- und Publikationsstand noch nicht möglich, eine realistische Südgrenze der Verbreitung von Wildpferden anzugeben. Diese hängt einerseits von der jeweiligen Ausdehnung der Grassteppen ab, die den Lebensraum der Pferde bilden, andererseits aber auch vom Vorkommen des Halbesels, mit dem sich das Wildpferd hier überlappt hat. Letzterer war besser an die trockeneren Steppengebiete angepasst. Dadurch lag die Verbreitungsgrenze des Wildpferdes vermutlich etwas weiter im Norden als dies von seinen ökologischen Ansprüchen her möglich gewesen wäre.

Für die Endphase der letzten Eiszeit liegen aus Südwestasien Knochenfunde von Wildpferden aus weit nach Süden vorgeschobenen Fundstellen vor: Im Jordanischen Hochland ist es damals bis auf die Höhe Nordafrikas nach Süden vorgestoßen und im persischen Zagrosgebirge bis in die Gegend von Shiras, das genauso weit südlich liegt. Aber typischerweise liegen beide Fundstellen im Hochland, wo der klimatische Einfluss der Südlage abgeschwächt wird. Die tiefer liegenden Gegenden Mesopotamiens und Arabiens haben mit hoher Wahrscheinlichkeit auch in den Kaltphasen des Pleistozäns nie zum Verbreitungsgebiet des Wildpferdes gehört. Dies gilt umso mehr für die Nacheiszeit, in der es dann zur Domestikation des Pferdes gekommen ist.

Leider ist es in der jüngsten Phase unserer erdgeschichtlichen Vergangenheit, dem sogenannten Holozän (= Nacheiszeit), generell kaum möglich, eine feste Grenze für das Vorkommen wildlebender Pferde anzugeben. Es zeigt sich immer deutlicher, dass die Verbreitung des Wildpferdes stark fluktuiert hat, wobei natürlich wiederum die Ausdehnung des bevorzugten Lebensraumes dieser Tierart den Ausschlag gegeben hat. Dabei handelt es sich um Steppen- bis Waldsteppengebiete, deren Grenzen in Europa und Vorderasien im Holozän sowohl durch Klimaschwankungen wie auch durch den Einfluss des Menschen großen Schwankungen unterlagen. Man kann generell davon ausgehen, dass die Lebensräume des Wildpferdes sich ausgedehnt haben, wenn das Klima kühl und trocken war, während sie schrumpften, wenn der Wald sich infolge wärmeren und feuchteren Klimas ausdehnte. Ein derartiger Zusammenhang lässt sich zwischen der Häufigkeit von radiocarbondatierten Funden von Pferdeknochen mit der gut erforschten Klimaentwicklung im atlantisch beeinflussten Europa erkennen. Die Radiocarbondaten für nacheiszeitliche Knochenfunde von Pferden häufen sich stark in den Zeiten von Gletschervorstößen und allen Phasen, für die Hinweise auf ein kühleres und trockeneres Klima vorliegen. Eine solche „Kleine Eiszeit" war insbesondere in der ersten Hälfte des 4. Jahrtausends v. Chr. ausgebildet, in der Wildpferdreste an vielen jungsteinzeitlichen Fundstellen Mitteleuropas auftreten. Aber auch um die Mitte des 3. Jahrtausends v. Chr. gab es eine solche kühle Phase. Pferdefunde aus diesen Phasen in Mittel- und Südosteuropa sind schon mehrfach in Verdacht geraten, von Hauspferden zu stammen, aber unterstützende morphologische Daten für diese Annahme gibt es

Hans-Peter Uerpmann

bisher nicht. Daher sollte man frühen Domestikationsvermutungen, die nur auf der Häufigkeit von Pferdeknochenfunden oder auf angenommenen Verbreitungsgrenzen der Wildpferde beruhen, mit großer Vorsicht gegenüberstehen.

Domestikation

Für den ältesten eindeutigen Beleg der Domestikation des Pferdes muss man einstweilen noch auf historische Dokumente zurückgreifen. Die Erwähnung des Pferdes in den Ur-III-Texten Mesopotamiens aus der Zeit des Übergangs vom 3. zum 2. Jahrtausend vor Christus kann als gut datierter und vom Zusammenhang her eindeutiger Beweis gelten, dass zu dieser Zeit das Hauspferd in den Gesichtskreis der mesopotamischen Kulturen gelangt ist. Da die Tiefländer Mesopotamiens außerhalb des potentiellen Verbreitungsgebietes von Wildpferden liegen und in der betreffenden Zeit auch nicht von einer klimatischen Abkühlung auszugehen ist, kann es sich bei dem dort als Haustier genannten „Berg-Esel" nur um das domestizierte Pferd gehandelt haben. Eindeutige und sicher datierte Knochenfunde aus dieser Zeit in Mesopotamien liegen jedoch bislang nicht vor. Vermutlich sind Pferde damals dort noch Raritäten gewesen, deren Knochenreste nicht in den normalen Hausmüll gerieten, und auch generell zu selten anfielen, als dass sie mit viertausendjährigem Abstand archäologisch leicht zu erfassen wären. Dies ändert jedoch nichts an der Glaubwürdigkeit der historischen Quellen.

Der wichtigste Grund für die Assoziation der „Berg-Esel" Mesopotamiens mit dem Pferd liegt in der im Namen enthaltenen Verknüpfung mit den Bergländern im Norden Mesopotamiens. Weil das Pferd auf jeden Fall von Norden her nach Mesopotamien gelangt sein muss, kam es für die Mesopotamier aus den dort angrenzenden Bergländern. Hier gibt es aus der frühen Nacheiszeit auch eindeutige Belege für das Auftreten des Wildpferdes in den Hochländern Anatoliens und Armeniens. Aus dem dritten Jahrtausend v. Chr. fehlen bisher aber sicher datierte Funde. Das könnte daran liegen, dass sich die Wildpferde möglicherweise zu dieser Zeit in Folge des zeitweise etwas wärmeren Klimas aus dem südöstlichen Teil ihres Verbreitungsgebietes zurückgezogen haben. Der „Armenische Gebirgs-

knoten" – die Hochregion um die Seen Van, Sevan und Urmia herum – weist allerdings Steppengebiete auf, die auf mehr als 2.000 m über Meereshöhe liegen. Hier sollte es auch in den wärmeren Phasen der Nacheiszeit kühl genug geblieben sein, um dem Wildpferd eine Lebensmöglichkeit zu bieten. Deshalb könnte man sich gut vorstellen, dass es hier zu einer frühen Domestikation des Pferdes gekommen ist. Bis jetzt gibt es dafür aber noch keine handfesten Beweise.

Die meisten der Forscher, die sich mit der Frage der Domestikation des Pferdes befassen, gehen eher von einer Haustierwerdung innerhalb des sicher bekannten Verbreitungsgebietes der Wildpferde aus. Lange Zeit wurde als sicher angenommen, dass das Pferd am Ende der Jungsteinzeit in der Ukraine domestiziert worden sei. Allerdings haben sich die dafür herangezogenen Belege nicht als stichhaltig erwiesen. Auch für andere Gebiete Europas wird eine lokale Pferdedomestikation angenommen, aber allgemein akzeptable Belege dafür scheitern meist daran, dass es nicht möglich ist, eindeutige morphologische Veränderungen am Skelett nachzuweisen, die den Übergang vom Wild- zum Hauspferd markieren. Dies gilt in gleicher Weise auch für den asiatischen Teil des Verbreitungsgebietes von Wildpferden im Holozän. So kann man einstweilen nur die generelle Zunahme von Pferderesten in archäologischen Zusammenhängen während des 2. Jt. v. Chr. als Indiz für eine Haltung dieser Tierart werten. Damals hat das Pferd offensichtlich Eingang in das menschliche Wirtschaftssystem gefunden.

Bleibt man im Vorderen Orient, wo uns die schriftlichen Quellen bei der Interpretation der Knochenfunde helfen, so fällt zunächst auf, dass an seiner nordwestlichen Grenze - nämlich im archäozoologisch gut erforschten Troia - Pferdereste erst ab der späten Bronzezeit auftauchen. Dies ist schon bei den früheren Grabungen so beobachtet worden und hat sich in den Grabungen seit 1989 bestätigt, deren Tierknochenreste von der Arbeitsgruppe des Verfassers untersucht worden sind. Weit über zehntausend Knochenfunde aus den Phasen Troia I - V, unter denen Pferdereste fehlen, stehen einer ähnlich großen Fundmenge aus der Phase VI gegenüber,

Archäozoologisches zum Pferd

Abb. 4
Tierknochenanhäufung
auf dem Grund des Grab-
schachtes von Nerkin
Naver I

in denen das Pferd in vielen Fundkomplexen Men-
genanteile von über 5% erreicht. Man kann daher
sicher davon ausgehen, dass das Pferd in diesem an
Europa grenzenden Teil Vorderasiens erst in der 2.
Hälfte des 2. Jt. v. Chr. eine wichtige Rolle als Haustier zu spielen beginnt. Dies lässt umgekehrt auch
den Rückschluss zu, dass das Pferd nicht auf diesem
Weg von Europa aus nach Mesopotamien gelangt
sein dürfte, wo es nach Ausweis der Ur III Texte ja
schon mehrere hundert Jahre vorher bekannt war.

Die andere „Brücke", die Mesopotamien mit Europa und dem belegten Verbreitungsgebiet von Wildpferden verbindet, sind die Kaukasus-Länder. In diesem Gebiet ist der archäozoologische Forschungsstand recht unübersichtlich, weil zum einen an
manchen Fundstellen nicht zwischen den Resten
der verschiedenen Equiden – Wild- und Hauspferd
(*Equus ferus* und *caballus*) bzw. Halb- und/oder
Wildesel (*Equus hemionus* und/oder *E. hydrunti-
nus*) – unterschieden worden ist. Zum anderen
spielt dort in der Literatur die überholte Vorstellung einer spätneolithischen Domestikation des
Pferdes im Gebiet nördlich des Schwarzen Meeres

noch eine Rolle, die dazu führt, dass den bronzezeitlichen Pferderesten keine besondere Aufmerksamkeit gewidmet wurde. Von Margarethe Uerpmann
untersuchte Tierknochenfunde aus zwei Tübinger
Ausgrabungen in Ost-Georgien (Tqisbolo-gora und
Didi-gora) belegen jedoch eindeutig, dass das Pferd
hier bereits in der Mittleren Bronzezeit (erste Hälfte des 2. Jts. v. Chr.) vorhanden war. Noch früher ist
allerdings ein bislang unpublizierter Pferdefund
aus einem reichen Grab in Zentral-Armenien. Der
Kurgan I des Grabfeldes von Nerkin Naver, etwa
20 km nordwestlich von Yerevan gelegen, enthielt
Pferdeknochen, die ein Radiocarbondatum geliefert haben, das anzeigt, dass das betreffende Tier
im letzten Viertel des 3. Jts. v. Chr. dort gelebt hat.[1]
Dieses Datum entspricht den Erwartungen, die sich
an die Nennung des „Berg-Esels" in den Ur-III-Texten
knüpfen – sowohl hinsichtlich des Datums wie auch
hinsichtlich des Berglandes in dem seine Herkunft
lokalisiert wird.

Es kann hier nicht im Detail dargelegt werden,
warum die Pferdeknochen aus dem Grab I von Nerkin Naver wohl von Hauspferden stammen. Archä-

Hans-Peter Uerpmann

ologisch gesehen fußt die Argumentation auf der speziellen Knochenauswahl: Von zwei Individuen – einem juvenilen und einem erwachsenen Pferd – sind jeweils die Rippen, beide Schienbeine und die zugehörigen Fußwurzelknochen *Talus* und *Calcaneus* ins Grab gelangt. In identischer Auswahl sind auch Teile von zwei Rindern – ebenfalls juvenil und adult – beigegeben worden. Die Knochen lagen ohne erkennbare Anordnung zerstreut an der tiefsten Stelle des Grabschachtes (Abb. 4). Offenbar stammen sie von Tieren, die im Zuge der Bestattung zerlegt und vermutlich entfleischt wurden, sodass die spezielle Knochenauswahl getroffen werden konnte. Die gleiche Auswahl wurde auch in mittelbronzezeitlichen Gräbern des Grabfeldes von Lori Berd in Nordarmenien beobachtet. Dort haben die Pferdeknochen ein etwa 300 Jahre jüngeres ^{14}C-Datum geliefert. Die Tatsache, dass sich eine sol-

che Beigabensitte entwickeln konnte, spricht für eine unmittelbare Verfügbarkeit der betreffenden Tiere. Es ist unwahrscheinlich, dass aus Anlass einer Bestattung ein junges und ein erwachsenes Tier gezielt gejagt und erlegt werden konnten – ganz abgesehen davon, dass bislang die Anwesenheit von Wildpferden in Armenien für das 3. Jt. v. Chr. nicht belegt ist

Im Übrigen war das Grab I von Nerkin Naver fürstlich ausgestattet. Es enthielt eine Reihe von Goldfunden (Abb. 5 und 6) sowie unter anderem aus Silber und Karneol gefertigte Perlen und sonstige Schmuckobjekte. Krallen von Löwen und Geparden weisen auf die Beigabe der entsprechenden Felle hin. In einem benachbarten Grab, das nicht ganz so reich mit Grabgütern ausgestattet war, fehlten die Pferdeknochen. Hier waren nur die entsprechenden

Abb. 5
Goldmanschette aus dem
Grab von Nerkin Naver I

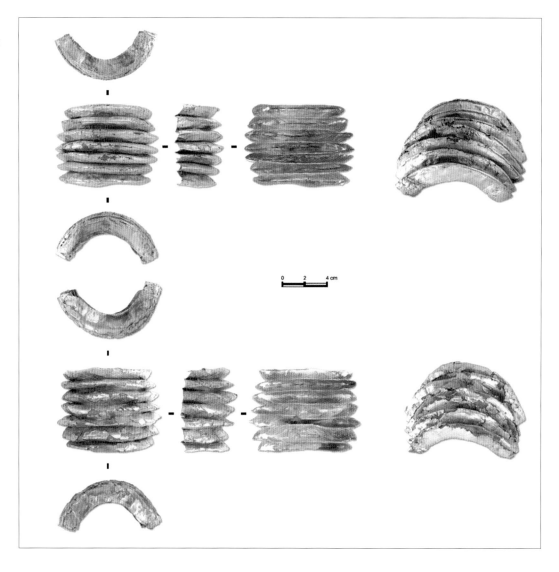

Archäozoologisches zum Pferd

Rinderknochen vorhanden. Dies lässt vermuten, dass die Pferdereste des Grabes I zu den besonders wertvollen Beigaben gehörten - wie man es in dieser frühesten Phase der Pferdenutzung im Vorderen Orient wohl auch annehmen darf. Da das Armenische Hochland im 3. Jt. v. Chr. zweifellos zur Einflusssphäre der mesopotamischen Hochkulturen gehörte, kann man den Nachweis für das Hauspferd in Nerkin Naver wohl als eine archäozoologische Bestätigung der Aussagen in den Ur-III-Texten werten. Offen bleibt natürlich noch die Frage, wie und woher diese domestizierten Pferde nach Armenien

gekommen sind. Die Mittelbronzezeit in Kaukasien weist deutliche Bezüge zum Gebiet nördlich des Kaukasus auf - zu Gebieten also, in denen das Wildpferd damals mit hoher Wahrscheinlichkeit zu Hause war. Es ist daher naheliegend eine Domestikation des Pferdes im Steppengebiet zwischen dem Asowschen und dem Kaspischen Meer zu vermuten, wo an der Anwesenheit von Wildpferden zur fraglichen Zeit nicht zu zweifeln ist.

Die Frage wäre allerdings, welche kulturellen Veränderungen auf Seiten der nördlich des Kaukasus

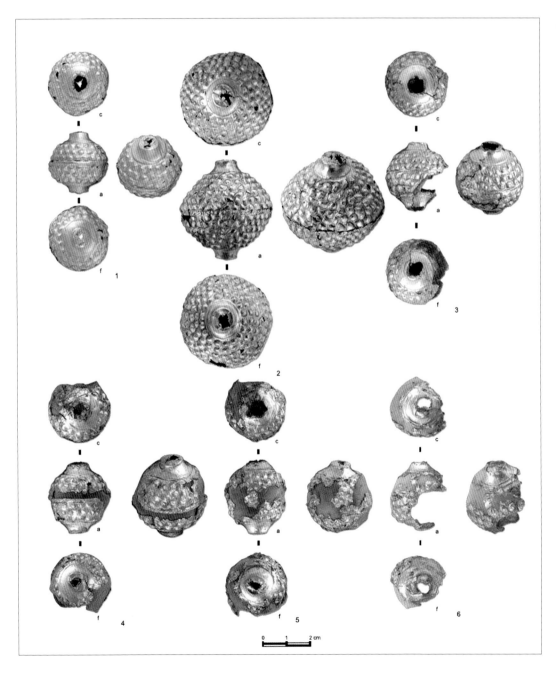

Abb. 6
Goldperlen aus dem
Grab I von Nerkin Naver

Hans-Peter Uerpmann

lebenden Bevölkerung den Auslöser für die veränderte Beziehung zwischen Mensch und Pferd gebildet haben könnten. Bewusste Domestikationen für einen bestimmten Zweck sind eher als Ausnahme zu betrachten, weil die Nutzungsmöglichkeiten der verschiedenen Haustierarten sich in der Regel erst nach erfolgter Domestikation erkennen lassen. Beim Pferd ist die Situation insofern anders, als der Hausesel als kleiner Verwandter möglicherweise ein Vorbild geliefert hat, das die potentiellen Nutzungsmöglichkeiten eines zahmen Pferdes hat ahnen lassen. Vor der Eisenzeit war dieses Vorbild aber nördlich des Kaukasus nicht bekannt, während die Mesopotamier den Esel schon mindestens seit der Uruk-Zeit auch für den Handel mit den angrenzenden Gebieten genutzt haben - wahrscheinlich bis in die nördlich angrenzenden Berggebiete hinein. Aus dieser Sicht erscheint es als nahe liegend, eine lokale Domestikation des Pferdes in den Hochsteppen zwischen Ostanatolien und Nordwest-Iran zu vermuten. Voraussetzung dafür wäre aber die Verfügbarkeit des Wildpferdes, die für das 3. Jt. v. Chr. – den mutmaßlichen Zeitraum der Domestikation – in diesem Gebiet bislang nicht sicher nachgewiesen

ist. Beim derzeitigen Stand der archäozoologischen Kenntnisse für den genannten Raum kann dies aber noch eine Forschungslücke sein.

Ein archäologischer Hinweis auf das Vorkommen des Wildpferdes in diesem Raum ist seine Darstellung auf dem Silberbecher aus dem Großen Kurgan von Maikop (Abb. 7). Das Pferd ist hier auf dem Hauptfries des Bechers zusammen mit zwei Auerochsen und einem Löwen dargestellt. Auf dem Kragen des Bechers kommt ein Bär dazu und am Boden sind vier weitere Tierarten abgebildet: Eine andere Raubkatze, ein Wildschwein, ein Wildschaf und eine Gazelle. Den auf dem Becher dargestellten Hintergrund für diese Tierwelt bildet eine schematische Landschaft, die durch ein Gebirge und zwei Flüsse dargestellt ist, die am Fuß des Bechers in einen See oder ein Meer münden. Unabhängig davon, wo man diese Landschaft lokalisiert, ist es wahrscheinlich, dass die dargestellten Wildtiere zur künstlerischen Beschreibung dieser Gegend gehören. Damit scheidet eine Lokalisierung im Kaukasus selbst oder nördlich davon aus. Zwar waren Wildpferd, Wildschwein, Auerochse, Löwe und Bär auch dort verbreitet, aber Wildschaf und Gazelle kamen im fraglichen Großraum in den frühen Metallzeiten nur südlich des Kaukasus vor. Bis zum Beweis des Gegenteils kann man daher weiterhin vermuten, dass jene Hauspferde, die mit ihrer Nennung in den Ur-III-Texten zuerst zu einem historischen Faktum geworden sind, im unmittelbaren nördlichen Umfeld Mesopotamiens domestiziert worden sein können.

Somit bleibt abschließend zu bemerken, dass die Archäozoologie – im engeren Sinne als naturwissenschaftliches Arbeitsgebiet betrachtet – das Problem der Ursprungsgeschichte des Hauspferdes noch nicht befriedigend lösen kann. Auf Fragen, die die Beziehungen zwischen Mensch und Tier betreffen, können ohnehin bei rein naturwissenschaftlicher Betrachtungsweise keine befriedigenden Antworten erwartet werden. Dafür ist immer auch ein kulturwissenschaftliches Herangehen an die jeweilige Fragestellung notwendig. Auf diesem Gebiet liegen die Verdienste der Jubilarin, der diese Zeilen gewidmet sind. Mögen die hier zusammengestellten Gedanken und Beobachtungen aus dem

Abb. 7:
Wildpferd-Darstellung auf dem Maikop-Becher
Foto: aus Symposiumsankündigung DAI „Von Maikop zu Trialethi" 2006

Archäozoologisches zum Pferd

Bereich der Archäozoologie sie und andere am
Pferd Interessierte zu weiteren Forschungen und
Überlegungen anregen.

Danksagung

Herzlicher Dank gebührt Hakob Simonyan, Yerevan, für die Möglichkeit, die Tierreste aus seinen
Grabungen in Nerkin Naver zu untersuchen,
und für die Überlassung der Vorlagen für Abb.
5 und 6. Bei den Veranstaltern des Symposiums
zu Ehren von Frau von Dewall möchte ich mich
ebenso herzlich für die Einladung dazu und für
ihre Gastlichkeit in Mannheim bedanken.

1   Hd-23021 mit 3766±49 BP oder 2400/2284 – 2070/2035 calBC (2σ/1σ)

Die Oinochoe des „Mannheimer Malers" in den rem

In der Ausstellung zur Antike im Untergeschoss des Zeughauses fällt eine kleine, attisch rotfigurige Kanne aufgrund der Qualität und der Besonderheit ihrer Bemalung auf. Die griechische Oinochoe (Inv. Nr. Cg 61) wurde bereits 1890 durch den damaligen Kustos des Großherzoglichen Antiquariums Karl Baumann aus dem italienischen Orvieto erworben. Zusammen mit anderen nach Mannheim gelangten Teilen eines Symposiongeschirrs gehörte sie zu einer Grabausstattung. In der Antike wurde die Oinochoe beim Trinkgelage zum Schöpfen des Weines aus einem großen Mischgefäß genutzt. Aus der Kanne wurde der Wein anschließend in die Trinkschale gegossen. Die 460–450 v. Chr. in Griechenland hergestellte Kanne gelangte durch Fernhandel in das etruskische Grab.

Das aus zahlreichen Fragmenten zusammengesetzte Gefäß wurde nach seiner Zerstörung im Zweiten Weltkrieg zunächst repariert und 1975 unter Mitwirkung von Prof. Dr. Wolfgang Schiering sorgfältig restauriert.

Abb. 1
Attisch rotfigurige Kanne des Mannheimer Malers mit der Darstellung von Amazonen in orientalischer Kleidung, Vorderansicht, 460–450 v. Chr.

Bei dem 19,7 cm hohen Gefäß wurden ein Teil des Halses und eine Ecke des hohen Ausgusses, zwei kleine Fehlstellen am Henkel und etwa Dreiviertel des Bauches ergänzt (Abb. 1 und 2).

Die kleine gedrungene Kanne zeichnet sich durch ihren bauchigen Gefäßkörper mit einer stark abgesetzten Schulter sowie ihren flachen, von außen nicht sichtbaren Standring aus. Besonders charakteristisch ist der hochgezogene, fast senkrechte Ausguss, der oben horizontal abschließt. Der kräftige Bandhenkel geht in den nach außen gezogenen Mündungsrand über. Diese besondere Form der Schnabelkanne erlebte durch den Töpfer des Mannheimer Malers eine Renaissance und blieb in der 2. Hälfte des 5. Jahrhunderts v. Chr. sehr beliebt.

Schmale tongrundige Streifen über dem Standring, unter dem Hauptbildfeld und am Halsansatz gliedern die in der attisch-rotfigurigen Technik durch Aussparung des hellen Tongrundes bemalte Kanne. Auf dem Ausguss ist eine nach rechts auf Olivenzweigen hockende Eule mit nach vorn gerichtetem Blick zu sehen. Dieses typische Wahrzeichen Athens findet sich vor allem auf Münzbildern. Der hochgezogene Ausguss wird durch einen aufgemalten Eierstab gerahmt.

Auf dem Hauptbildfeld sind drei Amazonen in orientalischer Tracht zu erkennen. Relativ gut erhalten sind die beiden nach rechts blickenden, hintereinander angeordneten Kriegerinnen (Abb. 1). Beine und Körper der hinteren Amazone sind frontal dargestellt, die Arme sowie der Kopf sind nach rechts auf ihren Bogen gerichtet, dessen Spannung sie offensichtlich gerade prüft. Die Amazone vor ihr ist im Profil wiedergegeben und hält den Bogen näher am Körper, sodass ihre Arme bei der gleichen Handlung angewinkelt sind. Die Amazonen tragen trikotartige, enge, mit Zick-Zack-Linien oder Rauten verzierte Hosen und Oberteile, darüber einen kurzen Chiton. Offensichtlich trägt nur die linke Amazone einen Panzer, an ihrer Hüfte ist der Rest eines Köchers zu sehen, der an ihrer linken Körperseite hängt.

Nicht ganz gesichert muss dagegen die Haltung der rechten Amazone sowie deren Position im Bild-

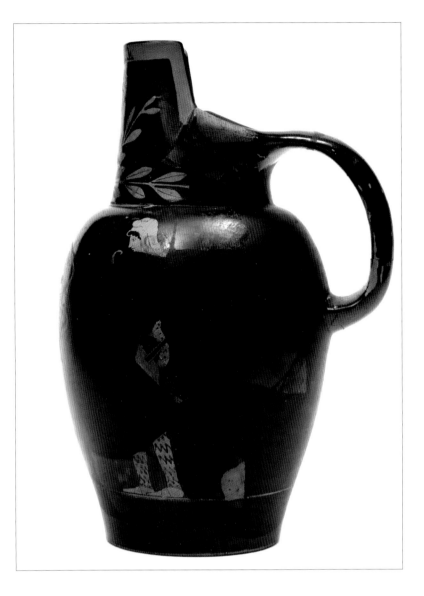

zusammenhang bleiben (Abb. 2): Gut erhalten ist der Kopf mit Tiara, der den anderen Frauen entgegen blickt. Das kleine Fragment ihres Bogens weist darauf hin, dass er sehr nahe am Körper gehalten wurde. Wahrscheinlich jedoch in der üblichen Haltung mit der Sehne zum Körper, nicht wie in der Rekonstruktion angedeutet mit der Sehne dem Körper abgewandt. Auch nach erneuter Untersuchung ist eine Vaseninschrift vor dem Kopf dieser Amazone nicht zu erkennen. Bereits Frederico Utili konnte die in der älteren Forschungsliteratur geäußerten Vermutungen widerlegen.

Ob die Füße und Unterschenkel mit Beintrikotansatz zu diesem Kopf gehören, kann aufgrund des Erhaltungszustandes des Gefäßes nicht entschieden werden. Denkbar ist die Rekonstruktion einer

Abb. 2
Attisch rotfigurige Kanne des Mannheimer Malers mit der Darstellung von Amazonen in orientalischer Kleidung, Seitenansicht, 460 – 450 v. Chr.

vierten Amazone, sodass sich zwei Paare gegenüber stünden.

Sicherlich an anderer Stelle des Gefäßes sind die fünf kleinen Fragmente zu rekonstruieren, die als Teil der Körpers der nach links blickenden Amazone eingepasst wurden (Abb. 2). Sie zeigen den Rest eines Lederpanzers mit Beinansatz und Köcher. Üblicherweise wird der Köcher auf der linken Körperseite getragen, sodass er bei dieser Amazone vollständig sichtbar sein müsste. Vergleiche mit anderen Vasenbildern lassen an eine nach rechts ausschreitende Amazone denken.

Das Volk der kriegerischen Amazonen stammt dem Mythos nach aus Kleinasien. Daher übernahmen die Griechen die orientalische Tracht des persischen Feindes, um Amazonen zu kennzeichnen. Zudem waren die Kämpfe gegen die Amazonen für die Athener des 5. Jahrhunderts v. Chr. mythisches Exempel ihrer historischen Kriege gegen die Perser. Wie diese fielen die Amazonen in Attika ein und wurden von den Athenern erfolgreich geschlagen. Große Wandmalereien mit Amazonomachien sind z.B. in der Stoa Poikile auf der Athener Agora überliefert. Vasenbilder der Jahre 460–450 v. Chr. spiegeln diese verlorenen Gemälde wieder und zeugen vom Selbstbewusstsein, das die Griechen durch diese Siege erlangten. Die sogenannte Perserkanne des Mannheimer Malers im Vatikan zeigt auf dem Hauptbildfeld den Perserkönig und auf dem Halsbild ebenfalls die athenische Eule.

Der frühklassische Vasenmaler unserer Kanne erhielt seinen Namen von dem Vasenforscher John D. Beazley, der ihn nach seinem qualitätvollsten Stück den „Mannheimer Maler" nannte. Er hat ausschließlich Oinochoen bemalt. Sein Malstil zeichnet sich durch Gesichter mit über die Stirn ragenden Haarmassen aus. Sie zeigen ein strenges Profil mit scharf abgesetzter Unterlippe sowie einer weit nach vorne geführten, geschwungenen Augenbraue. Unsere Kanne gehört zum Frühwerk des Malers in die Jahre 460–450 v.Chr.
HP

Neueste Literatur:
Utili, Federico: Corpus Vasorum Antiquorum (CVA) Deutschland 75: Mannheim, Bd. 2. München 2003, S. 29-30;
Jensen, Inken / Beinhauer, Karl W.: Vom Antiquarium electorale zur Abteilung Archäologische Denkmalpflege und Sammlungen der Reiss-Engelhorn-Museen Mannheim, in: Probst, Hansjörg (Hrsg.): Mannheim vor der Stadtgründung, Teil I, Band 1, Regensburg 2007, S. 328, Abb. 11. [ARV^2 1066,9; Beazley Archive Number 214364]

Die Scheibenfibel von Mannheim-Sandhofen, Groß-Gerauer-Straße

Im Herbst 2007 haben im Norden Mannheims Mitarbeiter der archäologischen Abteilung der rem im Zuge einer Neubauerschließung eine Siedlung der Frühlatènezeit ausgegraben. Auf einer Fläche von ca. 12.000 m^2 fanden sich über 300 Einzelbefunde, aus denen überwiegend Keramik und Tierknochen geborgen wurden. Es handelte sich dabei mehrheitlich um Vorrats- und Kochgruben, hinzu kamen ebenso Grubenhäuser. Einige Pfostenlöcher ließen sich zu einem Gebäudegrundriss sowie zu einer aus Palisaden bestehenden Umwehrung zusammensetzen. Die Befunde lassen sich als Relikte von Hofanlagen deuten.[1]

Unter den Metallfunden sticht eine Fibel aus Bronze hervor, die mit der Länge von 1,6 cm außergewöhnlich klein geraten ist (Abb. 1 und Abb. 2).[2]

Das Objekt wurde in den oberen Verfüllschichten von Grube 119 gefunden. Die Beifunde, Keramik und Tierknochen, lassen auf einen Verlustfund schließen, Hinweise auf eine Bestattung innerhalb der Grube oder Siedlung ergaben sich nicht.

Bei der Fibel handelt es sich um ein Fragment mit abgeplattetem Bügel und einer Armbrustkonstruktion. Der Fibelkopf besteht aus einer achtschleifigen Spirale, die Nadelrast ist nach unten gebogen. Die Bügelplatte ist mittig durchbohrt, die Bohrung diente zur Befestigung einer Bügelzierscheibe. Das Sandhofener Exemplar ist darum als Scheibenfibel anzusprechen, bei der die Bügelzier verloren ging.

Frühlatènezeitliche Scheibenfibeln fanden sich fast ausschließlich in Gräbern, nur wenige Siedlungsfunde sind bekannt. Charakterisch für diesen Fibeltyp ist die große scheibenförmige Bügelzier, die zumeist den Fibelkopf und Fibelfuß bedeckt und in der Aufsicht einen broschenartigen Charakter erzeugt hat. In der Verbreitungskarte von Hubert Koch sind Funde von Ungarn bis nach Frankreich verzeichnet.[3]

Die zeitliche Einordnung von Scheibenfibeln war lange umstritten. Typologisch wird der Fibeltyp

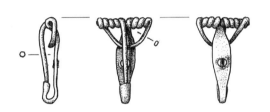

Abb. 1
Mannheim-Sandhofen, Bronzefibel, Länge 1,6 cm
©rem. U. Lorbeer

Abb. 2
Mannheim-Sandhofen, Bronzefibel, restaurierter Zustand
©rem Arch. Denkmalpflege und Sammlungen

aus späthallstättischen Formen abgeleitet.[4] Für Hartwig Zürn gehörten Scheibenfibeln zu Grabinventaren mit hallstättischem Habitus, die bereits in die Stufe Latène A zu datieren sind.[5] Die Inventare mit Scheibenfibeln stellte Hermann Parzinger hingegen in einen frühen Abschnitt der Stufe von Latène A.[6] In der neueren Forschung werden die Scheibenfibeln allgemein in die Stufe von Latène A datiert.[7] Die zeitliche Einordnung der Sandhofener Fibel folgt diesem Zeitansatz.

Der Vergleich von Scheibenfibeln verschiedener Fundorte zeigt eine große Formenvielfalt, auch sind Funde in sehr reich ausgestatteten Gräbern keine Seltenheit.[8] Eine besonders prachtvolle Bügelzier findet sich beispielsweise bei den Scheibenfibeln der Fürstengräber von Reinheim und Saint Sulpice (Abb. 3). Die Verzierung der Bügelzier besteht aus Perlen und Goldblechauflagen, die in ihrer Gestaltung wohl auf etruskische Vorbilder zurückgeht.[9] Die Mehrzahl der überlieferten Scheibenfibeln weist eine Bronzescheibe als Verzierung auf.[10]

Entsprechungen zu Sandhofen finden sich in Österreich und Ostfrankreich. Genannt seien die

Abb. 3
Saint-Sulpice, Schweiz,
Kanton Vaud;
1: Scheibenfibel aus
Bronze mit Goldblechauf-
lage und Korallenzier,
Durchmesser 4 cm, Grab
48;
2: Scheibenfibel aus
Bronze mit Email- und
Korallenzier, Durchmes-
ser 4,7 cm, Grab 40;
3: Reinheim, Saarland,
Scheibenfibel aus Eisen
mit Goldblechauflage
und Korallenzierat,
Durchmesser 4,1 cm, Für-
stinnengrab (Keller, Josef
1965, S.42)

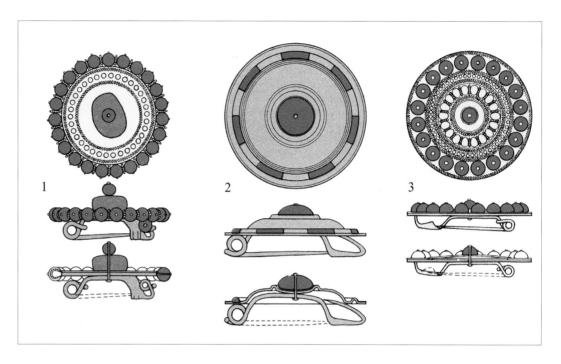

Abb. 4
Dürrnberg, Hallein,
Österreich: Grabinventar
Grab 20/2 mit Gold-
scheibenfibel, Durch-
messer 1,6 cm (Abb. 1)
(Penninger, Ernst: Der
Dürrnberg bei Hallein I,
München 1972, Taf. 19)

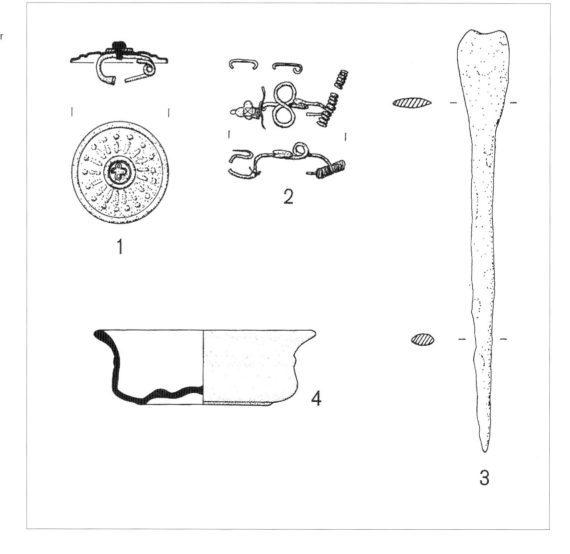

Goldscheibenfibel aus dem Kindergrab 20/2 vom Dürrnberg bei Hallein (Abb. 4) sowie eine Fibel mit Perlenzierrat aus einem Grab bei Wargemoulin-Hurlus, Departement Marne (Abb. 5).[11] Gemeinsam sind ihnen die Spiralkonstruktion mit innen liegender Sehne, der flachgewölbte Bügel sowie die nach unten gebogene Nadelrast.

Die überlieferten Grabinventare geben Hinweise auf den Verwendungszweck solcher Scheibenfibeln. Diese wurden überwiegend aus Frauen- und Kindergräbern geborgen, sie treten aber auch in Männergräbern auf.

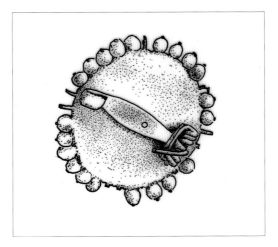

Abb. 5
Durchmesser 3,4 cm nach
P. Jacobsthal
© rem, Ute Lorbeer

Die Fundlage im Brust- oder Halsbereich überwiegt, vereinzelt war auch eine Fundlage im Fußbereich zu beobachten. Dies könnte nach Rudolf Echt darauf hinweisen, dass die Fibeln als Verschlüsse für das Leichentuch gebraucht wurden. Dafür spricht auch die geringe Größe der meisten Scheibenfibeln, die als Kleiderverschluss kaum geeignet waren. Daher scheint es begründet, dass die Scheibenfibeln ausschließlich im Totenkult Verwendung gefunden haben und nicht zur Tracht der Lebenden gehörten.[12]

Der Fund der Scheibenfibel in Mannheim-Sandhofen kann als ungewöhnlich bezeichnet werden, da er eher einen Grabkontext als einen Siedlungskontext vermuten lassen würde. Der Vergleich mit anderen Scheibenfibeln hat auch gezeigt, dass das Sandhofener Objekt durchaus Bestandteil einer gehobenen Grabausstattung gewesen sein könnte. Die Auswertung des übrigen Fundmaterials kann möglicherweise zu weiteren Erkenntnissen beitragen.
BSt

1 Dazu in Kürze: Wirth, Klaus / König / Stadler, Benedikt: Arch. Ausgrab. Ba-Wü 2007 (2008) in Vorbereitung.

2 An dieser Stelle sei dem Finder, Dr. Roland Müller, Mannheim, gedankt.

3 Koch, Hubert: Die keltischen Siedlungen vom Frauenberg über Kloster Weltenburg, Stadt Kehlheim und von Harting (Neubaugebiet Süd), Stadt Regensburg. Internat. Arch. 3, Buch am Erlbach 1991, S. 47.

4 Keller, Josef: Seltener Schmuck aus den Keltengräbern von Saint-Sulpice, SGU 52, 1965, 42–57, S. 47.

5 Zürn, Hartwig: Zum Übergang von Späthallstatt zu Latène A im südwestdeutschen Raum, Germania 30, 1952, 38–45, S. 45.

6 Parzinger, Hermann: Chronologie der Späthallstatt- und Frühlatènezeit: Studien zu Fundgruppen zwischen Mosel und Save. Quellen u. Forsch. prähist. u. Provinzialröm. Arch. 4, Weinheim 1988, S. 86.

7 Trachsel, Martin: Untersuchungen zur relativen und absoluten Chronologie der Hallstattzeit, UPA 104, Bonn 2004, S. 88.

8 Liste bei Koch, H. 1991, S. 283 sowie Ergänzungen bei Echt, R. 1999, S. 74, weitere Hinweise verdanke ich Dr. A. Gaubatz-Sattler, Karlsruhe und M. Schmidt M.A., Esslingen.

9 Keller: Seltener Schmuck aus den Keltengräbern, S. 55.

10 Echt, Rudolf: Das Fürstinnengrab von Reinheim. Studien zur Kulturgeschichte der Frühlatènezeit. Saarbrücker Beiträge zur Altertumskunde 69, Bonn 1999, S. 74.

11 Pauli, Ludwig: Der Dürrnberg bei Hallein 3, 1.2. Auswertung der Grabfunde. Münchner Beitr. Vor- u. Frühgeschichte 18 (München 1978), S. 117.

12 Echt: Das Fürstinnengrab, S. 161.

Die peruanische Kindermumie M3 – eine der bedeutensten und wertvollsten Mumien der rem

Abb. I
Ganzkörperansicht der peruanischen Kindermumie M3. Im Bereich der Augen sind Abdrücke einer Augenbinde zu erkennen

In den rem befindet sich eine erstaunliche Anzahl von Mumien, die größtenteils aus Südamerika stammen. Es handelt sich um insgesamt zehn Objekte, darunter auch die hier vorgestellte Mumie M3.

Nur zu wenigen Mumien gibt es Unterlagen bzw. Inventarbucheintragungen. Die Mumie M3 kam zusammen mit anderen Mumien 1917 über den Ankauf der Privatsammlung des Münchner Malers Gabriel von Max (1840 – 1915) in die rem. Insgesamt wurden bis Januar 1918 von der Maxschen Sammlung 50.000 bis 60.000 Objekte aus dem Bereich Urgeschichte, Archäologie, Völkerkunde, Anthropologie, Paläontologie und Zoologie in das Zeughaus verbracht.

Bei der Mumie M3 handelt es sich um die Ganzkörpermumie eines Kindes. Im Gegensatz zu den anderen Mumien der rem ist das Kind nicht in der Liegendposition, sondern in einer kauerndgehockten Haltung mumifiziert (Abb. 1). Der Kopf zeigt deutlich eine künstliche Deformierung (sog. Turmschädel), entstanden durch eine Bandagierung zu Lebzeiten.

Bei der „Wiederentdeckung" im Frühjahr 2004 lag die Mumie noch in ihrer fast 100 Jahre alten Originalvitrine aus Zeiten des Privatmuseums von Gabriel von Max. Eine alte Objektbeschriftung zu dieser Mumie gab es nicht. Jedoch fanden sich unter den beiliegenden Textilien handschriftliche Notizen, die vermuten lassen, dass das ursprünglich vollständig geschlossene und von Textilien umhüllte Mumienbündel durch Gabriel von Max geöffnet wurde. Bis auf wenige, mehrlagig gefaltete Gewebefragmente in Leinwandbindung entlang des Rückens und des Gesäßes, wurden diese jedoch entfernt.

Die erhaltenen Notizen weisen ebenso darauf hin, dass die beiliegende Kalebasse (Abb. 2) mit anhaftendem Gewebefragment wohl zu der ursprünglichen Befundsituation gehört und als Kinderrassel diente. In den Notizen findet sich kein Hinweis auf die farbig gemusterten Textilien, auf die der Leichnam gebettet war. Deshalb ist anzunehmen, dass die Textilien nicht zum ursprünglichen Befund zählten und möglicherweise erst zu einem späteren Zeitpunkt dekorativ zu der Mumie arrangiert wurden.

Eine Radiokarbondatierung an der Eidgenössischen technischen Hochschule in Zürich ergab für die Mumie ein Alter von 1334 +/-42 Jahre AD. Diese Datierung unterstützt den über das äußerliche Erscheinungsbild der Mumie und deren Beigaben angenommenen präkolumbischen Ursprung der Mumie. Wie die Keratin-Isotopie-Untersuchung einer Haarprobe ergab, bestand die Kost des Kindes überwiegend aus kontinentaler Nahrung, d. h. z. B. aus Blattpflanzen oder Mais bzw. aus Tieren, die sich über solche ernähren. Überraschend war der Nachweis von Nikotin in einer weiteren Haarprobe. Die Konzentrationen liegen in einem Bereich, der durchaus einen Nikotinkonsum nahelegt.

Die Kindermumie wurde am Klinikum der Universität Mainz einer CT-Untersuchung unterzogen. Aussagen zu Geschlecht und Körpergröße ließen

Abb. 2
Beigaben der Kindermumie. Nicht alle Stücke sind ursprüngliche Originalbeigaben.

sich über diese Analysen leider nicht machen. Hinsichtlich des Individualalters ergaben sich unterschiedliche Angaben. Während der Zahnstatus vier bis sechs Jahre anzeigt, liegen die Werte bezüglich Verknöcherungsgrad der Extremitäten bei zwei bis drei Jahren. Der Grund für diesen Unterschied liegt vermutlich in einer Entwicklungsstörung des Kindes.

Die Brusthöhle der Mumie ist leer, im rechten Oberbauch sind Weichteile erhalten, hierbei könnte es sich um Reste der Leber handeln, auch im Unterbauch sind Gewebereste erkennbar.

Aufgrund ihres teilweise schlechten Erhaltungszustandes bei der Auffindung erarbeitete B. Ludwig für die Kindermumie im Rahmen einer Diplomarbeit an der Fachhochschule Köln, Institut für Restaurierung und Konservierungswissenschaft, ein Restaurierungskonzept. Im Zuge dieser Arbeit wurden auch die Haut und auflagernde Substanzen untersucht. Bei der Betrachtung unter UV-Licht fielen an verschiedenen Stellen orange leuchtende Flecken auf, die bei Tageslicht als teilweise schollenartig abplatzende Paste oder Farbschicht erkennbar waren (Abb. 3). Zur Klärung der Zusammensetzung untersuchte Prof. Dr. Elisabeth Jägers von der FH Köln eine Probe mit einer speziellen Methode (FTIR-Spektroskopie). Das Ergebnis war sehr überraschend, hatte das Spektrum der Substanz doch sehr viel Ähnlichkeit mit Kopal. Ganz allgemein ist Kopal ein pflanzlicher Naturharz, wie er auch verschiedentlich in Südamerika vorkommt. Im Kontext unserer Mumie M3

Abb. 3
Gelblicher Belag einer naturharzhaltigen Balsamierungssubstanz im Schulterbereich der Kindermumie.
Foto: Wilfried Rosendahl (rem)

bedeutet dies, dass es sich bei dem untersuchten Belag um Reste eines harzigen Balsams handelt, mit dem ursprünglich die gesamte Körperoberfläche bedeckt war. Damit konnte weltweit erstmals für eine präkolumbische Mumie der Nachweis von künstlicher Mumifizierung, vergleichbar mit der Kultur Ägyptens, erbracht werden. Nicht nur, aber auch gerade wegen dieses weltweiten Erstnachweises ist die Kindermumie M3 eine der bedeutendsten und wertvollsten Mumienobjekte aus den Sammlungen der rem.
WR

Rosendahl, Wilfried / Alt, K.W. / Meier, S. / Rühli, Frank / Michler, Elke / Mitschke, Sylvia / Tellenbach Michael (2007): Südamerikanische Mumien aus den Sammlungen der Reiss-Engelhorn-Museen, in: Wieczorek, Alfried. / Tellenbach, Michael / Rosendahl, Wilfried (Hrsg.): Mumien – der Traum vom ewigen Leben, Zabern, Mainz, 2007, S. 358-366, .

Parka aus Darm – ein Regenmantel der Tschuktschen

Bei dem im Nachfolgenden beschriebenen Parka handelt es sich um einen Wetterschutzmantel aus Darm. Er stammt aus Nordostsibirien und wird den Tschuktschen zugeschrieben, die im äußersten Nordosten Russlands auf der Tschuktschen-Halbinsel leben. Die Bewohner der Küstengebiete betrieben traditionell Jagd auf Meeressäuger; die Bewohner der Tundra lebten von der Rentierhaltung.

Derartige Regenmäntel wurden überwiegend aus Därmen, Sehnen und anderen tierischen Materialien gefertigt. Als Rohstoffquelle diente die verfügbare Jagdbeute, meist alle Arten von Meeressäugern sowie einige Landsäugerarten.

Die Parka wurden als Schutz gegen Wasser und Regen über der wärmenden Kleidung getragen und zum Gebrauch befeuchtet. Das Befeuchten bewirkt, dass das Material geschmeidig und somit das Anziehen erleichtert bzw. möglich wird. Zudem wird der Darm mit Feuchtigkeit gesättigt und ist dadurch gegen weitere Wassereinwirkungen abweisend. Auch das Nahtmaterial nimmt Feuchtigkeit auf und quillt so, dass die Nähte nahezu wasserdicht werden. Ein weiterer Vorzug ist, dass der nasse Parka geräuschlose Bewegungen möglich macht: ein wichtiger Aspekt für die Jagd. In trockenem Zustand hingegen ist Darm sehr spröde und raschelt bei Verformung wie Papier.

Der Mannheimer Parka datiert vermutlich in das späte 19. Jahrhundert und befindet sich seit den 1920er Jahren in den völkerkundlichen Sammlungen der rem.

Ein dem Parka sehr ähnliches Objekt wird um 1900 in einem Verkaufskatalog des Hamburger Ethnografikahändlers Umlauff genannt. Dabei handelt es sich aller Wahrscheinlichkeit nach um den Mannheimer Mantel.

Der knielange Mantel ist aus transparenten Darmstreifen, vermutlich Seehunddarm, hergestellt. Er hat eine einfache, kastenförmige Schnittform, eine Kapuze mit Kordeldurchzug und lange, weite Ärmel. Diese sind separat gefertigt und ange-

Abb.1
Der Mantel vor der Restaurierung

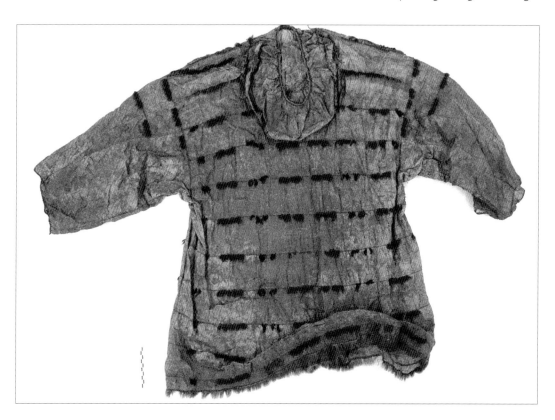

näht, die Kapuze hingegen nahtlos eingearbeitet (Abb. 1). Sämtliche Darmstreifen sind horizontal mit feinen Sehnenfasern aneinander genäht und mit unterschiedlichen Nahtverzierungen versehen. Als Dekormaterial dienten das grauflaumige Untergefieder eines Seevogels, rötlich krauses Tierhaar eines Landsäugers und schwarze und grüne, gedrehte Pflanzenfasern. Der Mantelsaum trägt einen Besatz aus sehr dichtem, hellgrauem Tierhaar, vermutlich Seehund oder Robbe. An einigen Stellen befinden sich originale Reparaturstellen, die mit dünnem Nähfaden in feiner und kleinstichiger Manier ausgeführt wurden: Der hierfür verwendete Nähfaden ist dem originalen Nähmaterial sehr ähnlich, vermutlich handelt es sich ebenfalls um Sehne (Abb. 2).

Der Parka war aufgrund seines Alters und unterschiedlicher Einflüsse in einem sehr schlechten Zustand. Lange Lagerung hatte das Material völlig ausgetrocknet und es war dadurch spröde und brüchig geworden. Die komplette Objektoberfläche war mit einer Schmutz- und Staubschicht bedeckt. Zudem hatte man den Mantel ehemals auf einen hölzernen Kleiderbügel aufgezogen. Dem Zustand nach zu urteilen wurde er auch für lange Zeit liegend gelagert. Er war völlig flachgedrückt und verformt und das Darmmaterial an zahlreichen Stellen stark zerknittert (Abb. 3). Darüber hinaus waren einige Darmstreifen großflächig zerrissen und es existierten zahlreiche Fehlstellen. Des Weiteren befanden sich einige alte und unschöne Rissvernähungen im Objekt, die mit einem sehr dicken Nähfaden aus Pflanzenfaser ausgeführt worden waren. Durch die stark einschneidende Wirkung des massiven Fadens und dessen Spannung waren weitere Schäden entstanden. Zustand, Ausführung und Material dieser Maßnahmen ließen auf eine zweite, nicht originale Reparatur schließen.

Der Mantel wurde zunächst mit Staubsauger, Pinsel, Bürsten und Kautschukschwämmchen trocken gereinigt. Anschließend erfolgte eine Feuchtreinigung mit entionisiertem Wasser, teilweise unter Zusatz eines nichtionischen Tensids (Abb. 4). Um die starken Deformierungen des Mantels zu beheben, wurde er in einem Klimazelt über mehrere Tage befeuchtet, schrittweise mit Seidenpapier aus-

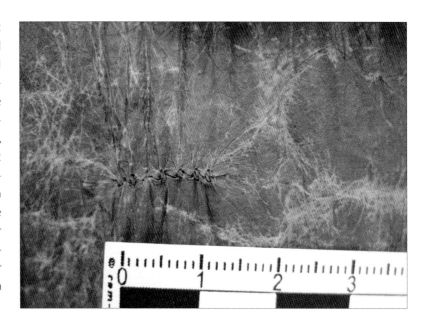

gepolstert und so in seine ursprüngliche Gestalt zurückgeformt. Durch die lange Befeuchtung im Klimazelt wurde das Darmmaterial sehr weich, elastisch und geschmeidig. Dieser Zustand ermöglichte auch die Entfernung der alten Rissvernähungen (Abb. 5).

Danach wurden sämtliche Risse und Fehlstellen mit Japanpapier hinterlegt und mit einem Kleister

Abb. 2
Vermutlich originale
Reparatur mit Sehne

Abb. 3
Detailabbildung des
Mantels vor der Restaurierung

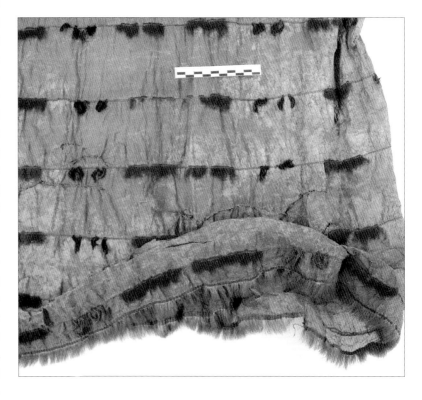

Abb. 4
Reinigung des Mantel-
saums mit Wasser und
Tensid

Abb. 5
Alte Rissvernähung mit
dickem, grobem Faden

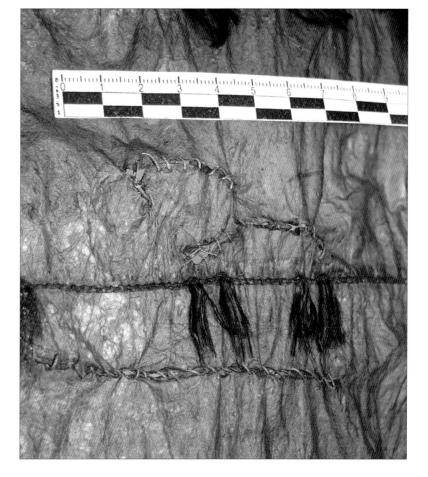

Abb. 6
Hinterlegen eines Risses
mit Japanpapier

aus Celluloseether geklebt (Abb. 6). Abschließend erfolgte eine Retusche mit Aquarellfarben. In Vorbereitung zur Montage wurde der Mantel nochmals in der Klimakammer befeuchtet, um kleine Korrekturen an seiner Form auszuführen.

Die passgenaue Montage wurde dann aus säurefreiem Papier gefertigt und mit Polyestervlies individuell aufgepolstert. Ein abschließender Überzug aus feinem Baumwolltrikotstoff verhindert, dass die Innenfläche des Mantel durch Reibung Schaden nimmt, und bietet dennoch eine ausreichend haftende Oberfläche, die das Objekt auf seiner Montage fixiert. Zum Schluss wurde ein speziell angefertigter Metallbügelhaken im Inneren der Papiermontage befestigt. Er dient zur Aufhängung in der Vitrine.

Seit der Neueröffnung des Mannheimer Zeughauses im Januar 2007 wird das Exponat in der Ausstellung im 2. Obergeschoss als kulturhistorisches Beispiel für Nutzkleidung dem Publikum präsentiert.
SG

Literatur

Rousselot, Jean-Loup: Kanuitpit? Kunst und Kulturen der Eskimo; Staatl. Museum für Völkerkunde, München 1994.

Rousselot, Jean-Loup / Grahammer, Veronika: Jenseits von Bering, Die russischen Kolonien des Nordpazifiks 1741 – 1867. Staatl. Museum für Völkerkunde, München 2004.

Fitzhugh, William W. / Crowell, Aron: Crossroads of Continents; Cultures of Siberia and Alaska, 1989.

Wilder, Edna: Secrets of Eskimo Skin Sewing; Anchorage 1976.

Hatt, Gudmund: Artic Skin clothing in Eurasia and America; An Ethnographic Study, in: Artic Anthropology V, No. 2; 1969.

Klänge Altamerikas – Musikinstrumente in Kunst und Kult

Die Sammlung altamerikanischer Musikinstrumente von Dieter und Evamaria Freudenberg

Am 9. November 2007 wurde in den rem die Publikation „Klänge Altamerikas – Musikinstrumente in Kunst und Kult" präsentiert. Gesamtdarstellungen zur Musik der Kulturen der Alten Welt gibt es, ausgehend hiervon wurden die grundlegenden Klassifikationen der Musikinstrumente entwickelt, jene Altamerikas waren jedoch unberücksichtigt geblieben. Im vorliegenden Werk hat Frau Prof. Ellen Hickmann erstmals die Klassifikation auch auf Altamerika ausgedehnt und die Systematik grundlegend erweitert. Dies macht die Publikation zum Grundlagenwerk zur Musik Altamerikas.

Das von dieser Musikwissenschaftlerin verfasste Werk widmet sich der umfangreichen Sammlung altamerikanischer Musikinstrumente von Dieter und Evamaria Freudenberg, der größten dieser Art außerhalb des amerikanischen Doppelkontinents. Mit Prof. Ellen Hickmann konnte das Ehepaar Freudenberg die beste Adresse für eine solche große Aufgabe in Deutschland, in Europa, ja weltweit gewinnen. Ausgehend von der Untersuchung der Sammlung Freudenberg hat sie wesentliche Beiträge zur formalen Musik-Analyse geleistet und die Taxonomie der altamerikanischen Musikinstrumente substanziell erweitert und für Altamerika neu erarbeitet. Es stellt sich heraus, dass Altamerika die weltweit größte Vielfalt an Aerophonen aufweist. Im vorliegenden Werk hat sich die Autorin darüber hinaus innovativ mit inhaltlichen Fragen auseinandergesetzt, insbesondere mit der kulturgeschichtlichen Wirkmächtigkeit von Musik, Gesang und Tanz, die den Kontakt mit Göttern und Geistern schafft. Ethnografische Parallelen stellen die Instrumente in die Kontexte von Tier- und Pflanzenwelt und ihrer Symbolik, von Sexualität und sozialen Normen, von Weltdeutung, Rausch und Extase. Die Publikation ist von den rem im Programm der Wissenschaftlichen Buchgesellschaft publiziert worden.

Das Stifterehepaar gab die qualitätvolle Sammlung altamerikanischer Musikinstrumente als Schenkung an die Stiftung für die rem. Seit seiner Eröffnung am 24. Januar 2007 präsentiert das Museum Zeughaus mit Stolz die „Sammlung europäischer Musikinstrumente Dieter und Evamaria Freudenberg". In den Sammlungen der rem befinden sich zudem bedeutende Schenkungen asiatischer Klanggeräte von denselben Stiftern. Dank der

Abb. I
Kerbflöten mit jeweils vier Fingeröffnungen, möglicherweise Lamaknochen, frühe Nascakultur, Peru, spätes I. vorchristliches Jahrtausend

Sammlung altamerikanischer Musikinstrumente gewinnen die rem ein wichtiges neues Alleinstellungsmerkmal hinzu.

Den Anfang der Sammlung altamerikanischer Musikinstrumente machte ein peruanisches „Steigbügelgefäß", erhalten 1953 bei einer frühen Begegnung des Stifterehepaares mit den Hochkulturen Süd- und Zentralamerikas. Ausgangspunkt war die Beschäftigung mit Musikinstrumenten Europas und Asiens. Daraus entwickelte sich seit den 1980er Jahren über mehr als 25 Jahre hinweg die Sammlung. Als jüngsten Zugang verzeichnet diese eine mexikanische Gefäßrassel, erstanden im Jahr 2006. Die Sammlung altamerikanischer Klanggeräte umfasst eine große Bandbreite: unterschiedlichste Flöten und Pfeifen, tönende Figurinen, Pfeifgefäße und Hörner, Trompeten und Trommeln, Rasseln und Schellen. Sie sind überwiegend aus Ton gearbeitet, aber auch aus Bein und Stein, Horn aus natürlichem Schneckenhaus und weiteren natürlichen Materialien. Auffällig ist die Sorgfalt, mit der die Musikinstrumente von hohem künstlerischen Niveau durch Formgebung und Schnitzerei, sowie durch Farbauftrag, Ritz- oder Branddekor zumeist figürlich verziert wurden. Ein Zeichen dafür, welche Wertschätzung man Klang und Musik in den altamerikanischen Kulturen entgegenbrachte. Töne und Klänge der Musikinstrumente sollten das Geschehen auf eine transzendentale Ebene heben, Zeichen sein für die Verbundenheit mit den Gottheiten oder auch den Wunsch veranschaulichen, böse Kräfte abzuwehren und gute Mächte anzulocken. Das tägliche Leben der Menschen scheint in allen Bereichen davon durchdrungen gewesen zu sein. Die Forschung steht in den Anfängen, erst langsam gewinnt man Einblicke in die Bedeutung von Klang und Musik und den Kontext, in dem diese in altamerikanischen Kulturen standen.

Aufgrund von Darstellungen in der Sammlung kann man jedoch erahnen, welch tief greifenden Einfluss Töne, Klänge und Geräusche für das Leben von der Geburt an bis über den Tod hinaus hatten. Die große Vielfalt und kunstvolle Gestaltung der Klanggeräte mag daher Ausgangspunkt sein, sich mehr mit der Erforschung der Kultur, speziell der Bedeutung von Klängen und Musik der altamerikanischen Welt zu

beschäftigen und sie der Öffentlichkeit auf diese Weise näherzubringen.

Förderer wie das Ehepaar Dieter und Evamaria Freudenberg haben in den rem eine elementare Bedeutung, weil die Arbeit der rem auf dem beruht, was man heute „public-private-partnership" nennt. Die Stadt kann nur das Existenzminimum der rem finanzieren, alles was darüber hinausgeht, Ausstellungen, Forschungen, Publikationen sind nur möglich, wenn Drittmittel bereitstehen. Ohne bürgerschaftliches Engagement können die rem kaum etwas bewirken. Der Kulturförderung unserer Mäzene ist es zu verdanken, dass unser Haus heute auf bundesweit höchster Ebene mitspielt neben Landes- und Bundesinstitutionen mit großen eigenen Etats für Ausstellungen.
MT

Abb. 2
Kleine Zweiklang-Trillerpfeife in Form einer Nachtschwalbe, gebrannter Ton, Nascakultur, Peru, 1. Jhr. n. Chr.

Eine Meissner Pendule aus der Zeit um 1735

Nur selten in der Geschichte Europas hat das Zusammentreffen von technischen Vorraussetzungen, dem ausdrücklichen Wunsche und dem Sentiment der Menschen einer Epoche für die kulturhistorische Entwicklung des Kontinents so bahnbrechendes bewirkt, wie es für die Wiederentdeckung des Porzellans in Europa ein Faktum ist.

Abb. 1
Kaminuhr, Meissen um 1735

Durch die Handelsbeziehungen der East India Company waren die Europäer das erste Mal in großem Stile mit dem kaolinhaltigen Werkstoff in Berührung gekommen und seit dieser Zeit galt das Streben der Arkanisten der Auffindung der richtigen Massezusammensetzung, welche eines der bestgehüteten Geheimnisse des fernöstlichen Kaiserreiches war. Die Objekte aus De-Hua – in Europa Blanc de Chine genannt – waren es, deren weißer Scherben das Faszinosum der westlichen Welt erregte.

Als Friedrich Böttger, Johannes Kunkel und der an der Erfindung des europäischen Hartporzellans maßgeblich beteiligte, doch in der Forschung stets im Hintergrund gebliebene Walter von Tschirnhaus die Ergebnisse ihrer Experimente vorlegten, waren gleichsam als Abfallprodukte der Suche nach dem weißen Gold in Sachsen das Rubin-(Kunkel)glas und in Venedig das Milchglas entdeckt.

Mit der Erde aus Schneeberg bei Aue gelang die europäische Hartporzellanherstellung. Schon bald danach nahm auf der Burg von Meissen ganz in der Nähe der kursächsischen Residenzstadt Dresden die Porzellanherstellung ihren Auftakt. Unerfahrenheit im Umgang mit der neuen Masse führte in dem technologisch hochentwickelten Land anfänglich dazu, die Vorbilder für Formen ebenso wie für die Motive in der Silber- und Goldschmiedekunst zu suchen, für die der Dresdner Hof berühmt war. Viel mehr als die Ecken und Kanten, die zur Härte des Metalls passten, entsprach der in Europa vorherrschende Roccaillestil der Materialbeschaffenheit des weichen Werkstoffes. Deshalb ging man schon sehr bald dazu über, diesen für die Ausformungen des Porzellans anzuwenden.

Zum Bestand der rem gehört neben der beachtenswerten Sammlung Frankenthaler Porzellan u. a. auch eine äußerst qualitätvolle Sammlung „Meissener Porzellan", die über den Ankauf der Sammlung Herrmannsdörfer im Jahre 1926 ins Haus kam. Hans Herrmannsdörfer (1870–1955), widmete sich neben seinem Beruf als Bankdirektor in erster Linie der Leidenschaft des Sammelns deutscher Fayencen des 17. und 18. Jahrhunderts. Auf dem Gebiet des Porzellans aber wandte er sich

gezielt den Produkten der von August dem Starken 1709/10 gegründeten ersten Porzellanmanufaktur auf deutschem Boden zu.

Ein Glanzstück dieser Sammlung, die insgesamt nur aus Highlights der sächsischen Porzellanmanufakturgeschichte des 18. Jahrhunderts besteht, ist die ca. 48,8 cm hohe Prunkpendule, die zwischen 1735 und 1740, zu einer der Blütezeiten der Manufaktur, entstand (Abb. 1). Sie ist ein bedeutendes Beispiel für die oben beschriebene stilkundliche Entwicklung, denn auch sie entspricht in ihrer Grundstruktur noch den Formen, die für französische Prunkuhren

Abb. 2
Kaminuhr, Meissen um 1735, oberer Abschluss: Allegorie des Frühlings (Detail)

Abb. 3
Kaminuhr, Meissen um 1735, vielpassige Kartusche mit der Darstellung eines Kavaliers im Park (Detail)

Abb. 4
Kaminuhr, Meissen um 1735, vielpassige Kartusche mit der Darstellung einer Dame im Park (Detail)

aus Metall und Schildpatt typisch waren, die man jetzt aber auch in Porzellan herstellen konnte.

Auf einem Grundriss, dessen Formen zwischen eckigen Kanten und konkaven Rundungen variiert, erhebt sich ein nach innen gezogener Sockel, der – mit verschiedenen Kartuschen verziert – in einem mehrfach profilierten, weit auskragenden Kranzgesims seinen Abschluss findet. Darüber erhebt sich auf vier über Eck gestellten Voluten das Gehäuse der Uhr, an dem sich Muschelmotive und stilisierte Palmwedel in Roccailleform nach oben winden, um in einer nach rechts gelagerten Allegorie des Frühlings (Abb. 2) ihren Abschluss zu finden. Die plastische Gliederung der Ränder wird in der Mitte dort aufgenommen, wo ein mit falschen Diamanten besetzer Silberreif den Rahmen des Ziffernblattes bildet. Darunter befindet sich auf hochreliefierter Fläche die gemalte Ansicht einer Parkszene, wie wir sie aus den Gemälden Antoine Watteaus (1684 – 1721) kennen.

Die Darstellung von galantem Kavalier und vornehmer Dame bildet in den Kartuschen des Gehäuses das Hauptmotiv (Abb. 3, 4 und 5). Mit großem Ein-

fühlungsvermögen setzte der Maler Eisenrot, Purpur, Manganviolett, Gelb, Blau-, Grün- und Brauntöne auf eine leicht cremefarbene Glasur über einen gleichfarbigen Scherben. Dazu kommt eine üppige Staffierung mit poliertem Gold, das nur an den Stellen versucht, dem Objekt die Schwere zu nehmen, wo es dem Betrachter als Schuppen- oder Spitzendekor entgegentritt. Antifunktional ist das Goldspitzendekor, das wir sonst von Tellerrändern her kennen, auf der Uhr angebracht, denn die Solidität eines Standfußes, den ein Sockel zweifelsohne haben sollte, ist dem Objekt dadurch genommen. Sowohl der Sockel, der unten offen ist, ebenso wie die unglasierte Unterseite des Uhrengehäuses sind mit den gekreuzten blauen Kurschwertern der Meissener Manufaktur markiert.

Die Ausformung entspricht dem Geschmack der Zeit, die eine Vorliebe für alles Flüchtige hatte. Bereits 25 Jahre nach Gründung der Manufaktur spürt man bei der Betrachtung dieses Objektes nichts mehr von den anfänglichen Schwierigkeiten in der Form- und Farbfindung. Das Motiv der Rocaille, welches die ordnende Grundstruktur des kastenförmigen Uhrengehäuses überlagert, kennt weder

Abb. 5
Kaminuhr, Meissen
um 1735, Frontansicht
(Detail)

Anfang noch Ende (Abb. 5). Es reiht sich in eine
Gruppe von Motiven ein, die dazu erfunden wurde,
Unendlichkeit zu suggerieren – dem Diesseits die
Schwere zu nehmen; sie ist Teil ganzer Raumkon-
zepte, die dazu bestimmt waren, weder Anfang
noch Ende erblicken zu lassen. Das Licht, das durch
die riesigen Glasfenster der Schlösser einfiel, brach
sich im Kristall der Lüster und wurde auf den blan-
ken Oberflächen der Spiegel an den Wänden reflek-
tiert. Diese warfen es auf die porzellanen Objekte
im Raum zurück. Die Leichtigkeit des Ornaments
war wesentliches Merkmal des Rokokos und dafür
ist die Meissener Uhr ein Paradebeispiel.
MM

Ein Familienporträt des Rokokos

Abb. 1
Porträt der Familie Graff,
Anton Graff, um 1785

Die Gemäldesammlung der rem umfasst mehr als 600 Bilder mit vorwiegend niederländischer Malerei des 17. Jahrhunderts und Werken bedeutender Kurpfälzer Maler des 18. Jahrhunderts. Das 19. und 20. Jahrhundert ist in besonderer Weise durch die Gattung des Porträts vertreten. Anknüpfend an den Sammlungsschwerpunkt zu dieser Gattung, sah das Konzept der Neupräsentation der Gemäldesammlung erstmals die gezielte Hängung der Porträtbildnisse aus dem Besitz der rem vor.

Die Gattung Porträt, die sich ihrerseits wieder in verschiedene Untergattungen wie das Staatsporträt, das Kinderporträt oder das Künstlerporträt unterteilen lässt, beinhaltet auch die Gattung Familienporträt, von der sich drei repräsentative und typische Beispiele im Besitz der rem befinden. Eines davon, das Porträt der Familie Anton Graff, soll im folgenden Gegenstand genauerer Untersuchung sein.

Anton Graff wurde am 18. November 1736 im schweizerischen Winterthur als Sohn einer bedeutenden Zinngießerfamilie geboren. Seine Eltern, die dieses erbliche Gewerbe betrieben, bestimmten auch ihren Sohn Anton dazu, es fortzuführen. Dennoch gelang es ihm für drei Jahre auf eine Zeichenschule zu gehen und auf Vermittlung seines Lehrers 1756 für ein Jahr bei Johann Jakob Haid in Augsburg die Kupferstichkunst zu erlernen. Als er 1759 wieder in Augsburg war, malte er dort das Porträt seines Freundes, des Kupferstechers Johann Friedrich Bause. „Von dieser Zeit an", so dokumentiert er selbst in seiner kleinen Autobiografie, hatte er „ununterbrochen Porträts zu malen". Ab 1766 wirkte Graff an der Kunstakademie in Dresden, wohin er durch Kurfürst Friedrich Christian berufen worden war. Schon zu Lebzeiten erfreute sich Graff äußerster Popularität. Dies hängt wohl damit zusammen, dass sein später in Leipzig zu Ruhm gekommener Freund Bause, dessen Porträt 1759 Graffs initiatorisches Werk war, die meisten seiner Bildnisse ins Medium der Druckgrafik umsetzte. Graffs Kompositionen waren also beliebig oft reproduzierbar und dadurch leicht zu verbreiten. Anton Graff starb am 22. Juni 1813 in Dresden und wurde dort auf dem Friedhof vor dem Pirnaischen Tore beigesetzt. Sein Grab hat sich nicht erhalten.

Das Porträt der Familie Graff ist ein spätes Beispiel für ein Künstlerporträt mit „holländischem Element" in Deutschland, da es am Ende des 18. Jahrhunderts entstand. Als holländisches Element bezeichnet die Kunstgeschichte jene Entwicklung der Rembrandtzeit, die den Künstler nicht mehr als den höfischen Malerfürsten, sondern als den schaffenden Künstler im Atelier, eng verbunden mit einem Einblick in die jeweilige Alltags- bzw. Lebenssituation des Malers, zeigt.

Als Graff für die Darstellung seiner Familie diesen Porträtypus wählte, griff er dabei auf einen in Deutschland seit ca. 100 Jahren üblichen Typus der Familiendarstellung zurück, der mit Balthasar Denner seinen Auftakt genommen hatte, als dieser das „holländische Element" zu Beginn des Jahrhunderts für den deutschsprachigen Raum erschloss.

Das Ölgemälde mit den Maßen 98,6 cm x 79,3 cm wurde 1954 in München erworben und zeigt den Künstler sitzend, fast als Rückenfigur vor der Staffelei, auf der sich das ovale Porträt Johann Georg Sulzers, seines Schwiegervaters, befindet. Graff hat seinen Kopf schwungvoll zum Bildbetrachter umgewandt und blickt diesen direkt an. Diese spontan eingenommene Haltung, gerade so, als habe der Bildbetrachter den Maler bei seinem Namen gerufen, ist charakteristisch für die van Dyckschen Künstlerporträts, die „Virtuosi", welche sich stets durch große Gesten des Körpers auszeichnen. Im Vordergrund sitzt die Frau des Künstlers mit den gemeinsamen Kindern. Die Knaben beschäftigen sich auf einem niedrigen Tisch, wahrscheinlich dem Gestell eines Tabourets, mit grafischen Blättern. Der linke Bildrand wird von einer dunklen, rotbraunen Stoffdraperie begrenzt, vor der die Zeichenmappe des Familienvaters abgestellt worden ist. Der zu den Malutensilien gehörende Farbkasten befindet sich auf der Kommode links hinter ihm.

Bemerkenswert sind die verschiedenen Blickrichtungen, die der Künstler auf seinem Selbstporträt mit Familie eingefangen hat. Von seinen beiden Söhnen, die er in pyramidalem Aufbau in den Vordergrund komponiert, blickt Carl Anton, in türkisfarbenem Anzug, vertieft auf das grafische Blatt, das er in Händen hält. Sein Bruder Georg, in fliederfarbenem Anzug, blickt dem Betrachter en face entgegen. Die Mutter in weiß und blass grünem Gewand, mit blauem Band im Haar, betrachtet das Buch, in dem ihr Tochter Karoline etwas zeigt.

Johann Georg Sulzer, dessen Porträt Anton Graff soeben erstellt, ist im Profil nach links dargestellt.

Anton Graffs Bedeutung als Porträtist generiert sich aus der Brückenfunktion, die seine Malerei innerhalb der Entwicklung des europäischen Selbstporträts bis zum Beginn des 19. Jahrhunderts einnimmt. Er steht zwischen den fragenden, analysierenden, ja zweifelnden Selbstbildniszeichnungen Dürers, der sich erstmals in der Geschichte der Malerei als schöpferisches und daher konfliktbeladenes Individuum, nicht mehr aber als Handwerker verstand und dem von rigoroser, schonungsloser

Abb. 2
Detail: Tochter Karolin zeigt ihrer Mutter eine Neuigkeit

Selbstbefragung gekennzeichneten Selbstporträt Casper David Friedrichs. Die Bildnismalerei des ausgehenden Rokokos charakterisiert sich entscheidend durch ihre Loslösung von aristokratischem Anspruch und repräsentativ bedingter Strenge. Diesem neuen Selbstverständnis trägt das hier beschriebene Gemälde Anton Graffs dahin gehend Rechnung, dass es das Genre des Selbstporträts des Malers mit dem Genre des Familienidylls und des ehelichen Kindesglückes in der heimischen Stube vereint.

Das Gemälde wurde 2005 einer umfangreichen Restaurierung unterzogen und ist der Öffentlichkeit seit der Wiedereröffnung des Zeughauses 2007 in der dortigen Gemäldesammlung zugänglich gemacht.
MM

Ein Bild geht um die Welt – Robert Lebecks Fotografie „Der gestohlene Säbel des Königs"

Seit Beginn des Jahres 2002 verwaltet das Forum Internationale Photographie der rem den zeitgenössischen Teil der Fotosammlung des bedeutenden Fotohistorikers und Sammlers Helmut Gernsheim (1913 – 1995). Die Sammlung umfasst Helmut Gernsheims künstlerisches Œuvre, seinen gesamten Nachlass sowie seine Fotobibliothek.

Das einzigartige Material besteht aus verschiedenen Sparten der Fotografie (Bildjournalismus, Sachfotografie, Porträt, Landschaft, Tiere, Tanz, Theater und künstlerische Positionen) und bildet eine wertvolle Basis für die internationale Forschung zur Fotogeschichte. Die Sammlung umfasst ca. 10.000 Werke. Darunter befinden sich zahlreiche Highlights und einzigartige Dokumente der Foto-

geschichte, zu denen zweifellos auch das Bild „Der gestohlene Säbel des Königs, Belgisch Kongo, Léopoldville 1960" des Fotografen Robert Lebeck zählt (Abb. 1).

Robert Lebeck (geb. 21. März 1929) gehört zu den bedeutendsten Bildjournalisten unserer Zeit. Als Autodidakt kam er Anfang der 1950er Jahre zur Fotografie. Vier Monate nachdem er zum ersten Mal eine Kamera in seiner Hand hielt, erschien eines seiner Fotos auf der Titelseite einer Zeitung. Es war ein Porträt von Konrad Adenauer und die Zeitung war die Heidelberger „Rhein-Neckar-Zeitung", bei der Lebeck von 1951 – 52 seine ersten Gehversuche als freier Bildjournalist machte.

Abb. 1
„Der gestohlene Säbel des Königs, Belgisch Kongo, Léopoldville 1960", Robert Lebeck, 1960

Abb. 2
Detail:
„Der gestohlene Säbel des Königs, Belgisch Kongo, Léopoldville 1960", Robert Lebeck, 1960

Nur wenige Jahre später gelang Robert Lebeck bereits der Durchbruch und der Sprung in die internationale Elite der Reportagefotografen. Im Jahre 1960 reiste er für seinen damaligen Auftraggeber, die in Hamburg erscheinende Zeitschrift „Kristall", drei Monate durch Afrika. Er hielt sich bewusst in den west- und zentralafrikanischen Staaten auf, da er sich aufgrund der angespannten politischen Lage in diesen Regionen journalistisch gute und auch gut zu verkaufende Bilder versprach. Es war das Jahr, in dem die europäischen Mächte ihre einstigen Kolonien in die Unabhängigkeit entließen, und es war der Tag (29. Juni), an dem der damalige belgische König Baudouin nach Léopoldville (seit 1966 Kinshasa) gekommen war, um an der feierlichen Parade anlässlich der Unabhängigkeitsfeier von Belgisch-Kongo (heute Demokratische Republik Kongo) teilzunehmen. Es war dieser Tag an dem Robert Lebeck sein bis heute bekanntestes Bild „Der gestohlene Säbel des Königs, Belgisch Kongo, Léopoldville 1960" gelang.

Die Weltpresse hatte sich in Léopoldville versammelt, um diesen historischen Moment zu dokumentieren. Auch Lebeck war unter den Fotografen. Doch anders als seine Kollegen hatte er sich – nicht zuletzt, um in Ruhe Mittag zu essen, wie er später offen einräumte – dazu entschieden, nicht schon die Ankunft des Königs am Flughafen zu fotografieren, sondern erst zur anschließenden Wagenparade entlang des Boulevard Albert zu kommen. Dicht gedrängt säumten die Menschen die Hauptstraße. Robert Lebeck ging eine ganze Zeit dem schwarzen offenen Cabriolet, in dem König Baudouin und Präsident Kasavubu aufrecht stehend durch die Straßen fuhren, voran, um den Wagen nach den Regeln des Handwerks in Vorderansicht zu fotografieren. Um einen anderen Blickwinkel auf das Geschehen zu bekommen, ließ er sich langsam zurückfallen und nahm eine Position am hinteren Ende des Wagens ein. Der Wagen fuhr im Schritttempo und Robert Lebeck bemerkte den Mann, der schon hundert Meter neben dem Wagen hergegangen war, hielt ihn jedoch für einen Leibwächter und schenkte ihm deswegen keinerlei Beachtung. Plötzlich ging alles ganz schnell: der Kongolese, dem die Kristall-Redaktion später in ihrer Reportage den Fantasienamen Joseph Kalonda gegeben hat, griff nach dem auf dem Rücksitz des Wagens liegenden Säbel des Königs. Mit der Insignie der Macht in seiner erhobenen Hand stürmte er an Lebeck vorbei. Lebeck sprang zur Seite – doch nicht ohne noch vorher instinktiv auf den Auslöser seiner Kamera, einer Leica M3 mit 21 mm Objektiv, gedrückt und diesen besonderen Moment für die Nachwelt festgehalten zu haben.

Neben einer funktionstüchtigen Kamera, ausgerüstet mit ausreichend Film, entscheiden in der Fotografie Bruchteile von Sekunden darüber, ob ein Foto zu einer Ikone wird oder nicht. Es ist der viel zitierte „entscheidende Moment" in dem alle Koordinaten des fotografischen Vorgangs perfekt korrelieren und den Henri Cartier-Bresson bereits 1952 in seiner Theorie des „Moment décisif" entwickelt hatte. Und Robert Lebecks Schnappschuss ist solch ein „entscheidender Moment" in der Fotografiegeschichte. Das Foto wurde das Bild des Jahres und ging um die ganze Welt. Als einzigem Pressefotografen war es ihm gelungen, diesen symbolschweren Zwischen-

fall in einer Fotostrecke festzuhalten. Die Erstveröffentlichung der Fotos erfolgte im renommierten Magazin Paris Match (Nr. 587) am 9. Juli 1960, nur zwei Tage später veröffentlicht Life das Schlüsselbild unter dem Titel „King gives up a colony – and his sword". Im Juli 1960 veröffentlichte die Zeitschrift Kristall unter der Überschrift „Des Königs Schwert in schwarzer Hand" ein Detailfoto (Abb. 2) als Titelblatt. Kein anderes Bild von Lebeck ist bis in die heutige Zeit so häufig veröffentlicht worden.

Das Bild des Säbel-Diebstahls wurde zum Sinnbild für den Niedergang der westlichen Kolonialmächte auf dem afrikanischen Kontinent und zur Metapher für das Ende der Herrschaft des weißen Mannes über das afrikanische Volk. Darüber hinaus wurde es aber auch zu einem drohenden Vorzeichen für die blutigen Unruhen, in denen der Kongo nach seiner Unabhängigkeit für Jahrzehnte versinken sollte.

1966 ging Robert Lebeck zum Magazin Stern, dem damals größten Nachrichtenmagazin der Bundesrepublik. Als einer der bedeutendsten Stern-Fotografen berichtete er in zahlreichen Reportagen aus fast allen Ländern der Welt.

Ein Charakteristikum Lebecks ist es, der Welt unvoreingenommen und zwanglos gegenüberzutreten, was sich auch in der Wahl und Umsetzung seiner Motive und Reportagethemen widerspiegelt. Er zeigt die Menschen, Orte und Ereignisse, die er fotografiert, ungeschönt und pur. Auch seine eindringlichsten Bilder, seine ernsthaftesten Reportagen sind frei von jeglichem Pathos. Und doch sind seine Aufnahmen präzise Stimmungsbilder, die den Betrachter am Ort des Geschehens abholen. Lebeck gelingt es, in seinen Bildern die ganze Wahrhaftigkeit eines einzelnen Momentes durch die Wiedergabe eines auf den ersten Blick unspektakulären Details einzufangen. So auch im dem Bild „Der gestohlene Säbel, Belgisch Kongo, Léopoldville 1960", das zu einer Ikone des Bildjournalismus geworden ist.

SOe

Choreografie-Skizzenbuch
von Mary Wigman (1886 – 1973)

1989 erworben durch die rem von Paul Walter

Einer der Höhepunkte der Theatergeschichtlichen Schausammlung im Neuen Museum Zeughaus ist die Präsentation eines ursprünglich eher unscheinbaren Exponats. Es handelt sich um ein dunkelgrünes Kunststoff-Ringbuch, dessen farbenfroher und aufschlussreicher Inhalt in einem eigenen Kabinett vorgestellt wird: das eigenhändige Skizzenbuch von Mary Wigman für ihre Inszenierung und Choreografie am Mannheimer Nationaltheater von Carl Orffs „Catulli Carmina" und „Carmina Burana", erstaufgeführt am 2. Juli 1955 im Musensaal des Mannheimer Rosengartens.

Dr. Hans Schüler (1897 – 1963), Intendant in Mannheim von 1951 bis 1963, holte die berühmte Tänzerin, Choreografin, Tanzpädagogin und Ikone des deutschen Ausdruckstanzes, Mary Wigman, die er aus seiner Leipziger Zeit kannte und die schon in den 20er Jahren immer wieder in Mannheim mit ihrer Truppe gastiert hatte, nach dem Krieg zu mehreren Inszenierungen an das Nationaltheater.

Darüber hinaus verband die Wigman ein besonderes Ereignis noch tiefer mit der Quadratestadt: Ein Jahr vor ihren Orff-Choreografien war ihr am 13. April 1954 in Anerkennung für ihr Lebenswerk als erster Empfängerin dieser hohen Auszeichnung der Schillerpreis der Stadt Mannheim überreicht worden.

Tanz ist flüchtiger als Schauspiel oder Oper. Sind bei diesen wenigstens das Wort bzw. die Musik fixiert, hat man sich mit der Möglichkeit der Reproduktion von Choreografien im Lauf der Jahrhunderte eher schwer getan. Man experimentierte mit unterschiedlichen Tanznotationen, die aber stets mehr oder weniger Hilfskonstruktionen blieben.

Das dem langjährigen Mannheimer Bühnenbildner und Ausstattungsleiter Paul Walter (1913 – 1993) gewidmete Choreografie-Skizzenbuch von Mary Wigman findet enthält insgesamt 134 Din-A-5-Ringbuchblättern dennoch einen vielfach verwertbaren Kosmos an Ideen und Gedanken für die spektakuläre Doppelchoreografie von 1955. Die Blätter vermitteln allerdings nicht den systematisch aufgebauten Ablauf der Choreografie, sondern einen Teileinblick in die Entstehungsgeschichte von zwei Inszenierungen, die eher an Einzelproben orientiert zu sein scheint. Manche Episoden sind intensiver – um nicht zu sagen geradezu obsessiv – behandelt als andere. Da Mary Wigman im eigentlichen Sinn keines der bekannten Tanznotationssysteme anwendete, sondern eine eigene Bild- und Ablaufsprache entwickelt hat, war es nur in mühseligster Kleinarbeit und gestützt auf rund 300 Szenenfotografien von Adolf Falk möglich, wenigstens für die Sequenz „In Taberna" aus „Carmina burana" zumindest eine mediale, innovative Teilrekonstruktion der Choreografie zu erreichen, die in der Theaterschausammlung parallel zu den ausgewählten grafischen Einzelblättern gezeigt wird.

Schlägt man das Buch auf, so offenbart es eine Fülle nicht nur für den Fachmann höchst interessanter

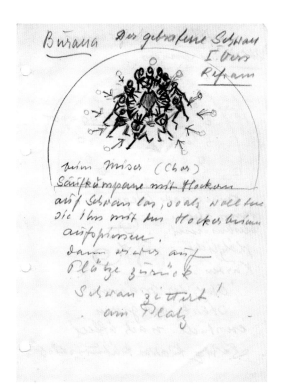

Abb. I
Mary Wigman, Choreografie-Skizzenbuch, Blatt 108 recto, „Carmina burana" I. Vers, Refrain: "beim Miser |= ‚Miser, miser! Modo niger et ustus fortiter'| (Chor) Saufkumpane mit Hockern auf Schwan los, so als wollten sie ihn mit den Hockerbeinen aufspießen. Dann wieder auf Plätze zurück Schwan zittert am Platz".
rem, Theater- und Musikgeschichtliche Sammlungen

Abb. 2
Szenenfotografie
„Carmina burana", „Der
gebratene Schwan",
I. Vers, Refrain
Foto: Adolf Falk; rem,
Theater- und Musikge-
schichtliche Sammlungen

Abb. 3
Mary Wigman, Choreogra-
fie-Skizzenbuch, Blatt 97
recto, „Catulli carmina"
rem, Theater- und Musik-
geschichtliche Samm-
lungen

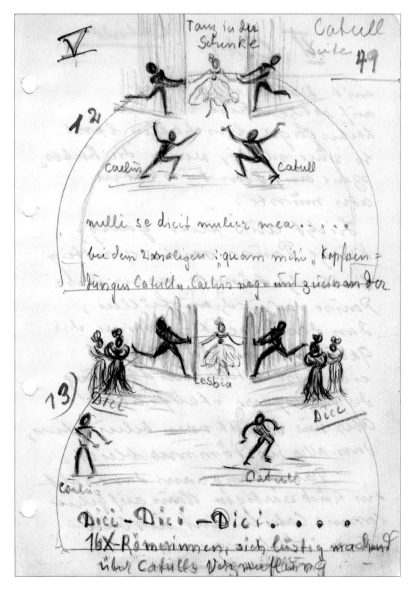

bühnengestalterischer und choreografischer Einzelheiten. Vielmehr ist es auch eine ästhetische
Augenweide, wie die ausgestellten Einzelblätter
eindrücklich zeigen. Die Zeichnungen sind sowohl
in Blei- als auch Buntstift ausgeführt. Kommentiert werden sie durch zahlreiche, hauptsächlich
mit Kugelschreiber festgehaltene, Überlegungen
zur dramaturgisch-tänzerischen Umsetzung der
jeweiligen Ideen.

Hinter Mary Wigmans Choreografie-Skizzenbuch
zu Orffs „Catulli Carmina" und „Carmina Burana"
steht, anders als bei einem detaillierten Fixieren
der Choreografie mittels einer Tanzschrift, nicht der
Wunsch nach Dokumentation, geschweige denn
nach Bewahren für die Zukunft, sondern es diente
für sie lediglich, wie sie es einmal ausgedrückt hat,
zur „Kontrolle der eigenen Phantasie". In ihrem 1962
verfassten Buch „Die Sprache des Tanzes" bezieht
die Wigman für den Theaterhistoriker bestürzend,
wenngleich realistisch zum Thema der Überlieferung selbstbewusst Position, wenn sie schreibt:
„Man hat mich oft gefragt, ob die Vergänglichkeit
meiner Tanzwerke mir nicht sehr schmerzlich sei.
(...) Nun, (...) sie wurden einfach Vergangenheit!
(...) es war anderes und für die jeweilige Jahreszeit
meines Lebens Wesentlicheres an ihre Stelle getreten, das den Rückgriff auf das Vergangene unnötig,
ja überflüssig machte."

Immerhin gewähren die Skizzen heute nach wie vor
einen faszinierenden Einblick in die Gedankenwerk-
statt einer Künstlerin von explosiver, tiefernster und
zugleich heiterer Kreativität und tragen damit eben
doch zur Überlieferung des Wirkens von Mary Wigman in der Vergangenheit für die Zukunft bei.
LHg

Nachlass Georg Völker

Die Theater- und Musikgeschichtlichen Samm-lungen der rem haben in den vergangenen drei Jahren gerade durch zum Teil umfangreiche und hervorragende Schenkungen von privater Seite wie-derum eine erhebliche Erweiterung und Bestands-ergänzung erfahren. Diese Feststellung gilt insbe-sondere für drei große künstlerische Nachlässe, und zwar einerseits des Oberspielleiters des Mannhei-mer Schauspiels von 1925 bis 1929, Heinz-Dietrich Kenter (1896 – 1984), den die Erbengemeinschaft Bettina Kenter, Saskia Kenter und Elke Roos (erstere und letztere Töchter des Schauspielers, Regisseurs, Schauspieldirektors, Schauspielpädagogen und Essayisten) im Jahr 2006 den Theater- und Musik-geschichtlichen Sammlungen übergeben hat. Die-ser enthält u. a. Tagebücher aus den Jahren 1919 bis 1983 und Fotoalben von 1896/1923 bis 1983/1984 sowie Korrespondenz und etliche Memorabilien. Andererseits für den ebenfalls sehr umfangreichen Nachlass von Frau Professor Edith Jaeger (1918 – 2007), dramatischer Koloratursopran (in Mannheim engagiert 1952 bis 1953 und 1954 bis 1970), den diese den rem noch zu Lebzeiten vermacht hat.

Im Jahr 2007 kam nun noch der Nachlass des beliebten Kammersängers und Ehrenmitglieds des Mannheimer Nationaltheaters, Georg Völker (1923 – 2006), hinzu, den im Namen der Familie sein Sohn Ernst F. Völker den Theater- und Musikgeschicht-lichen Sammlungen übergab. Dieser umfasst ins-gesamt 17 Foto- und Presseausschnittalben, Korre-spondenz, Schallplatten sowie zwei Musikinstru-mente. Darin enthalten sind auch zwei Alben, die die Karriere der Sopranistin Eleonore Völker-Rieger (1921 – 1981), der ersten Ehefrau von Georg Völker dokumentieren, die kurzzeitig (1950/1951), noch vor ihrem Mann, gleichfalls in Mannheim engagiert war.

Georg Völker gehörte dem Ensemble des National-theaters von 1961 bis 1988 als festes Mitglied an. Sein Rollenfach als Lyrischer Bariton bzw. später Charakterbariton umfasste insgesamt 116 Rollen, wobei er seine zahlenmäßig meisten Auftritte, aber auch seine größten Erfolge verzeichnen konnte mit dem Papageno in Mozarts „Zauberflöte", dem Figa-ro in Rossinis „Barbier von Sevilla", als Graf Almaviva in Mozarts „Hochzeit des Figaro", als Don Giovanni, Danilo in Franz Lehars „Lustiger Witwe', ebenso wie als unumstrittener und stets gefeierter Stadtschrei-ber Sixtus Beckmesser in Wagners „Die Meistersin-ger von Nürnberg", eine seiner ausgesprochenen

Abb. 1
Georg Völker als Schwanda in „Schwanda, der Dudelsackpfeifer" von Jaromir Weinberger, Nationaltheater Mann-heim, Neuinszenierung 26. April 1963.
Foto: Mara Eggert; rem, Theater- und Musik-geschichtliche Samm-lungen, Nachlass Georg Völker, Album M II

Abb. 2
Georg Völker als Pater Grandier in „Die Teufel von Loudon" von Krzystof Penderecki, National-theater Mannheim, Erstaufführung 16. Juni 1977. Foto: Gerhard Vormwald; rem, Theater-und Musikgeschichtliche Sammlungen

Abb. 3
Georg Völker als Papage-
no in „Die Zauberflöte"
von Wolfgang Amadeus
Mozart (links Hannelore
Bode als Pamina), Nati-
onaltheater Mannheim,
Neuinszenierung 21.
September 1976. Foto:
Gerhard Vormwald; rem,
Theater- und Musik-
geschichtliche Samm-
lungen, Nachlass Georg
Völker, Album M XI

Abb. 4
Panflöte
rem, Theater- und Musik-
geschichtliche Samm-
lungen, Nachlass Georg
Völker

„Paraderollen". Ebenso unvergessen aber sind seine
überaus beeindruckenden Interpretationen von
Charakteren des zeitgenössischen Repertoires, wie
etwa die des III in Gottfried von Einems Oper „Der
Besuch der alten Dame" (Mannheimer Erstaufführung 21. April 1972) oder des Pater Grandier in der
Mannheimer Erstaufführung von Krzystof Pender-
eckis Monumentalwerk „Die Teufel von Loudon"

(16. Juni 1977). Wer den Künstler in diesen Rollen
erleben durfte, konnte nur immer wieder seine
subtile musikalische und überaus sensible Psy-
chologisierung dieser hochkomplexen Charaktere
bewundern. Die Aufführungen dieser Werke mit
Georg Völker in diesen exponierten Partien zählen
gewiss zu den bleibenden Momenten der Mannheimer Musiktheatergeschichte des 20. Jahrhunderts. Dass Völker auch zu zahlreichen und umju-
belten Gastspielen im In- und Ausland verpflich-
tet wurde, sei der Vollständigkeit halber erwähnt.
Höhepunkte seiner künstlerischen Laufbahn sind
darüber hinaus die Ernennung zum Kammersän-
ger 1986 und zwei Jahre später zum Ehrenmitglied
des Mannheimer Nationaltheaters. Dass nun sein
künstlerischer Nachlass aus München in die Stadt
seiner längsten Wirkungsdauer zurückgekehrt ist,
wird sicher seine noch immer große Fangemeinde
besonders freuen.
LHg

Klavier von Scharf & Hauk, Mannheim

Schenkung Helmut und Reinhard Frey, Neuhofen und Limburgerhof, 2007

Neben unterschiedlichen Schenkungen, etwa einer umfangreichen Sammlung von Literatur zu Wolfgang Amadé Mozart (Waltraud Leiber, Mannheim) oder zu theatergeschichtlichen Themen (Franz Deinzer, Mannheim, der den Kunst- und Kulturgeschichtlichen Sammlungen darüber hinaus zwei Originalzeichnungen von Karl Dillinger und eine Kaltnadelradierung von August Croissant zum Geschenk gemacht hat), haben sich die Brüder Helmut und Reinhard Frey nach ihrem Besuch der neuen Schausammlung Historischer Musikinstrumente im Dieter-und-Evamaria-Freudenberg-Saal im 4. Obergeschoss des neuen Museums Zeughaus von dem dort gezeigten Klavier der Mannheimer Pianoforte-Fabrik Scharf & Hauk dazu anregen lassen, ihr eigenes Scharf & Hauk-Klavier aus dem Nachlass ihrer Mutter den Theater- und Musikgeschichtlichen Sammlungen zu schenken. Da sich dieses Instrument in sehr gutem Zustand befunden hat, konnte es umgehend gegen das sammlungseigene Klavier ausgetauscht werden, das nun zunächst wieder magaziniert wurde.

Das aus Kirschbaumholz und Kirschbaumwurzelholz gefertigte Instrument trägt die Produktionsnummer 2318 und lässt sich damit auf eine Zeit „um 1910" datieren. Die künstlerische Gesamtgestaltung weist das Klavier einerseits noch dem Historismus, andererseits im Bereich der floralen Verzierungen durchaus dem Jugendstil zu. Wie noch bis in die 80er Jahre des 20. Jahrhunderts hinein üblich, sind die Tasten mit Elfenbein belegt.

Bereits im 18. und 19. Jahrhundert etablierten sich in Mannheim verschiedene Zweige des Instrumentenbaus. Die positive Entwicklung speziell im Klavierbau ergab sich einerseits durch das verstärkte Musizieren im häuslichen Kreis, andererseits aus

Abb. 1
Klavier von Scharf &
Hauk, Mannheim um 1910
Theater- und Musikgeschichtliche Sammlungen,
Schenkung Helmut und
Reinhard Frey

Abb. 2
Schriftzug „Scharf & Hauk
Mannheim"

den Ansprüchen eines zusehends um sich greifenden Virtuosentums in den großen Konzertsälen.
Ab 1860 nahm der fabrikmäßige Klavierbau einen
großen Aufschwung.

Ende der 1860er Jahre begann Christian Scharf
(† 1893) den Aufbau seiner Pianofortefabrik in
Mannheim, damals in C 4, 4 mit angeschlossener
Klavierhandlung. Teilhaber wurde 1890 sein Schwie-
gersohn Wilhelm Hauk († 1932), und man firmierte
fortan unter „Scharf & Hauk". Um 1900 konnten
die neuen Fabrikräume in der Langen Rötterstraße
82 – 84 bezogen werden, wobei die alten Räumlichkeiten in C 4 als Lager bestehen blieben. Nach dem
Tod von Christian Scharfs Witwe Elise Scharf im
Jahr 1919 trat deren Tochter Anna Hauk, geb. Scharf
als Teilhaberin in das Geschäft ein, das sie jedoch
1926 wieder verließ. Ihre Stelle nahmen schließlich
Julius, Kurt und Edgar Hauk ein. Anfang der 1930er
Jahre beendete die Firma ihre Produktion.

Scharf & Hauk baute sowohl Flügel als auch Pia-
nos, wobei besonders die Klaviere Auszeichnungen
erhielten, unter anderem auf der Industrie- und
Gewerbeausstellung 1895 in Straßburg.

Die Theater- und Musikgeschichtlichen Sammlungen sind dankbar für Hinweise auf weitere
Instrumente der Firma Scharf & Hauk, um Produkti-
onsnummern in Erfahrung zu bringen und zusätzliche Informationen zu zeittypischen Ausformungen
von diesen in Mannheim hergestellten Flügeln und
Klavieren zu erhalten. Auch Materialien zu der noch
keineswegs vollständig aufgearbeiteten Firmenge-
schichte sind von großem Interesse.
LHg

Übergabe des neuen Konzertflügels für die rem

Am 4. Dezember 2007 wurde im internen Kreis der neue Konzertflügel für den Anna-Reiß-Saal im Museum Weltkulturen übergeben. Der Kauf wurde dadurch notwendig, dass die Städtische Musikschule, die bisher freundlicherweise einen Steinway B-Flügel (gebaut um 1960) leihweise zur Verfügung gestellt hatte, Eigenbedarf angemeldet hat. Nur durch das Engagement der Heinrich-Vetter-Stiftung war es möglich, das neue Prachtstück, ein Bösendorfer Modell 225, zu erwerben. „Dass ein Haus wie die rem, das weit über Mannheim hinaus strahlt, auch ein entsprechendes Instrument für seine rege Konzerttätigkeit benötigt", war für Dieter Kolb von der Heinrich-Vetter-Stiftung klar. Gerne half man deswegen beim Ankauf des Flügels. „Die Heinrich-Vetter-Stiftung unterstützt die Reiss-Engelhorn-Museen und führt damit die Tradition ihres Gründers fort", so Kolb weiter.

Prof. Dr. Alfried Wieczorek, leitender Direktor der rem, zeigte sich erfreut über das Glanzstück und dankte der Stiftung für die Spende. Dankende Worte gingen auch an Liselotte Homering, Leiterin der Theater- und Musikgeschichtlichen Sammlungen der rem, den Pianisten und Musikwissenschaftler Dr. Peer Findeisen und den Klavierbaumeister Andreas Weng. Den Musikexperten ist es gelungen, das perfekte Instrument für den Saal im Angebotsdschungel zu finden. Das Instrument wurde beim Piano-Center Kleinhenz in Oberthulba bei Bad Kissingen ausfindig gemacht, dort mehrere Stunden von Peer Findeisen gespielt und von Andreas Weng an Ort und Stelle bis ins letzte Detail überprüft. Im Vergleich zu anderen Instrumenten, unter anderem bei Bechstein in Frankfurt, überzeugten auf Anhieb der ausgezeichnete technische Zustand, die hohe Anschlagskultur, der unnachahmliche Klang, schlussendlich aber auch das Preis-Leistungsverhältnis dieses Konzertflügels, dessen Neupreis bei ca. 78.000 Euro liegt. Im Vorfeld wurden die Hämmer neu befilzt, was noch eine gewisse Einspielphase

zur Folge hat. Zudem muss das Instrument noch intoniert, also ganz und gar auf die Saalverhältnisse eingestellt werden. Doch schon jetzt konnten sich die Anwesenden von der Ausdrucksfülle des Konzertflügels überzeugen. Um die klangliche Bandbreite des Instruments eindrucksvoll zu demonstrieren, spielte Peer Findeisen Stücke von Domenico Scarlatti, Johannes Brahms und anderen.

Das Instrument mit der Produktionsnummer 32928 wurde 1980/81 bei der Wiener Traditionsfirma Bösendorfer gebaut und weist die für diese Instrumente typische Brillanz und ein entsprechendes dynamisches Potential auf. Sein Klangspektrum reicht vom zartesten Hauch bis zum fulminanten Fortissimo, das durch vier zusätzliche Tasten (92 statt üblicherweise 88) im Bassbereich bis zum Subkontra F noch verstärkt wird. Ein Flügel also, der für alle Musikrichtungen vom Barock bis hin zum Jazz sehr gut geeignet ist. Die rem planen für den Herbst 2008 eine Klavierwoche mit dem Bösendorfer-Flügel, während der sich die Besucherinnen und Besucher von der ausgezeichneten Qualität des Instruments ein umfassendes Bild machen können.

LHg / CR

V. l. n. r.: Andreas Weng, Liselotte Homering, Prof. Dr. Alfried Wieczorek und Dieter Kolb von der Heinrich-Vetter-Stiftung. Am Flügel: Dr. Peer Findeisen

DressID – ein EU-Projekt zur Erforschung von Kleidung als Identitätsträger im Römischen Reich

Was in den Jahren 2005 und 2006 mit drei Symposien der rem begann, ist inzwischen ein multinationales und interdisziplinäres EU-Forschungs- und Ausstellungsprojekt (Abb. 1, 2). Dieses Projekt wurde mit Unterstützung der Europäischen Kommission finanziert. Textilwissenschaftler, Archäologen, Papyrologen, Althistoriker, Kunsthistoriker, Restauratoren, Zoologen, Archäobotaniker, Physiker, Chemiker und viele andere widmen sich gemeinsam der Erforschung von römerzeitlichen archäologischen Textilfunden. Um die vielfältigen Forschungsansätze zu kanalisieren, hat DressID eine einzigartige interdisziplinäre Infrastruktur zur Kooperation geschaffen. Elf Arbeitsgruppen erforschen das Selbstverständnis antiker Besitzer und spüren Dress-Codes auf, die Ausdruck von ethnischem, regionalem, religiösem, standes- und altersgeprägtem Selbstbewusstsein waren.

Die Projektstruktur weist zwei methodische und inhaltliche Schwerpunkte auf (Abb. 3). Zum einen Grundlagenforschung, die zu den Themen Bekleidungselemente, Material und Technik, Faserqualität, Farbe und Datierung sowie Experimentelle Archäologie arbeitet. Der Tradition des Hauses entsprechend hat Forschung auch immer das Ziel, sich in Form von Ausstellungen zu präsentieren. Dementsprechend widmet sich eine Arbeitsgruppe der Präsentation der Ergebnisse als Wanderausstellung. Parallel dazu und aufbauend auf diesen Arbeiten entfaltet sich der zweite Schwerpunkt, Kontextfragen, die sich aus den schriftlichen und bildlichen Hinterlassenschaften ergeben. Dabei setzen sich die Arbeitsgruppen mit der Selbstdarstellung des Individuums im gesellschaftlichen Kontext des römischen Weltreichs auseinander, mit der Beziehung von Rom zu den Provinzen, der Darstellung des Menschen

Abb. 1
Römisches Gewebefragment aus Mainz, Beispiel für eine Naht (Objekt Nr. VI-2,11), ca. 5 v. Chr.

nach Geschlecht und Alter, Kleidung im Kult sowie Fragen zu Handel und Produktion.

Das vielschichtige Projekt wird von Mannheim aus geleitet. Dr. Michael Tellenbach, 2. Direktor der rem, steht DressID als Koordinator vor, unterstützt von Dr. Annette Paetz gen. Schieck, Projektmanagement, und Monika Lange, M.A., Finanzmanagement. Neben den rem sind sechs weitere Forschungsinstitutionen beteiligt. Es handelt sich um das „Centre for Textile Research (CTR)" der Universität Kopenhagen, das „Royal Institute for Cultural Heritage (KIK-IRPA)" in Brüssel, die Universitäten Kreta (Rethymnon), Sheffield und Valencia sowie das Naturhistorische Museum Wien. Der Gesamtetat des fünf Jahre dauernden Projektes beläuft sich auf 4,9 Millionen Euro. Er wird zu 50 % von den teilnehmenden Institutionen und zu 50 % vom Kulturprogramm der Europäischen Union aufgewendet.

Die inhaltliche Mitarbeit der rem hat ihren Schwerpunkt innerhalb der Arbeitsgruppe Qualität: in engem Zusammenwirken mit dem Curt-Engelhorn-Zentrum Archäometrie wird Grundlagenforschung zum Thema Faserqualität betrieben, die Ergebnisse wird Sylvia Mitschke, diplomierte Textilrestauratorin des Hauses, im Rahmen ihrer Dissertation vorlegen. Ein Faserlabor ist eingerichtet worden, in dem Reihenuntersuchungen zu archäologischem Fundmaterial und zugleich auch zu rezentem Vergleichsmaterial durchgeführt werden. Zur Bestimmung der Fasern werden Analysen am Auflicht- und Durchlichtmikroskop vorgenommen. Um jedoch die exakte Oberflächenstruktur erfassen und abbilden zu können, ist mit Unterstützung der EU-Projektmittel ein atmosphärisches Rasterelektronenmikroskop gekauft worden, das die zerstörungsfreie Analyse von Textilfasern ermöglicht. Die Kombination der drei Methoden bietet die einzigartige Möglichkeit, Faserstrukturen umfassend zu analysieren. Die Untersuchungen zielen darauf ab, die Auswirkungen der Domestikation von Tieren bis in die Gegenwart zu verfolgen, Qualitätsunterschiede beim Fellwechsel zu bestimmen, Unterschiede nach Wuchsort am Tier zu ermitteln sowie die Veränderungen

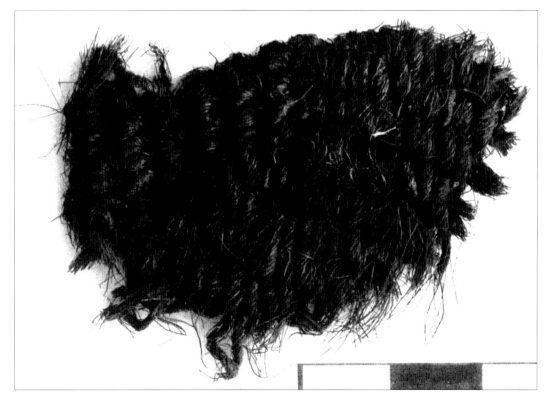

Abb. 2
Römisches Gewebefragment aus Mainz (Objekt Nr. V4-2,7), ca. 5 v. Chr.

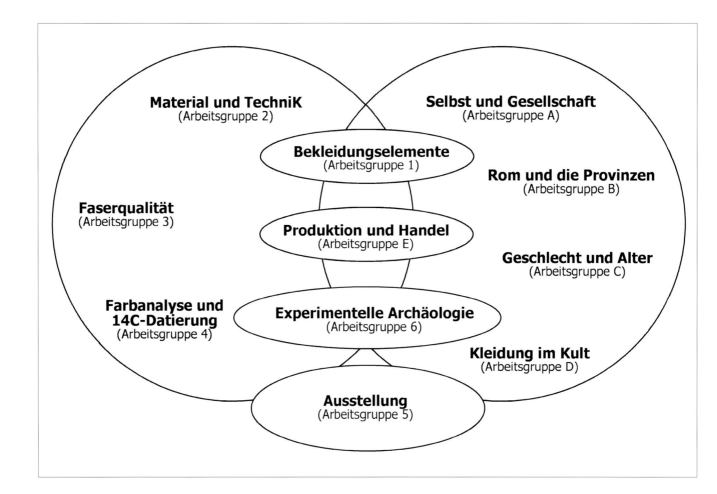

Abb. 3
DressID-Projektstruktur,
Organisation der Arbeits-
gruppen
© Annette Schieck, rem

durch Abbauprozesse bei der Bodenlagerung zu identifizieren. Die Ergebnisse dienen schließlich dazu, regionale technische Besonderheiten bestimmen zu können, um so auf der Basis des textilen Grundstoffes lokale Produkte von importierten Gütern zu unterscheiden. Durch die Identifizierbarkeit der Materialien können schließlich Handels- und Transportwege von Rohmaterialien und Fertigprodukten und mögliche überregionale Produktionsstandards erschlossen werden. Zudem wird untersucht, ob bereits kleine Fragmente Aussagen über Güteklassen und Luxusprodukte zulassen (Abb. 4).

Dass Kleidung bereits in römischer Zeit als unmittelbarstes Ausdrucksmittel von Persönlichkeit und Identität gedient hat, ist zwar in antiken Schriftquellen immer wieder zu lesen, wie es sich jedoch konkret im Gewandschnitt oder der Gewebequalität ausgewirkt hat, muss noch erforscht werden. Die bislang nur von wenigen Experten betriebene und wenig berücksichtigte archäologische Textilforschung erhält durch DressID eine nachhaltige Würdigung. Es wird in zahlreichen Publikationen und durch eine europaweit kursierende Wanderausstellung einem breiten Publikum zugänglich gemacht. Erster Ausstellungsort sollen im Jahr 2011 die rem sein, es folgen das Naturhistorische Museum in Wien und das Wissenschaftsmuseum in Valencia. DressID schließt somit eine Forschungslücke und schafft durch die europaweite Zusammenarbeit von Experten und Institutionen zugleich neue Standards in der Textilforschung.
APgS / MT

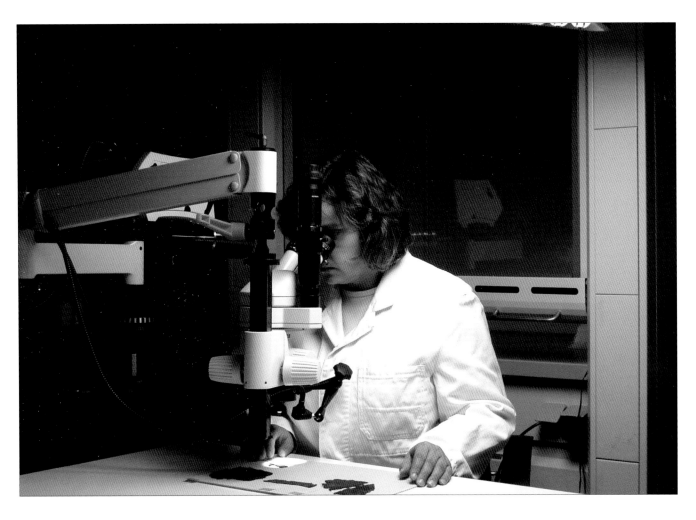

Abb. 4
Diplomrestauratorin
Sylvia Mitschke, rem,
bei der mikroskopischen
Untersuchung der Textil-
funde

GD Bildung und Kultur

Programm „Kultur"

Dieses Projekt wurde mit Unterstützung der Europäischen Kommission
finanziert. Die Verantwortung für den Inhalt dieser Veröffentlichung trägt
alleine der Verfasser; die Kommission haftet nicht für die weitere Verwendung der darin enthaltenen Angaben.

Startschuss für das Klaus-Tschira-Labor (KTL)

Abb. 1
Dr. Bernd Kromer,
Dr. Norbert Egger,
OB Dr. Peter Kurz,
Dr. h.c. Klaus Tschira,
Prof. Dr. Alfried Wieczo-
rek, Prof. Dr. Bernhard
Eitel und Prof. Dr. Ernst
Pernicka (v.l.) setzen
gemeinsam zum ersten
Spatenstich an. In Kürze
soll an dieser Stelle das
neue KTL entstehen.

Sammeln, Bewahren, Ausstellen – das sind die Kernpunkte der traditionellen Museumsarbeit. Doch trotz ihrer zentralen Bedeutung reichen sie allein schon länger nicht mehr aus, um den wachsenden Anforderungen moderner Kultureinrichtungen gerecht zu werden. Die Einbettung musealer Projekte in einen größeren Rahmen wissenschaftlicher Forschung wird dagegen immer wichtiger und bildet daher in den letzten Jahrzehnten verstärkt die Basis der Arbeit der rem.

Bereits im Jahr 2006 wurde zu diesem Zweck das Curt-Engelhorn-Zentrum für Archäometrie (CEZA) gegründet. Mithilfe experimentell-analytischer Untersuchungsmethoden aus dem Bereich der Naturwissenschaft werden hier Echtheitsbestimmungen kulturhistorisch bedeutender Funde durchgeführt. Das Zentrum leistet damit wichtige Beiträge zu aktuellen Fragen der Forschung und unterstützt gleichzeitig die kunst- und kulturhistorisch ausgerichtete Arbeit am Museum selbst.

Ganz im Sinne dieser Entwicklung wird in enger Verbindung zum CEZA eine neue Institution diesen eingeschlagenen Weg weiter ausbauen. Mit dem ersten Spatenstich für den Neubau erfolgte am 2. Oktober 2007 der Startschuss. Bis zum Jahr 2009 entsteht dann auf dem Areal C4 in Mannheim das Klaus-Tschira-Labor (KTL) für physikalische Altersbestimmung. Auf diese Weise wird in Mannheim der modernste Komplex an Laboren und Büroräumen zur naturwissenschaftlichen Altersbestimmung in ganz Deutschland entstehen und somit überregionale Beachtung erfahren. Getragen wird dieses millionenschwere Projekt von der Klaus-Tschira-Stiftung in Zusammenarbeit mit der Curt-Engelhorn-Stiftung.

Das KTL ergänzt die Aktivitäten des CEZA um zwei verbreitete und vielseitige Datierungstechniken. Die bekanntere Methode ist sicherlich die Radiokohlenstoff-Datierung mit dem Isotop 14_C. Dieses Verfahren ermöglicht eine zeitliche Einordnung organischen Materials im Verlauf der letzten 50.000 Jahre und liefert damit wichtige Anhaltspunkte im Bereich der Archäologie und Geowissenschaften. Erst die Erkenntnisse aus der 14C-Datierung schufen den Rahmen zum Verständnis der zeitlichen und räumlichen Abfolge verschiedener Phasen der Menschheitsgeschichte. Doch auch in anderen Fachgebieten trug die Methode zur Klärung entscheidender Fragestellungen bei, so auch im Kontext neuerer Forschungen zur Klimaentwicklung in der jüngeren Erdgeschichte. Gleiches gilt für die Biomedizin, wo sich vielfältige Anwendungsmöglichkeiten bieten.

Das KTL-Labor wird aber nicht das herkömmliche ^{14}C-Verfahren anwenden. In den letzten beiden Jahrzehnten konnte nämlich durch den Nachweis des Isotops mittels Teilchenbeschleunigern eine revolutionäre Verbesserung der Technik erzielt werden, sodass nun in nur einer halben Stunde selbst winzigste Kohlenstoffmengen datiert werden können. Normalerweise nehmen Beschleuniger dieser Art jedoch die Dimensionen einer Sporthalle ein und sind darüber hinaus mit komplexer, kostspieliger Infrastruktur verbunden. Wie aktuelle Forschungen der Eidgenössischen Technischen Hochschule (ETH) Zürich aufzeigten, kann das Prinzip aber auch auf kleinere Anlagen übertragen werden. Nach vielversprechenden Ergebnissen mit einem Prototyp entsteht nun in Zusammenarbeit mit der ETH ein solcher Beschleuniger, der im zukünftigen KTL seinen Platz finden wird. Dank dieses hochmodernen Gerätes werden in Mannheim umfassende ^{14}C-Analysen möglich und weitere Innovationen sollen folgen. Dazu trägt insbesondere eine Kooperation mit dem ^{14}C-Labor der Heidelberger Akademie der Wissenschaften bei.

Bei der zweiten Methode handelt es sich um das Lumineszenzverfahren, das wiederum in die beiden Bereiche Thermolumineszenzdatierung (TL) und Optisch Stimulierte Lumineszenz (OSL) unterteilt werden kann. Mithilfe dieser Verfahren ist es, im Gegensatz zur ^{14}C-Datierung, möglich, auch das Alter anorganischer Materialien zu bestimmen. Damit sind sie insbesondere für die Archäologie ein wichtiges Instru-

ment, um z. B. Keramik und Sedimentschichten näher zu analysieren. Bei zweifelhaften Funden lässt sich auf diese Weise auch bestimmen, ob sie tatsächlich echt, d. h. alt, sind, oder nur das Werk eines modernen Fälschers. Das Prinzip besteht darin, dass bei Materialien, wenn sie zuvor radioaktiver Strahlung ausgesetzt waren, durch Wärme- oder Lichtzufuhr eine Leuchterscheinung ausgelöst wird.

Der umfassende Bereich der Echtheitsuntersuchungen, der im CEZA bereits auf Basis von Materialanalysen ausgebaut wurde, findet also seine Komplettierung im Klaus-Tschira-Labor für physikalische Altersbestimmung. Dennoch wird das neue Labor auch eigenständige Grundlagenforschung und Methodenentwicklung durchführen. So entsteht im Areal C4 schon bald ein moderner Forschungskomplex, der höchste wissenschaftliche Ansprüche erfüllt.
AB

Abb. 2
Oberbürgermeister
Dr. Peter Kurz,
Dr. h.c. Klaus Tschira,
Prof. Dr. Alfried Wieczorek und Dr. Bernd Kromer
bei der Pressekonferenz
zum ersten Spatenstich.
Die Vorfreude auf das
neue Projekt ist deutlich
zu sehen

Pompeji zum Zweiten

Nachdem im Jahr 2005 die große Sonderausstellung „Pompeji – Die Stunden des Untergangs. 24. August 79 n. Chr." die Besucher in Mannheim begeisterte, befinden sich nun erneut kostbare Objekte aus der antiken Stadt in den rem. In zwei großen Kisten verpackt erreichten am 4. Juli 2007 großformatige Fresken aus der sogenannten Casa del Frutteto das Museum. Unter dem strengen Blick eines italienischen Restaurators der Soprintendenza Pompeji begutachteten rem-Mitarbeiter sogleich die sechs Wandfragmente. Die farbigen Architekturdarstellungen erlauben eine Zuordnung der Fresken zum sogenannten Zweiten Stil der Pompejanischen Wandmalerei und somit eine Datierung ins 1. Jahrhundert n. Chr.

Den Blicken der Öffentlichkeit müssen diese herausragenden Leihgaben jedoch noch eine Weile verborgen bleiben. Die Restauratoren der

rem haben die ehrenvolle Aufgabe, die wertvollen Kulturschätze erstmalig aufwendig zu konservieren und so wieder in ihrem alten Glanz erstrahlen zu lassen. Dafür wurde im Museum Weltkulturen D 5 sogar eigens ein neuer Arbeitsbereich eingerichtet, da die Kapazität der bisherigen Restaurierungswerkstätten für die großformatigen Objekte nicht ausreichte. Doch nicht nur diese Tatsache stellt die Restauratoren der rem vor eine große Herausforderung. Die Arbeit erfordert viel Fingerspitzengefühl, denn zunächst muss die Oberfläche der Malereien von vulkanischer Asche, Verkrustungen, mineralischen Verfärbungen und Schimmelbefall gereinigt werden, bevor die empfindlichen Farben gesichert, Unebenheiten ausgeglichen und Fugen gefestigt werden können. Erst dann kann damit begonnen werden, auf der Rückseite Putzschichten aufzubauen, um schließlich neues Trägermaterial anzubringen. Nach Abschluss

Abb. 1
Die Casa del Frutteto in Pompeji. Blick auf den Innenhof

der Restaurierungsarbeiten werden auf diese Weise zwei Wände mit einem Ausmaß von 2,70 x 3,50 m entstanden sein. Nach Schätzungen des Restaurators Bernd Hoffmann-Schimpf wird dieses aufwendige Projekt allerdings etwa ein Jahr in Anspruch nehmen.

Die Fresken wurden zwar bereits 1982 aus der Casa del Frutteto in Pompeji geborgen, doch fand damals nur eine provisorische Sicherung statt. Dass die rem nun die Möglichkeit erhalten, zur Konservierung solch wichtiger Kulturgüter beizutragen, ist das Ergebnis der „Dichiarazione di Roma", einer Übereinkunft zwischen Vertretern hochrangiger italienischer und deutscher Museen. Das Ziel der am 15. April 2002 unterzeichneten Erklärung ist es, die deutsch-italienischen Kulturbeziehungen weiter zu intensivieren. Die deutschen Partner

Abb. 2
rem-Restaurator Bernd Hoffmann-Schimpf bei der Arbeit

Abb. 3
In diesem Zustand wurden die Fresken aus der Casa del Frutteto geborgen und danach nur provisorisch konserviert

verpflichten sich dabei, keine archäologischen Güter zu erwerben, deren Herkunft zweifelhaft ist, um so illegalem Kulturguthandel vorzubeugen. Im Gegenzug übergeben die italienischen Partner hochkarätige Leihgaben aus ihren Beständen zur Restaurierung und Präsentation nach Deutschland. So kann die Unterzeichnung der Erklärung gleichsam als eine Art Gütesiegel

dienen, dem sich 2005 auch die rem anschlossen.

Die wunderbaren Fresken werden daher nach ihrer Restaurierung mehrere Jahre in den rem zu sehen sein – natürlich an einem Ehrenplatz – bevor sie die Rückreise nach Pompeji antreten. AB

Mumien – Der Traum vom ewigen Leben

Die Erkenntnis der eigenen Vergänglichkeit und der Wunsch, eben diese zu überwinden, prägten von jeher das Leben der Menschen. So entwickelten sich verschiedenste Vorstellungen von einem Leben nach dem Tode. Wie auch immer der Übergang in eine jenseitige Welt bei den unterschiedlichen Kulturen und Religionen aussehen konnte, ihnen allen war eines gemeinsam – der Traum vom ewigen Leben.

Ein Hauch dieser ersehnten Ewigkeit durchströmte die rem seit dem 30. September 2007. An diesem Tag öffnete die, aufsehenerregende Sonderausstellung „Mumien – Der Traum vom ewigen Leben" ihre Pforten für die Besucher. Als weltweit größte Ausstellung ihrer Art vereinte sie über 70 Exponate aus unterschiedlichen Kulturen und Epochen zu einer einzigartigen Gesamtschau. Dazu zählten nicht nur die Mumien selbst, sondern auch zahlreiche Begleitfunde und wertvolle Grabbeigaben, wofür hochkarätige Leihgeber aus Europa und Übersee gewonnen werden konnten.

Die naturgeschichtlichen wie kulturhistorischen Aspekte des Themas Mumifizierung wurden in sämtlichen Facetten beleuchtet.

Weit über das typische, auf Ägypten fixierte Bild hinaus können Mumien als ein weltweites Phänomen erfasst werden, dessen Vorbild letztlich die Natur ist. So waren in der Ausstellung auch viele Beispiele natürlicher Mumifizierung zu finden, angefangen bei einem urzeitlichen Dinosaurierbein über ein sibirisches Mammutbaby bis hin zu einem bronzezeitlichen Hund – der einzigen tierischen Moorleiche überhaupt – dessen Fell auch nach Jahrtausenden noch samtig weich schimmert.

Unterschiedliche Klimaräume brachten unterschiedliche Arten von Mumifizierung hervor. Doch diese Beispiele aus der Natur waren nur Zufälle, die Erhaltung der Körper ist lediglich günstigen Umständen zu verdanken. Durch die Beobachtung dieser natürlichen Sonderfälle aber lernten die Menschen sich deren Prinzipien zunutze zu machen. Die Ägypter entwickelten dabei eine außergewöhnliche Perfektion und Kunstfertigkeit. Sie waren jedoch anscheinend nicht die Einzigen, die Ihre Toten einbalsamierten, denn entsprechende Rückstände wurden nun erstmals auch an einer Kindermumie aus Südamerika entdeckt. Das ist eines der spektakulären Ergebnisse des Mumien-Forschungsprojektes, das bereits im Vorfeld der Ausstellung mit Unterstützung international renommierter Wissenschaftler ins Leben gerufen wurde. An dem Projekt sind u. a. Dr. Wilfried Rosendahl, Kurator der Ausstellung, und Dr. Frank Rühli vom Swiss Mummy Project beteiligt, der erst vor kurzem neue Untersuchungen an der Mumie des Tutanchamun durchführte.

Mithilfe eines CT-Geräts war es möglich, den Mumien ihre innersten Geheimnisse zu entlocken ohne sie zu zerstören. Das geschah zum einen mit den Mumien aus den rem selbst, zum anderen zeigten auch fremde Leihgeber großes Interesse an dem Projekt. Ein Team

Abb. 1
Mumie einer Streifenhyäne (*Hyena hyena*) Linnaeus 1758)

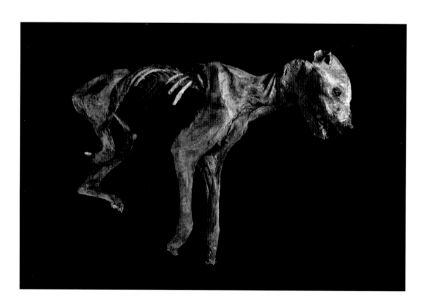

des SWR begleitete die Forscher bei ihrer auf modernsten Methoden basierenden Arbeit. So kam eine halbstündige Dokumentation zustande, die einen Tag vor der Eröffnung im Fernsehen ausgestrahlt wurde, um dann als zusätzliches Informationsangebot auch die Ausstellung zu bereichern.

Auf diese Weise konnten sich die rem seit 2004 als wichtiger Standort der Mumienforschung etablieren. Das Ende der Ausstellung bedeutet jedoch noch lange nicht das Ende des Forschungsprojekts. Es haben sich bereits genug Interessenten angemeldet, die ihre Exponate untersuchen lassen möchten und damit das Team weiter auf Trab halten. Dank einer großzügigen Schenkung der Siemens AG wird ihre Arbeit jedoch zukünftig durch die Verfügbarkeit eines eigenen CT-Geräts erleichtert.

Wie aber kamen die rem überhaupt darauf, ein solch außergewöhnliches Projekt ins Leben zu rufen? Kurz gesagt, das Museum hatte noch ein paar Leichen im Keller — und das im wahrsten Sinne des Wortes. Bei Inventarisierungsarbeiten im Depot entdeckten Mitarbeiter mehrere Mumien, von deren Existenz niemand etwas ahnte, da sie entweder im alten Karteisystem nicht aufgeführt oder als Kriegsverlust gewertet worden waren.

Das Problem dabei war, dass man zwar die Mumien selbst gefunden hatte, aber fast sämtliche Angaben über Herkunft, Alter oder Geschlecht fehlten. Durch die umfassenden Untersuchungen ließ sich dann aber nicht nur die Frage nach dem Ursprung der mumifizierten Körper klären. DNA-Analysen, Haarproben und weitere Tests erlaubten schließlich auch einen

Abb. 2
Mumie M1 mit M1a und M1b, südamerikanische Ganzkörpermumien: eine Frau mit zwei Kindern. Das Kind M1a liegt auf dem Bauch der seitlich liegenden Frau, das Kind M1b unter ihrem Kopf

Abb. 3
Mumie M2, Ganzkörpermumie einer Frau aus Peru

Abb. 4
Der Kurator der Ausstellung Dr. Wilfried Rosendahl bei seiner Begrüßungsrede zur Eröffnung der Ausstellung

Abb. 5
Tischdekoration bei der Eröffnungsfeier der Ausstellung „Mumien – der Traum vom ewigen Leben"

Blick in das Alltagsleben der Personen, d. h. ihre Ernährungsweise, Krankheiten, eventueller Drogenkonsum und sogar die Todesursache waren kein Geheimnis mehr.

Das neu erwachte Interesse an Mumien allgemein und die Diskussion um ihre Präsentation im Museum brachten die Idee hervor, eine Plattform zum wissenschaftlichen Austausch über dieses Thema zu bieten. Daraufhin wurde im Rahmen der Ausstellung vom 7. – 9. Februar 2008 in den rem ein Symposium veranstaltet, zu dem viele anerkannte Wissenschaftler aus der internationalen Mumienforschung anreisten. Ebenso war die interessierte Öffentlichkeit eingeladen, sich mit dem Thema näher auseinanderzusetzen.

Und die Faszination der Mumien schien ihre Wirkung auf das Publikum nicht zu verfehlen. Das zeigten die Besucherzahlen. Nur wenige Wochen nach Eröffnung der Ausstellung konnte der Leitende Direktor der rem, Prof. Dr. Alfried Wieczorek, im November 2007 bereits den 50.000sten Besucher begrüßen und schon im März 2008 hatten über 150.000 Gäste die Ausstellung gesehen. Der Zulauf war so groß, dass das Museum sich schon bald entschied, die Laufzeit der Ausstellung um zwei Monate zu verlängern, bevor sie ab Juni 2008 schließlich in Schloss Gottorf in Schleswig-Holstein erneut Station macht. Ein besonderes Highlight während der Ausstellung in Mannheim war die Lange Nacht der Mumien am 24. November 2007. Von 18 bis 24 Uhr wurden stündlich Führungen angeboten und Kinder und Jugendliche konnten mit der SoKo Mumie auf Entdeckungstour gehen.

„Memento mori – Bedenke, dass du sterben musst!" – unter diesem Motto stand die ganze Nacht. Sonderführungen durch die ständigen Sammlungen machten deutlich, dass Ewigkeit und Vergänglichkeit überall fassbar sind, ob in der christlichen Kunst oder der Theatergeschichte, mal in aller Deutlichkeit erkennbar, mal tiefer verborgen.

Der Wunsch nach Ewigkeit selbst aber scheint unvergänglich, auch das führte die Mumien-Ausstellung vor Augen. Am Ende des Rundgangs, vorbei an den Spuren der verschiedenen Kulturen von der Antike bis zur Neuzeit, stand die Zukunft – die Kryonik. Mit diesem Verfahren ist es möglich, Verstorbene einzufrieren, in der Hoffnung, sie zu einem späteren Zeitpunkt wieder auftauen und durch Fortschritte in der Medizin von ihren Krankheiten heilen zu können.

Der Traum vom ewigen Leben ist also noch lange nicht ausgeträumt.
AB

Abb. 6
Bei der Eröffnungsfeier saßen in der ersten Reihe unter anderem v. l. Prof. Dr. Alfried Wieczorek, Prof. Dr. Claus von Carman Bornheim, Dr. Wilfried Rosendahl und Dr. Frank Rühli

Abb. 7
Fast 200.000 Besucher durften die rem zu der Mumien-Ausstellung begrüßen

„Verhüllungen" von Klaus Jürgen-Fischer

Verhüllungen – Malerei von Klaus Jürgen-Fischer
Museum Weltkulturen D5
Eröffnung am 29. September 2007
30. September 2007 – 24. März 2008

Parallel zur großen Mumien-Ausstellung wurde am 29. September 2007 die Ausstellung „Verhüllungen – Malerei von Klaus Jürgen-Fischer" eröffnet. Diese umfangreiche Schau seiner Bilder wurde im Erdgeschoss des Museums Weltkulturen gezeigt.

Klaus Jürgen-Fischer, der in seiner frühen abstrakten Werkphase von archäologischen Artefakten angeregt wurde, verfolgte seit Mitte der 1970er Jahre das Thema der verhüllten oder halbverhüllten Gesichter und Figurinen. Mit gedämpften Farben und Hell-Dunkel-Kontrasten erneuert er dabei meisterhaft die Lasurtechnik der Renaissance und des Barock. Die rätselhaften, wie aus Gewandfalten gebildeten Gestalten erinnern sowohl an klassische Kutten, Talare, Kaftane, Burkas und Rüstungen wie auch an die bedrohlich wirkenden Verhüllungen heutiger Schutzanzüge. Und ebenso wie in der Mumien-Ausstellung assoziiert der Betrachter

bei Jürgen-Fischers Arbeiten Gedanken über das Geheimnis des Lebens und des Todes, die Verwandlung und Veränderung der Kreatur zu seinen Lebzeiten und nach dem Tode.

Klaus Jürgen-Fischer wurde 1930 in Krefeld geboren und studierte zwischen 1949 und 1952 an den Kunstakademien in Düsseldorf und Stuttgart. Der Schüler Willi Baumeisters war bis 1984 Herausgeber der Zeitschrift „Das Kunstwerk" und veröffentlichte weitere Publikationen zur zeitgenössischen bildenden Kunst. So gab er auch für die 1965 von ihm gegründete Künstlergruppe SYN die gleichnamige Zeitschrift heraus.

Bei Jürgen-Fischers Gemälden geht es „um die magische Wirkung der Poesie, aber auch um

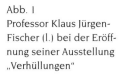
Abb. 1
Professor Klaus Jürgen-Fischer (l.) bei der Eröffnung seiner Ausstellung „Verhüllungen"

Abb. 2
Im Hintergrund ist das Gemälde „Große Figur", 1980, von Jürgen-Fischer zu sehen

die ordnende Kraft der Klarheit", so Kurator Dr. Claude W. Sui in seiner Einführung in das Werk des Künstlers während der Eröffnung, „um eine Komplexität des Erlebens ohne Sentimentalität, Rausch oder faulen Zauber, um Geheimnis ohne Geheimniskrämerei, um die künstlerische Integration der Vergangenheit in die Gegenwart, um das Mysterium der Kunst ohne Mystizismus, das heißt letzten Endes um das wirkliche Mysterium des Lebens."

Die Ausstellung wurde bis zum 24. März 2008 gezeigt.
TW

Abb. 3
Der Kurator Dr. Claude W. Sui führt Besucher nach der Eröffnung durch die Ausstellung

Abb. 4
Besucher bei der Ausstellungseröffnung. Links „Lappenmaske", 1993, rechts „Halbfigur",1987 von Klaus Jürgen-Fischer

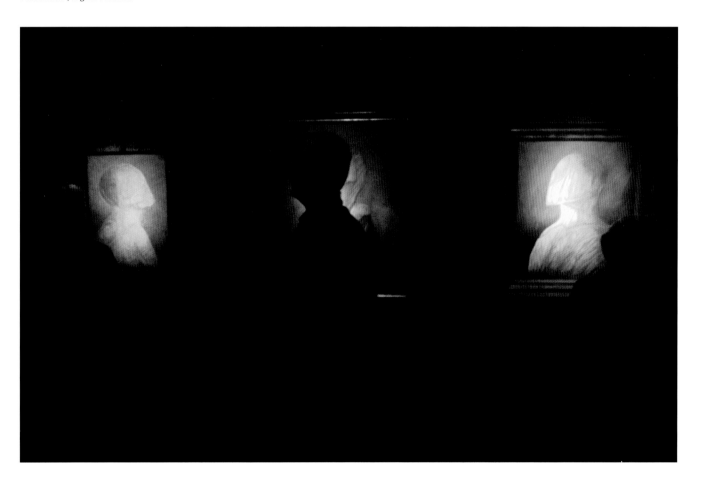

Ursprünge der Seidenstraße

Abb. 1
Zwei Zierbleche in
Kamelform
Han-Zeit (206 v. Chr. bis
220 n. Chr.)
Gold, L. 2,6 cm
© Cultural Heritage
Bureau of Xinjiang Uygur
Autonomous Region,
China

Abb. 2
Goldmaske mit Edel-
steinbesatz (Almandin-
Einlagen)
5. bis 6. Jhr. n. Chr.
Gold, Almandin
H. 16,5 cm, Br. 18 cm
© Cultural Heritage
Bureau of Xinjiang Uygur
Autonomous Region,
China

Abb. 3
v . l. n. r.:
Vize-Außenminister der
VR China, Mei Zhaorong,
Alexandra Freifrau von
Berlichingen, Altbundes-
präsident Prof. Dr. Roman
Herzog, stellvertretender
Generalsekretär der Auto-
nomen Region Xianjiang,
Zhakan Haiyisha, Prof. Dr.
Alfried Wieczorek

**Ursprünge der Seidenstraße – Sensationelle
Neufunde aus Xinjiang, China
Museum Weltkulturen D5
Eröffnung am 7. Februar 2008
9. Februar bis 1. Juni 2008**

Am 7. Februar 2008 wurde eines der großen
Highlights dieses Jahres in den rem eröffnet.
Die Ausstellung „Ursprünge der Seidenstraße
– Sensationelle Neufunde aus Xinjiang, China"
zeigte erstmals außerhalb Asiens archäologische Funde, die durch ihren guten Erhaltungszustand beeindruckten. Ursache dafür sind die
ungewöhnlichen klimatischen Bedingungen in
der Taklamakan-Wüste, der zweitgrößten Sand-
wüste der Welt, im Nordwesten Chinas. Durch
Dehydrierung wurden besonders organische
Materialien wie Textilien, Holz und Speisen vor
dem Vergehen bewahrt. Die Objekte, die aus
dem Zeitraum von ca. 2000 v. Chr. bis ca. 500

n. Chr. stammen, geben wunderbare Einblicke
in die Lebenswelten der Menschen an diesem
frühen Kreuzungspunkt der Kulturen. Hier
fand ein reger Kultur-, Technik-, Waren- und
Wissenstransfer zwischen Asien, Europa und
Indien statt.

Der Rundgang der Ausstellung führte die
Besucher zu den verschiedenen Fundorten der
Region. Dort konnten sie z. B. Gegenstände des
täglichen Lebens und sogar noch Lebensmit-
tel wie Hirsebrötchen, Mais und Kolbenhirse,
betrachten. Prächtige Goldarbeiten und die
besonders beeindruckenden, farbenfrohen
Textilien rundeten die faszinierende Objekt-
auswahl ab.

Die Eröffnungsveranstaltung selbst fand unter
Teilnahme zahlreicher Ehrengäste statt, darunter Altbundespräsident Prof. Dr. Roman Herzog
und eine siebenköpfige Delegation aus China,
angeführt vom stellvertretenden Generalsekretär der Autonomen Region Xinjiang, Herrn
Zhakan Haiyisha. Sie stieß auf ein so großes
Interesse, dass die Reden aus dem Anna-
Reiß-Saal in benachbarte Räumlichkeiten des
Museums Weltkulturen übertragen werden
mussten.

Grußworte sprachen der Staatsminister beim Bundesminister des Auswärtigen, Gernot Erler, der Generalkonsul der VR China, Seine Exzellenz Li Haiyan, das Vorstandsmitglied der Kulturstiftung des Bundes, Alexander Farenholtz, sowie Prof. Dr. Svend Hansen, der Leiter der Eurasienabteilung des Deutschen Archäologischen Instituts. Das musikalische Rahmenprogramm gestalteten Frau Deng Xiao Mei, die auf der Erhu, der chinesischen Geige spielte, und Nargiza Alimova, die sie am Flügel begleitete.

Die Ausstellung, für die Yang Jiechi, Außenminister der Volksrepublik China, und Frank-Walter Steinmeier, Außenminister der Bundesrepublik Deutschland, die Schirmherrschaft übernommen hatten, wurde von den rem in Kooperation mit dem Archäologischen Institut Xinjiang, dem Museum und dem Cultural Heritage Bureau der Uigurischen Autonomen Republik Xinjiang und der Eurasienabteilung des Deutschen Archäologischen Instituts erarbeitet.
TW

Abb. 4
Fragment eines Wandbehangs mit Darstellung eines Kentauren und eines Kriegers
Han-Zeit (206 v. Chr. bis 220 n. Chr.)
Wolle, Farbmittel,
L. 116 cm, Br. 48 cm
© Cultural Heritage Bureau of Xinjiang Uygur Autonomous Region, China

Abb. 5
Die chinesische Delegation während der Eröffnungsveranstaltung

Gudrun-Wassermann-Buschan-Preis 2007

Gudrun-Wassermann-Buschan-Preis 2007
Werkschau der Preisträgerin
Evelyn Hribersek
Museum Zeughaus
Eröffnung am 9. Juni 2007
10. Juni – 12. August 2007

Zurzeit noch alle zwei Jahre verleiht die Stadt Mannheim zusammen mit der Freudenberg Stiftung Weinheim den Gudrun-Wassermann-Buschan-Preis für junge Bühnen- und Kostümbildnerinnen und -bildner. Er ist nach seiner Stifterin, der Kostüm- und Bühnenbildnerin Gudrun Wassermann-Buschan (1914 – 2001) benannt und wurde 1998 erstmals vergeben. Der Preis soll junge Künstlerinnen und Künstler fördern und die Wahrnehmung der Öffentlichkeit auf einen häufig zu Unrecht im Hintergrund stehenden Bereich des Theaters lenken.

Die neunköpfige Jury unter dem Vorsitz des Kunsthistorikers Dr. Hans-Jürgen Buderer (rem)

wählte als Preisträgerin 2007 Evelyn Hribersek aus Stuttgart aus. Die 1979 geborene Künstlerin studierte zwei Jahre Architektur, ehe sie 2001 das Studium Bühnen- und Kostümbild zunächst in Stuttgart und dann an der Akademie der Bildenden Künste in München aufnahm. Mit ihrem „Verständnis […] vom Kostüm als skulpturaler Ausdrucksform", so die Jury in ihrer Begründung, hat Evelyn Hribersek ein zentrales Anliegen des Preises, „nämlich die Integration von Aspekten der zeitgenössischen Kunst in die theatrale Gestaltung" erfüllt. Dies zeigt sich sowohl bei den Performances und den Kostümen, als auch bei ihren fotografischen Projekten in „gestalterisch überzeugenden Lösungen, die nicht allein inhaltliche Anliegen didaktisch transparent machen, sondern die auch ästhetisch unmittelbar ansprechen und überzeugen", so die Jury weiter.

Die Werkschau, neben einem Preisgeld von 5.000 Euro unter anderem Teil der Dotierung,

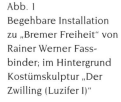

Abb. 1
Begehbare Installation zu „Bremer Freiheit" von Rainer Werner Fassbinder; im Hintergrund Kostümskulptur „Der Zwilling (Luzifer I)"

wurde von Tobias Wüstenbecker, Volontär in den Theater- und Musikgeschichtlichen Sammlungen der rem kuratiert. Am 9. Juni fand im gut besuchten Florian-Waldeck-Saal des Museums Zeughaus die Eröffnungsveranstaltung statt. Es sprachen Prof. Dr. Alfried Wieczorek, Leitender Direktor der rem, Oberbürgermeister Gerhard Widder und Christian Petry, Geschäftsführer der Freudenberg Stiftung Weinheim. Werner Pick, Kostümdirektor des Staatstheaters Stuttgart, hielt die Festrede mit dem Titel „Warum das Bühnenkostüm heute meist vergeblich auf den schönen Prinzen wartet". Nach der Laudatio durch Hans-Jürgen Buderer erhielt Evelyn Hribersek den Preis aus den Händen von Oberbürgermeister Widder und Ida Schildhauer von der Freudenberg Stiftung.

Die Ausstellung wurde im Heinrich-Vetter-Saal im 1. Obergeschoss des Zeughauses präsentiert. Sie zeigte in beeindruckender Weise die Vielseitigkeit und Kreativität von Evelyn Hribersek. So konnte die Werkschau nur durch eine begehbare Installation zu Rainer Werner Fassbinders „Bremer Freiheit" betreten werden. Nach dem Gang durch diesen spektakulär in den Ausstellungssaal eingebauten und als Waffen- und Folterkammer gestalteten Bühnenraum standen die Besucher vor einem beeindruckenden Beispiel für ein Kostüm als

Skulptur, den „Zwilling (Luzifer I)". Weitere Bühneninstallationen, unter anderem zu Bert Brechts „Im Dickicht der Städte", waren in verkleinerter Form eigens für diese Werkschau neu aufgebaut worden.

Ein weiterer Teil der Ausstellung zeigte während des Studiums entstandene Arbeiten, darunter nicht verwirklichte Entwürfe zu „Peer Gynt", „Medea" und „Heimsuchung". Bühnen- und Kostümskizzen sowie Bühnenbildmodelle machten die Ideen der Künstlerin anschaulich. Schließlich wurden auch freie Arbeiten von Evelyn Hribersek gezeigt. Hier konnten fotografische Werke präsentiert werden, wie z. B. „Im Wald", eine Adaption des Märchens „Rotkäppchen", oder Standbilder aus Filmprojekten, wie dem Video-Performance-Projekt „Morgendämmerung", dem Baudelaires „Blumen des Bösen" zugrunde liegen.
TW

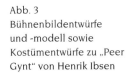

Abb. 2
Porträt Evelyn Hribersek
© Thomas Franz

Abb. 3
Bühnenbildentwürfe und -modell sowie Kostümentwürfe zu „Peer Gynt" von Henrik Ibsen

Spurensuche – Polizeifotografie in Mannheim

Spurensuche
Polizeifotografie Mannheim 1946 bis 1971
16.09.2007 – 06.04.2008
Museum Weltkulturen D 5 der Reiss-Engel-horn-Museen
PP-Art, Polizeipräsidium Mannheim L 6,1
Zur Ausstellung erschien ein Katalog.

Vorgeschichte

Polizeifotografie aus Deutschland war bislang kein Thema, dem sich eine Ausstellung gewidmet hätte. In den USA hingegen fanden zwei Ausstellungen statt, welche die amerikanische polizeiliche Fotografie als ästhetisch und kulturhistorisch bedeutsam erkannt hatten. 1992 präsentierte Luc Sante das wegweisende Katalogbuch „Evidence"[1], in dem er die frühe Polizeifotografie des New York Police Departments präsentierte. 2001 wurden unter dem Titel „To Protect and Serve: The L.A.P.D. Archives – One Hundred Years of Photography"[2] in einer von Tim Wride kuratierten Ausstellung in der Galerie „fototeka" etwa 100 Bilder des Los Angeles Police Department gezeigt. Dessen Fotografen

bekamen ab den 1940er Jahren Lehrgänge von den Still-Fotografen der Filmstudios, was zu einer deutlichen Dramatisierung und Inszenierung der Bilder führte. 2005 war diese Ausstellung auch im Kunsthaus Zürich unter dem Titel „The Art of the Archive"[3] zu sehen. Neben dieser doch recht übersichtlichen Auswahl haben nach unserer Kenntnis keine weiteren Ausstellungen zu diesem Thema in Museen stattgefunden.

Entwicklung

Ein erster Anlauf, eine Ausstellung über die Mannheimer Polizeifotografie durchzuführen führte 1998 zur Sichtung eines Gutteils der erhaltenen Bilder, allerdings konnte die Ausstellung seinerzeit nicht realisiert werden. Bei einem zweiten Anlauf 2005 waren die Bestände der frühen Nachkriegsjahre durch Verlust mittlerweilen stark geschrumpft. Glücklicherweise hatte Kriminalhauptkommissar i.R. Udo Günther die Bedeutung des verbliebenen Materiales erkannt und konnte zumindest Teile der Bilder bergen und bewahren.

Das vorgefundene Material enthielt Glasnegative in verschiedenen Formaten, Kontaktabzüge und eine bis dato nicht genau quantifizierte Anzahl von Positiven in unterschiedlichen Formaten. Auf Basis dieser Sammlung führte ich, in enger Abstimmung mit dem Polizeipräsidium Mannheim, mit Carolin Ellwanger, der Assistentin von ZEPHYR, die Sichtung und Bewertung des erhaltenen Materiales durch. 275 Fotografien wurden in den Reiss-Engelhorn-Museen gezeigt, weitere 55 in der Galerie des Mannheimer Polizeipräsidiums. Die Einschränkung auf die Jahre 1946 bis 1971 ergab sich aus folgenden Gründen: Aus der Zeit vor 1946 existiert kaum Material, da das Bildarchiv des Polizeipräsidiums in den letzten Kriegstagen verbrannte, 1972 wurde die städtische Polizei zu der des Landes Baden-Württemberg und schließlich nutzten die Polizeifotografen ab 1972 in breitem Umfang Plastikpapier (PE) für die Abzüge.

Abb. 1
Elendsquartiere, 1946
Neckarau, verlassene
Eisenbahnstraße, städtischer Lagerplatz. In
einer Baracke, die aus
einem Raum besteht,
haust eine Familie mit
sieben Personen
© Polizeipräsidium
Mannheim

Dessen Qualität war insbesondere in den ersten Jahren von minderer Qualität.

Bildsprache

Inhaltlicher Schwerpunkt dieser Ausstellung ist die Bildsprache, die von den Fotografen der Mannheimer Kriminaltechnik gefunden wurde. Diese Bildsprache ergab sich aus den besonderen Umständen der Entstehung und der Thematik des Dargestellten. Alle Fotografie strebt, sofern sie von Könnern dieses Handwerkes ausgeübt wird, nach einer – von Zeit und Mode bestimmten – ästhetischen Norm. Nicht so die Fotografen des Erkennungsdienstes, deren Herangehensweise sich elementar von der zeitgleichen stilistischen Entwicklung der Fotografie unterscheidet. Ihre Aufgabe war es, Aufnahmen von Unfall- oder Tatort zu erstellen, die dazu dienten, bei der Suche nach Ursache rsp. Täter als visueller Beweis zu dienen und bei Gerichtsverhandlungen den Status vor Ort möglichst genau nachvollziehen zu können. Die Anfertigung von Übersichts- und Detailaufnahmen folgte also nicht Kriterien, bei denen es um eine Gestaltung des Bildraumes ging, vielmehr stand der Aspekt der Definition des jeweiligen geografischen Ortes und der am Ereignis beteiligten Objekte im Zentrum. Dies führte immer wieder zu Resultaten, in denen das Ephemere in einer Weise in den Mittelpunkt rückte, wie es sonst erst in der Kunstfotografie der 1990er Jahre auftrat. So können wir beispielsweise das eigentliche Zentrum des Geschehens, einen unter einem Waschbecken liegenden Toten, lediglich angeschnitten am Bildrand erkennen, während die Leere des restlichen Raumes beinahe das gesamte Bild füllt. Sehen wir diese Bilder von ihrem Kontext gelöst, können wir in ihnen eine gänzlich neue und in den 1950er bis 1970er Jahren unbekannte Bildsprache erkennen.

Gliederung

Die thematische Gliederung der Ausstellung vermeidet es, die Einzelfälle in den Vordergrund des Besucherinteresses zu stellen. Dies geschah, um den Blick auf die ästhetische und technische

Abb. 2
Der Mannheimer Postraub von 1949, linksseitige Aufnahme des Tatortes
© Polizeipräsidium Mannheim

Qualität der Bilder zu lenken. Zudem war es uns kein Anliegen, die Taten und Unglücksfälle der Vergangenheit rekonstruierbar in den Blick investigationslüsterner Besucher zu rücken. Opfer wie Täter haben auch nach dieser langen Zeit das Anrecht auf Anonymität.

„Mobilität", „Wer fuhr den grauen Ford" „Elendsquartiere", „Häuser", „Straßen und Plätze", „Tatwerkzeuge und Spuren", „Nacht", „Nummern und Zeichen", „Zaungäste", „Opfer" und „Räume" sowie „Polizeileben" gliedern die Ausstellung in übersichtliche Abteilungen, in denen es möglich ist, die Entwicklungen von Bildsprache und Technik vergleichend zu betrachten. Die Mehrzahl der Fotografien sind Vintages, also unmittelbar nach der Aufnahme gefertigte Prints. Häufig sind sie kleinformatig, was den Betrachter zwingt, sich alleine mit dem Bild zu beschäftigen. Von den erhaltenen Glasplatten, zu denen keine Positive vorhanden waren, wurden für die Ausstellung Modern Prints ohne Bildkorrekturen gefertigt.

Sonderfälle

Vier Sonderfälle gilt es herauszustellen: „Elendsquartiere", eine im Frühsommer 1946 entstandene 22-teilige Serie wurde von der Stadtver-

Abb. 3
Interieur, tödlicher Unfall,
Anfang 1960er Jahre
© Polizeipräsidium
Mannheim

Abb. 4
Toter Polizist, Mord, Ende
1940er Jahre
© Polizeipräsidium
Mannheim

waltung bei den Polizeifotografen in Auftrag gegeben, um die Nöte der Überlebenden in Mannheim aufzuzeigen. Wegen der Vielzahl der Bunker im Stadtgebiet hatte Mannheim deutlich weniger Opfer durch die alliierten Luftangriffe zu beklagen als vergleichbar stark zerstörte Städte. Die Ausgebombten jedoch flohen mangels Wohnraum aus der Stadt, obwohl jede Hand zum Wiederaufbau benötigt wurde. Um nun von der Militärverwaltung höhere finanzielle Mittel zu erhalten, wurde die einzigartige Serie der Elendsquartiere erstellt (Abb. 1). Sie dokumentiert mit beigestellten Texten

in bürokratisch trockener Sprache die drastisch einfachen Behausungen in Kellerlöchern, überfüllten Baracken und Trümmerwüsten, wie wir es 2007 nur aus der Kriegsberichterstattung kennen.

„Wer fuhr den grauen Ford" ist der einzige Fall in der Ausstellung, der umfassend in Skizzen, Texten und Fotografien dargestellt wird. 1949 hatte eine Bande junger Täter den ersten Überfall auf einen Geldtransporter im Nachkriegsdeutschland durchgeführt. Die Geschichte von Tat und Aufklärung enthält tragisch-komische Züge, auch wie die Polizei den Tätern auf die Spur kam (Abb.2). Auf einer Tankquittung, mit der sich einer der Täter nach verrichteter Notdurft gereinigt hatte, gelang es eine Telefonnummer sichtbar zu machen, die schließlich über diverse Zwischenstationen zur Aufklärung führte. Dieser Fall wurde 1950 von Otto Wernicke mit dem Titel „Wer fuhr den grauen Ford" als erster Kriminalfilm der Bundesrepublik mit dem jungen Wolfgang Neuss verfilmt.

„Räume" stellt unsere visuellen Erfahrungen in ganz anderer Weise in Frage. Die Fähigkeiten der Polizeifotografen waren in besonderer Weise bei der Dokumentation von Innenräumen gefordert. Denn „Räume" behandelt die eigene Wohnung, den intimsten Lebensbereich des Menschen, der ein nicht substituierbares Gut ist. Küche, Schlafzimmer, Kommode oder Bett finden wir hier so, wie wir es eigentlich nur in unserer eigenen Wohnung erleben. Vollkommen ungeschönt und manchmal unaufgeräumt; in jedem Bild jedoch in einem Zustand der gesprengten Intimität. Was den Bewohnern eben noch als geschlossenes Refugium diente, ist durch den Eintritt eines Ereignisses zu einem Untersuchungsobjekt der Polizei geworden (Abb. 3). Niemand kann mehr die Wäsche verstecken, die Flaschen wegräumen oder den Tisch abdecken. Alle Einzelheiten sind mit dem Eintreffen der Kriminaltechnik von Bedeutung, um den Tathergang nachvollziehen und klären zu können.

Dies ist der radikalste Augenblick der Entprivatisierung und doch für uns heute die einmalige Möglichkeit, einen ganz neuen Blick in die Vergangenheit zu werfen. Denn die Bilder unterscheiden sich in ihrem Grundimpuls von jeder anderen Sparte der Fotografie. Nur der Bestand zählt, alles ist von Bedeutung, nichts darf hinzugefügt oder weggelassen werden. Zugleich erkennen wir die Orte eben so, wie die Polizisten sie vorfanden. Dieser Blick in die unbedingte Privatheit erlaubt es, geistige Brücken in das eigene Leben zu schlagen, die Unterschiede und Gemeinsamkeiten von jenen Lebensstrukturen zu erkennen, die in den Wohnungen herrschen, egal wie arm oder reich, ordentlich oder schlampig die Bewohner sind oder waren.

Opfer

Opfer stellen naturgemäß den traurigsten Part der Polizeifotografie dar. In dieser Ausstellung ist das nicht anders und es ist Anliegen von Ausstellungsteam wie Polizeipräsidium, die Besucher nicht zu irritieren oder zu verstören. Deshalb wurde auf alle Darstellungen verzichtet, die Gefühle verletzen könnten. „Opfer" fasst jene Bilder zusammen, auf denen Opfer von Unglücken oder kriminellen Taten zu sehen sind. Beispielsweise der Leichnam des ersten nach dem Krieg ermordeten Polizisten, dessen Einsamkeit in der Leere des Platzes ein besonders eindrucksvolles Bild von der Stille des Todes zeigt (Abb. 4). Der Schnee, der sich auf seine Stiefel und Hose gelegt hat, sein Karabiner, der hinten an der Wellblechwand lehnt, Tornister und Mütze liegen wie sie gefallen sind. Oder eine Unbekannte, die im Hinterhof einer Ruine tot aufgefunden wurde: der Geldbeutel neben der Handtasche geöffnet, ein (ihr?) Mantel über sie gebreitet, ein Bein sieht darunter hervor. Die Szenerie könnte auch von der Umschlagillustration eines Kriminalromans stammen, so dicht und stimmig erscheint die Komposition (Abb.5).

Der Tod ist nicht schön, doch wenn wir hinter den Gehalt der Bilder blicken, erkennen wir die respektvolle Wahrnehmung dieses Zustands. Die Fotografen des Erkennungsdienstes mussten ablichten und sie taten dies so neutral wie möglich und ohne die kompositorische Ordnung der Bilder in den Vordergrund zu stellen. Anders als bei den Pressefotografen ging es ihnen nicht um eine dramatische oder ästhetische Zuspitzung innerhalb des Bildes. Dies hilft uns Betrachtern beim Umgang mit den Bildern der Opfer.

TS

Abb. 5
Ruinengrundstück, Körperverletzung mit Todesfolge, 1950er Jahre
© Polizeipräsidium Mannheim

1. Sante, Luc: Evidence, New York 1992.
2. Bratton, William J. / Wride, Tim B. / Ellroy, James: Scene of the Crime: Photographs from the LAPD Archive, New York, USA 2004.
3. Kunsthaus Zürich (Hrsg.): The Art of the Archive, Zürich 2005.

Präsentation der Zeitschrift der Badischen Heimat zum Stadtjubiläum Mannheims 2007

Landesverein Badische Heimat e. V.

Der Landesverein Badische Heimat besteht seit fast 100 Jahren. Er ist im Jahr 1909 gegründet worden und kann im nächsten Jahr somit ein Jubiläum feiern. Er sieht es als seine Aufgabe an, sich dem Schutz der Natur, Umwelt und Landschaft zu widmen. Die Sicherung der Denkmalpflege ist ihm ebenso ein Anliegen wie die Förderung und Vermittlung von Regional- und Landesgeschichte. Der Verein ist parteipolitisch neutral. Er bewegt sich im Spannungsfeld zwischen Fortschritt, Tradition, Kontinuität, Beharrung und Aufbruch.

Regionalgruppen des Vereins finden sich in den Orten Baden-Baden, Bad Säckingen, Bretten, Bruchsal, Freiburg, Heidelberg, Karlsruhe, Lahr, Lörrach/Markgräflerland, Mannheim, Pforzheim, Rastatt, Schwetzingen, Waldshut-Tiengen und Wiesloch.

Die Zeitschrift der Badischen Heimat erscheint vierteljährlich. Im März letzten Jahres war sie einzig der Stadt Mannheim und ihrem 400jährigen Jubiläum gewidmet. Die Publikation erschien unter dem Titel: „1607 – 2007. 400 Jahre Stadt Mannheim". Das Motto, unter welches sie gesetzt wurde, ist der Umgang mit dem kulturellen Erbe – der Stadtgeschichte Mannheims und dem Denkmalschutz – im Jubiläumsjahr 2007.

Den ersten der Beiträge dieser Ausgabe des Heftes der Badischen Heimat verfasste Prof. Dr. Alfried Wieczorek in seiner Funktion als leitender Direktor der rem. Dieser Artikel thematisiert die Eröffnung des neuen „Museum Zeughaus" am 24. Januar 2007, die diesem Großereignis vorausgehende Generalsanierung des Gebäudes sowie die Geschichte der rem und deren Sammlungen.

Für das Titelbild des Heftes wurde eine Fotografie der Fassade des Zeughauses verwendet. Sie zeigt den frühklassizistischen Bau mit gereinigtem Mauerwerk und dem in historischer Form wieder hergestellten hohen Dach.

Über 30 Autoren trugen insgesamt zum Gelingen des Heftes der Badischen Heimat bei. Entstanden ist ein facettenreicher Überblick über viele kulturhistorische Themen im Mannheimer Jubiläumsjahr. Mit Hilfe von zahlreichen Sponsoren konnte der Heftumfang erweitert werden, um so einer großen Vielfalt wichtiger Aspekte der Stadtgeschichte Genüge tragen zu können. Im Rahmen einer kleinen Feierstunde wurde das Heft am 26. März 2007 im Florian-Waldeck-Saal des „Museum Zeughaus" vorgestellt.

Der Landesvorsitzende der Badischen Heimat, Dr. Sven von Ungern-Sternberg, Regierungspräsident des Regierungsbezirks Freiburg, war ebenso zur Vorstellung und zum Pressegespräch anwesend wie Heinrich Hauß, der Schriftleiter des Vereins. Der jetzige Mannheimer Oberbürgermeister Dr. Peter

Titelbild des Heftes der Badischen Heimat zum Mannheimer Stadtjubiläum

März 1/2007 · E 1459

Badische Heimat

Zeitschrift für Landes- und Volkskunde
Natur-, Umwelt- und Denkmalschutz

1607–2007
400 Jahre Mannheim

Kurz nahm in seiner vormaligen Funktion als Bürgermeister für Bildung, Kultur und Sport ebenso an der Präsentation der Zeitschrift teil wie der Hausherr der rem Prof. Dr. Alfried Wieczorek. Beide wendeten sich – wie auch die Vertreter des Landesvereins der Badischen Heimat – in kurzen Ansprachen an die anwesenden Gäste. Für die Regionalgruppe Mannheim sprach deren Vorsitzender Volker Keller.

Die Regionalgruppe Mannheim umfasst ca. 120 Mitglieder. Ihr Programm bietet eine Vielfalt an Führungen, Begehungen und Vorträgen, die dazu dienen sollen, auf informative und unterhaltsame Weise das Bewusstsein der Öffentlichkeit für die Bewahrung des historisch Gewachsenen zu halten, beziehungsweise gegebenenfalls zu wecken.
TV / VK

Anwesende Autorinnen und Autoren des Heftes der Badischen Heimat zum Mannheimer Stadtjubiläum.
V. l. n. r.:
Tanja Vogel, Dr. Susanne Schlösser, Dr. Hans-Peter Rings, Volker Keller, Karl Eisenhuth, Dr. Claudia Schöning-Kalender, Dr. Harald Stockert, Dr. Helmut Orpel, Dr. Kathrin Ellwardt, Dr. Sven von Ungern-Sternberg, Walter Pahl, Niels Gormsen, Dr. Ulrich Nieß, Dr. Heidrun Kämper, Dr. Grit Arnscheidt, Johannes Gürlich, Marion Schöbel, Dr. Ursula Koch, Prof. Dr. Alfried Wieczorek, Line Huber, Dr. Klaus Wirth, Tobias Möllmer, Dr. Konrad Exner

Neben den während der Feierstunde anwesenden Autorinnen und Autoren, welche auf dem Gruppenbild zu sehen sind, verfassten Volker Batz, Hartmut Ellrich, Peter Galli, Claus Huber, Eleonore Kopsch, Lothar Mark MdB, Dr. Christmut Präger, Dr. Wilfried Rosendahl, Theodor Schneider, Prof. Dr. Sylvia Schraut, Dr. Martin Wenz und Dr. Wolfgang Wiese weitere Artikel für das Jubiläumsheft (Die Autoren sind hier in alphabetischer Reihenfolge genannt).

Mit diesem kurzen Bericht zur Präsentation des Heftes der Badischen Heimat in den rem im Zuge der Feierlichkeiten zu „400 Jahre Stadt Mannheim" sei nochmals großer Dank an Sponsoren und Autoren verbunden.

Rezension dreier Publikationen über das Mannheimer Schloss

Der belgische Baron de Reiffenberg, der Mannheim im frühen 19. Jahrhundert besuchte, billigte dem Schloss keinen großen Wert zu. Für ihn war es der Versuch, dem französischen Sonnenkönig auf sehr kostspielige Weise nachgeeifert zu haben („Ruineuse émulation de Louis XIV"). Dagegen war mehr als ein halbes Jahrhundert früher Friedrich der Große zu einer positiven Beurteilung gekommen: In seiner „Histoire de mon temps" zählte er es neben den Schlössern von Berlin, Nymphenburg und Ludwigsburg zu den Bauwerken, die „zwar nicht denen von Athen und Rom vergleichbar sind, aber doch die gotische Baukunst unserer Vorfahren übertreffen". Begonnen wurde mit dem Schlossbau 1720, als Kurfürst Carl Philipp seine Residenz von Heidelberg nach Mannheim verlegte. Die Bauarbeiten gingen zügig voran. 1731 wurde die Schlosskirche eingeweiht und das Schloss vom Kurfürsten bezogen. 1742 kam der Schlossbau zu einem vorläufigen Abschluß: Corps de Logis, Ehrenhofflügel, Westflügel und Oper waren fertig gestellt. Diese wurde am 17./18. Januar 1742 anlässlich der Vermählung der Enkelin des Bauherrn mit dessen Nachfolger, seinem Großneffen Carl Theodor, eingeweiht.

Erst 1749 wurde die Bautätigkeit in größerem Rahmen wieder aufgenommen. Der Westflügel erhielt ein Pendant auf der Ostseite. Ein großer Marstall, sowie Stallungen und Remisen komplettierten die Anlage.

Um 1760 kann das Schloss als vollendet angesehen werden. Die Baukosten betrugen rund 2 Millionen Gulden. Dies waren in etwa die jährlichen Staatseinnahmen.

Als Carl Theodor 1778, nach dem bayerischen Erbfall, mit rund 8.000 Personen nach München umzog (Mannheim hatte damals etwas mehr als 21.000 Einwohner), hinterließ er ein Schloss, das mit nahezu 450 Meter an der Stadtfront eines der größten in Europa geworden war. In den kriegerischen Auseinandersetzungen nach der französischen Revolution wurden Stadt und Schloss beschossen. Im Frieden von Lunéville erhielten die Markgrafen von Baden, nun in den Rang von Großherzögen erhoben, die rechtsrheinische Pfalz und nutzten Mannheim als Zweitresidenz.

Ab 1819, bis zu ihrem Tod 1860, bewohnte die Großherzogin-Witwe Stéphanie das Schloss. In den ehemaligen Prunkräumen wurde 1926 ein Museum eingerichtet. Im Zweiten Weltkrieg brannte das Gebäude zu 70% aus. Anfängliche Pläne zur seiner Niederlegung wurden vor allem deshalb nicht umgesetzt, weil sich der riesige Baukomplex mit überschaubaren Mitteln für Verwaltungszwecke herrichten ließ. Die 1952 gegründete Wirtschaftshochschule (1967 zur Universität erhoben) verdrängte nach und nach alle übrigen Nutzungen. 1968/69 wurden einige Säle im Corps de Logis wiederhergestellt, allerdings nicht nach strengen denkmalpflegerischen Kriterien. Schon seit Längerem gehegte Ideen, dem Corps de Logis wieder die ursprünglichen Mansarddächer aufzusetzen und im Schloss ein Museum einzurichten, konnten bis 2007, dem 400jährigen Stadtjubiläum, realisiert werden. Hier und in dem ehemaligen Kaiserlichen Quartier entstand ein „Raumkunstmuseum" (Wiese) mit zwei thematischen Schwerpunkten: Rokokoräume erinnern an die kurfürstliche Zeit, Empireräume an die badische.

Drei zum Stadtjubiläum erschienene Publikationen widmen sich dem Schloss aus unterschiedlichen Blickwinkeln.

In insgesamt elf Kapiteln, die von einem Prolog, einer Einleitung und einem Epilog eingerahmt sind, nähert sich Ferdinand Werner dem Thema. Die Beschreibung der „Residenz als Wohnung der Kurfürsten" nimmt den größten Raum ein. Im Anhang finden sich ein Grundriss des Hauptgeschosses, in dem die einzelnen Nutzungen in kurfürstlicher Zeit verzeichnet sind, eine Stammtafel der pfälzischen Kurlinien, Literaturverzeichnis, Abbildungsnachweis, Orts- und Namensindex sowie ein Glossar der verwendeten Fachbegriffe.

Werner erläutert ausführlich die Vorgeschichte des Schlossbaus. Er weist überzeugend nach, dass der Religionsstreit zwischen dem katholischen Fürsten und den Reformierten nur Anlass, aber nicht Grund für die Residenzverlegung war. Nicht zuletzt mit einem repräsentativen Schlossneubau wollte die Pfalz wieder im „Konzert der Mächtigen" mitspielen. Die komplizierte Autorenschaft des Schlossentwurfs wird nachvollziehbar herausgearbeitet.

Dass es keinen Wettbewerb oder konkurrierende Entwürfe gegeben hatte, erwähnt Werner, untersucht aber nicht die Hintergründe. Anhand der von Jahr zu Jahr steigenden Steuern, mit denen die Pfälzer Untertanen zum Schlossbau herangezogen wurden, verfolgt er den Fortgang des Baugeschehens. Durch dessen Gegenüberstellung mit den Lebensumständen der pfälzischen Bevölkerung, für die die gewaltigen Summen, die sie aufzubringen hatten, eine schwere Bürde darstellte und viele zur Auswanderung nach Übersee bewog, wird die Schilderung packend und anschaulich.

Dies ist nicht zuletzt auch den in den Text eingestreuten Zitaten zeitgenössischer Autoren zu verdanken. Wenn er die Baukosten mit rund 2 Millionen Gulden veranschlagt, macht er die Dimension dieses gewaltigen Betrags mit Zahlenvergleichen deutlich: Beim Verkauf des Palais Hillesheim, dem prachtvollsten Mannheimer Wohngebäude, wurden 11.000 Gulden erzielt. Fast ebensoviel, nämlich 10.000 Gulden, kostete der Stuck im Kaiserlichen Quartier.

Die Entscheidung Carl Theodors für die Errichtung des Ostflügels versteht Werner nicht so sehr als zwingende Konsequenz eines gestiegenen Raumbedarfs, sondern in erster Linie als Wunsch nach Symmetrie und somit auch als Tribut an das Stadtbild. Die Existenz neuer Flächen führte in der Folge zum Aufbau neuer Sammlungen und anderer kultureller Einrichtungen.

Im nächsten Kapitel, über die Architektur und die Vorbilder, wird weit ausgeholt und selbst der Salomonische Tempel als Referenz bemüht. Diese Erkenntnisse entsprechen dem bekannten Forschungsstand.

Die Inventare der kurfürstlichen Zeit werden dagegen gewinnbringend ausgewertet. Dem Autor bereitet es sichtlich Vergnügen, Bildthemen und –programme zu entschlüsseln oder neu zu deuten. Die entsprechenden Ausführungen nehmen bisweilen aber viel Raum ein, wie beispielsweise im Abschnitt über die Bildteppiche: Ihre jeweiligen Themen werden eng mit den Funktionen der Räume, in denen sie hingen und dem Schlossherrn in Bezug gesetzt und - nicht immer ganz schlüssig - interpretiert. Bei der Beschreibung des Asamfreskos im Treppenhaus wird gar über das Ziel hinausgeschossen: Die vom Künstler sicher ganz ohne Hintergedanken in das Bildthema komponierte Darstellung der drei Enkeltöchter des Kurfürsten ist für Werner Anlass, eine komplizierte Deutungsgeschichte zu entwickeln. Folgt man seinen Erläuterungen, so ist in Äneas der Kurfürst zu sehen, der in Mannheim ein neues Rom gründen wollte. Dies vermag nicht zu überzeugen. Er wird auch ungenau, wenn er die Statue der Marie Leszczynska (nicht: Leszynska) von Guillaume Coustou, die erst 1725 französische Königin geworden war, „nach 1700" datiert. Widerlegen kann er dagegen bisher anerkannte Lesarten von Bildprogrammen, wie bei den Lünettenbildern im Rittersaal.

Dass im Schloss zu Zeiten Carl Philipps an eigentlich überholten Dekorationsschemata festgehalten wurde, liest Werner als bewusste Betonung der Anciennität, mit der die politische Verortung der Kurpfalz im Reich unterstrichen werden sollte.

Werners Interesse geht erfreulicherweise über die Schilderung der Repräsentations- und privaten Wohnräume des Fürsten hinaus. Auch weniger Spektakuläres, wie z. B. die Ökonomieräume, die sanitären Verhältnisse und die Beheizung werden ausführlich besprochen. Mit einem Exkurs in die badische Zeit beschließt er seinen Rundgang. Es folgen, in eigenen Beiträgen, Darstellungen wichtiger Funktionsräume der Residenz, wie Bibliothek, Archiv, Sammlungsräume und Schlosskirche. Werner versteht es geschickt, dem Leser die Bau- und Sozialgeschichte nahezubringen. Wenn er zum Beispiel berichtet, dass der Unterhalt der Oper enorme Summen verschlang, findet er hierfür deutliche Bilder: Die knapp 24.000 Gulden Baukosten machen sich schon fast gering aus, erfährt man, dass für eine Vorstellung 1.200 Kerzen erforderlich waren, die 450 Gulden kosteten. Für eine Neuinszenierung waren sogar 45.000 Gulden aufzubringen, die Gehälter für die Künstler nicht eingerechnet.

Ein eigenes, längeres Kapitel behandelt den Schlossgarten. Es ist vielleicht insofern das bemerkenswerteste, wenn man sich die lückenhafte Quellenlage und die vergleichsweise bescheidenen Abmessungen des Gartens vergegenwärtigt, der einer solchen Residenz in keiner Weise angemessen war. Werner gelingt es, fast ausschließlich mit historischen Plänen und Ansichten dieses längst zerstörte Kunstwerk wieder vor unseren Augen erstehen zu lassen. Hier geht er über den selbst gesetzten Zeitrahmen weit hinaus und beschreibt den Garten und seine Umgestaltung im 19. Jahrhundert detailliert bis hin zu seiner fast vollständigen Vernichtung in der Zeit nach dem Zweiten Weltkrieg.

Insbesondere die als gelungen zu bezeichnende Analyse der komplizierten Bau- und Ausstattungsgeschichte und das reiche Bildmaterial (hervorzuheben sind die zum Teil erstmalig veröffentlichten historischen Farbfotos aus der Zeit vor dem Zweiten Weltkrieg), das in überwiegend guter Druckqualität und Größe präsentiert wird, zeichnen die Publikation aus. Der Rang des Schlosses als Gesamtkunstwerk des 18. Jahrhunderts wird damit eindrucksvoll ins Bewusstsein gerückt.

In dem von Wolfgang Wiese konzipierten, ein Jahr jüngeren Werk, mit Beiträgen von Kathrin Ellwardt, Bettina C. Franke, Katrin Rössler, Hartmut Ellrich, Monika Bürger und Wolfgang Wiese, werden die Akzente anders gesetzt.

Auf zwei Grußworte und eine Einleitung folgen dreizehn Kapitel, die zwar aufeinander bezogen sind, in denen aber unterschiedliche Forschungsansätze verfolgt werden. Bereits im Inhaltsverzeichnis erkennt der Leser den eher kunst- als bauhistorisch geprägten Ansatz. Ein roter Faden scheint sich durch das ganze Buch hindurchzuziehen: Die Einrichtung eines neuen Schlossmuseums als dringend erforderlich zu postulieren und hierfür die wissenschaft-

liche Begründung zu erbringen. Klar ausgesprochen wird dies im „Resümee": Es galt, das Vorgefundene zu analysieren und „die Parameter einer räumlichen Wiederherstellung zu ermitteln." Der Anhang ist sehr umfangreich und besteht aus Stammtafeln, Schlossgrundrissen, Raumkonkordanzen, Literatur, Orts- und Personenregister, sowie Danksagung an Sponsoren, Leihgeber und sonstige an der Einrichtung des Schlossmuseums Beteiligte.

Die Kapitel gliedern sich in einzelne Abschnitte. Zwei widmen sich den Kurfürsten Carl Philipp und Carl Theodor. Diese werden sowohl als individuelle Persönlichkeiten, wie auch als Auftraggeber des Kunstschaffens ihrer jeweiligen Regierungszeit präsentiert. Vorgängerresidenzen in Düsseldorf, Neuburg und Heidelberg werden kurz gestreift und als Referenzorte für später nach Mannheim überführte Sammlungen und Kunsthandwerk benannt. Die Geschichte des Schlossbaus wird dagegen ausgesprochen kurz abgehandelt, die Frage nach der Autorenschaft des Schlossentwurfs überhaupt nicht aufgeworfen. Der Tatsache, dass drei Architekten in nur sechs Jahren aufeinander folgten, wird weniger als eine halbe Textseite eingeräumt. Die Haupträume des Schlosses werden knapp, manchmal zu knapp beschrieben, wobei sich Schilderungen der wandfesten Ausstattung und der Mobilien einerseits und der jeweiligen Funktionen andererseits sprachlich nicht immer glücklich ergänzen.

Tiefer gehende Deutungen wie bei Werner fehlen fast völlig bzw. sind nicht überzeugend. So bei der Beschreibung (Ellwardt) der beiden Supraporten im 2. Vorzimmer des Kaiserlichen Quartiers, auf denen zwei Putten als Carl Theodor und Elisabeth Auguste gedeutet werden. Die Bilder stellen wohl deren geplante Verlobung bzw. Vermählung dar. Allerdings verwechselt die Autorin im Text, trotz eindeutiger Attribute, die Bilder. Widersprüchliche Angaben (Ellwardt) gibt es auch zu dem Baudatum des Galerieflügels (= Ostflügel): Auf derselben Seite wird einmal das Jahr 1754 angegeben und, weiter unten, 1758. Schwierigkeiten tun sich bei ihr auch bei der Bestimmung von Räumen im Mezzaningeschoss auf. Im Text wird von „Knabenhaus", d. h. Quartier der Edelknaben, gesprochen. Im entsprechenden Geschossplan des Anhangs heißen die betreffenden Zimmer dagegen „Ehemaliges Quartier der Kinder".

Bei der Beschreibung des Schlafzimmers der Kurfürstin, 1775 entstanden, wird kurz erwähnt, dass es nicht mehr als zeremonielles Paradeschlafzimmer diente. Dies hätte eigentlich ein guter Einstieg sein können, um diese Tatsache mit dem zwischenzeitlich gewandelten Rollenverständnis des Fürsten zu erklären.

Die „verwittibte Frau Kurfürstin" von Bayern, Maria Anna, ist nicht, wie die Autorin (Ellwardt) meint, die jüngere Schwester von Elisabeth Auguste, sondern eine sächsische Prinzessin, die mit dem bayerischen Kurfürsten vermählt gewesen war.

Die Folgen des geplanten Umzugs des Hofes nach München und der sich dadurch abzeichnende wirtschaftliche Niedergang Mannheims werden anhand von Petitionen der Einwohnerschaft deutlich herausgearbeitet und vermitteln ein anschauliches Bild, wie bedroht die Bürger ihr Gemeinwohl sahen.

Gelungen und spannend zu lesen ist die Beschreibung (Ellwardt) der Zeit nach dem Wegzug des Hofes, der Verlagerung der Sammlungen nach München und den Wirren der Revolutionskriege bis zum Übergang an Baden.

Nur ein Drittel des Werkes behandelt das kurfürstliche Schloss. Der Zeit unter badischer Herrschaft, seiner Ausstattung, sowie der Einrichtung des Schlossmuseums bis 2007, ist dagegen der überwiegende Teil der Untersuchung vorbehalten.

In einem eigenen Kapitel (Franke) werden die grundsätzlichen Unterschiede zwischen der kurfürstlichen und der badischen Hofhaltung herausgestellt. Der Hofstaat, der 1775 rund 1.000 Personen umfasste, wird sorgfältig analysiert und seine Funktionsträger und deren jeweiligen Funktionen ausgiebig geschildert. Verglichen wird er mit dem Hofstaat der Großherzogin-Witwe, der nur noch 55 Personen zählte.

Insgesamt sind die einzelnen Kapitel nicht klar genug voneinander abgegrenzt und inhaltlich stringent aufeinander bezogen. Es gibt keine eindeutige und in sich schlüssige Themenstruktur, was zu Überschneidungen, Wiederholungen, aber auch zu Unterlassungen führt.

So wird in einem Kapitel (Rössler) das großherzogliche Appartement ab der Mitte des 19. Jahrhunderts vorgestellt. Im nächsten widmet sich dieselbe Autorin dem „Wandel vom Adelsschloss zum Bürgerschloss". Dies ist nicht nur sprachlich verunglückt, sondern auch falsch, war das Schloss doch nie ein Schloss für die Bürger. In diesem Kapitel findet sich im Übrigen nur ein Leser mit profunden Kenntnissen der jeweiligen Räume zurecht.

Zu Irritationen führen auch die Farbfotos, die den Zustand 2006/2007 abbilden, während im Text auf unterschiedliche, in der Vergangenheit liegende Zustände Bezug genommen wird.

Das Kapitel über das 1926 eingerichtete Schlossmuseum (Rössler) nimmt viel Platz ein. Obwohl die Zerstörungen im Zweiten Weltkrieg eigentlich eine einschneidende Zäsur in der Geschichte des Schlosses darstellen, werden in dem anschließenden Kapitel „Schloss Mannheim im 20. Jahrhundert", Schlossmuseum und die Folgen der Bombardierungen als lineare und merkwürdig gleichwertig aufeinander folgende Ereignisse beschrieben. Der Autor (Ellrich) führt hier aus, allerdings mit Abbildungen in besserer Qualität, was er in seiner eigenen Publikation, ein Jahr zuvor erschienen, schon veröffentlicht hatte. Die 1967/68 bei der Wiederherstellung historischer Räume im Corps de Logis vorgenommenen gravierenden Eingriffe werden nur gestreift, aber nicht hinsichtlich ihrer problematischen Folgewirkung analysiert.

Das letzte Kapitel „Die Rückkehr der Schlossausstattung" (Wiese), ist sozusagen die Apotheose, auf die alle vorangegangenen Aufsätze zuzulaufen scheinen. Prominente Ausstattungsstücke werden in längeren Exkursen präsentiert, die ihre Provenienzen, Schicksale, Restaurierung und Eingliederung in das Museum ausgiebig beschreiben.

Im umfangreichen Anhang werden die Ergebnisse der wissenschaftlichen Forschung, nicht immer geglückt, ausgebreitet. Die Stammtafeln der pfälzischen und bayerischen Kurfürsten, des Hauses Baden mit Seitenverweisen auf die Familien Beauharnais, Tascher und Bonaparte und ihre wechselseitigen Verbindungen sind verknappt und die einzelnen Namen grafisch bisweilen unglücklich platziert. Die Grundrisse des Schlosses vom Erd- bis zum Dachgeschoss, in denen die unterschiedlichen Nutzungen unterschiedliche Farben haben, verwirren eher, als dass sie informieren. Dies liegt nicht zuletzt daran, dass in den Plänen Bauteile aus unterschiedlichen Zeiten, die es nie gleichzeitig gegeben hatte, als gleichzeitig abgebildet werden. Zum Beispiel existierten zu Zeiten des Ballhauses noch keine Untersuchungsgefängnisse und umgekehrt. Anderes fehlt dagegen ganz, wie Oper, Remisen, Kosakenstall und die bauliche Anbindung an die Jesuitenkirche.

Die „Raumkonkordanzen", für alle Geschosse anhand von Inventaren und historischen Plänen in Tabellenform erfasste Nutzungen, sind das Ergebnis einer beachtlichen Fleißarbeit, enden aber leider 1919, mit dem Ende der Monarchie. Hätte man sie bis in die heutige Zeit fortgeführt, was aufgrund der Quellenlage ohne größere Schwierigkeiten machbar gewesen wäre, hätte sich gezeigt, wie sehr sich die bereits im 18. Jahrhundert im Schloss nachgewiesene Behördennutzung kontinuierlich ausbreitete und es schließlich fast vollständig vereinnahmte.

Eine entsprechende Forschung, „Nutzungswandel des Mannheimer Schlosses", hat der Rezensent 1976 als Diplomarbeit bei der TU Berlin eingereicht. Sie ist in keinem der drei Literaturverzeichnisse verzeichnet.

Die Publikation von Hartmut Ellrich richtet sich an einen größeren Leserkreis und weniger an ein wissenschaftlich ausgerichtetes Publikum. Ihm geht es darum, die Geschichte des Schlosses und dessen Aussehen anschaulich zu bebildern. Dies ist ihm im gesetzten Rahmen gut gelungen. In sieben Kapiteln schlägt er den Bogen von der Vorgeschichte der Residenzgründung bis zum Abschluss des Wieder-

aufbaus im Jahr 2007. Aufgrund des Buchformates und der Beschränkung auf Schwarzweißfotos darf man seine Abbildungen seriöserweise nicht mit denen der beiden anderen Publikationen messen. Dennoch vermittelt die intelligente Auswahl historischer Pläne, Ansichten und Detailfotos einen ausgewogenen Überblick über die Eigentümlichkeiten der kurfürstlichen Residenz. Vor allem historische Fotos sind in guter Qualität wiedergegeben. Hat man sich erst einmal an das Lesen in Bildunterschriften gewöhnt, entsteht vor dem geistigen Auge ein lebendiges Bild der Schlossgeschichte. Dies nicht zuletzt auch deshalb, weil auf vielen Fotos Menschen in zeittypischer Kleidung zu sehen sind.

Ein Drittel des Buches nimmt die Beschreibung der Zerstörung und des Wiederaufbaus ein, wobei die jüngsten Arbeiten, die zu der Einrichtung des Schlossmuseums führten, nur kurz gestreift werden, da sie zum Zeitpunkt der Drucklegung noch in Gange waren. Im Literaturverzeichnis werden wichtige Publikationen genannt, es ist jedoch unvollständig. Es fehlen ein Index, sowie ein Personen- und Ortsregister.

Dass die Bedeutung des Schlosses in Mannheim nicht immer gesehen wurde, hat nicht nur mit seiner eingezwängten Lage zwischen Fluss und Stadt zu tun, die keine räumliche Entwicklung zuließ, sondern auch mit der Tatsache, dass es seit mehr als 200 Jahren keinen Hof mehr beherbergte und damit nicht mehr in die Stadt ausstrahlen konnte. Es gab keine adäquate Nachfolgenutzung, die ihm im Bewusstsein der Einwohner eine neue, ebenbürtige Rolle und Wertschätzung zugewiesen hätte. Erst jetzt, mit dem Schlossmuseum, kann sich dies ändern.

Die drei Publikationen haben hierzu viele neue, interessante Denkanstöße geliefert. Trotz ihrer unterschiedlichen Forschungsschwerpunkte und methodischen Ansätze ergänzen sie sich in vielem und sind insofern wichtige Beiträge zum 400jährigen Stadtjubiläum Mannheims.

Literatur:

Werner, Ferdinand: Die kurfürstliche Residenz zu Mannheim, Beiträge zur Mannheimer Architektur- und Baugeschichte, Band 4, Mannheimer Architektur- und Bauarchiv (Hrsg.), 400 Seiten, 471, zum Teil farbige Abbildungen, Wernersche Verlagsanstalt, Worms 2006.

Barockschloss Mannheim, Geschichte und Ausstattung – Die Krone der Kurpfalz, Staatliche Schlösser und Gärten Baden-Württemberg (Hrsg.), Konzeption Wolfgang Wiese, 320 Seiten, 279, zum Teil farbige Abbildungen, Michael Imhof Verlag GmbH & Co KG, Petersberg 2007.

Ellrich, Hartmut: Das Mannheimer Schloss (Reihe Archivbilder), 126 Seiten, 200 Abbildungen, Sutton Verlag, Erfurt 2006.

Laudatio Dr. Magdalene von Dewall

Dr. Magdalene von Dewall, Foto: I. Klinger, Heidelberg

Sucht man in geläufigen Publikationen oder im Internet Angaben und Daten zu Magdalene von Dewall, so merkt man recht bald: Sie stellt sich nicht selbst dar, weil sie nicht im Vordergrund stehen möchte. Das macht es uns nicht leicht, die Aufgabe zu erfüllen, die wir uns gestellt haben: die reiche Erfahrung und die vielfältigen wissenschaftlichen Ansätze und Perspektiven einer Forscherpersönlichkeit anschaulich zu machen, deren Fachgebiet Ostasien in den letzten Jahrzehnten wirtschaftlich immer präsenter wird, uns jedoch geistig leider nicht im gleichen Maße näher rückt. So muss diese Laudatio auch aufgrund der Hindernisse, die die Bescheidenheit Magdalene von Dewalls selbst aufgebaut hat, durchaus unvollkommen sein.

Am 8. Mai 1927 in Halle an der Saale geboren, hat Magdalene von Dewall ihre Kindheit in Mitteldeutschland verbracht. Sicherlich hat die Tätigkeit des Vaters für die Deutsche Lufthansa in China die Interessen und die spätere berufliche Entscheidung beeinflusst, andererseits garantiert die sprichwörtliche Reiselust der Sachsen und Anhaltiner von jeher ein Welt-offenes Umfeld.

Krieg- und Nachkriegswirren führten zum Verlust des Vaters in Gefangenschaft und zur Übersiedlung in die Heimat der schwäbischen Mutter: im Haus am Bodensee hat die Restfamilie wieder Fuß gefasst – Auftakt das Abitur in Friedrichshafen 1946. Zunächst hat sie dann eine Buchhändlerleh-

re absolviert, war Verlagsbuchhändlerin bei Klett, beim Otto Maier Verlag und beim Karl Rauch Verlag Düsseldorf.

1953 beginnt sie das Sinologie-Studium bei Prof. Hentze in Frankfurt a. M. Bereits im Wintersemester 1953/54 wechselt sie zur Universität Hamburg und hier begegnet sie den prägenden akademischen Lehrern: im Hauptfach, der Sinologie, ist dies Wolfgang Franke, abgesehen vom Japanisch spielt jedoch das Nebenfach Vor- und Frühgeschichte eine entscheidende Rolle. Die Prähistorie spielt in Hamburg in diesen Jahren über eine respektable Regionalforschung hinaus eine herausragende Rolle, hier vertreten bedeutende Gelehrte das Fach: neben Hans Jürgen Eggers auch Rolf Hachmann.

Ergebnis der Begegnung mit diesen inspirierenden Professoren ist ein sinologisch-archäologisches Dissertationsthema: Pferd und Wagen im Frühen China. Es geht dabei um einen Beitrag zur Kulturgeschichte im China der beiden letzten vorchristlichen Jahrtausende aufgrund der Interpretation literarischer Quellen einerseits und archäologischer Fundeinheiten andererseits.

Üblich war damals im Umgang mit chinesischen Altertümern eine eher kunstgeschichtliche Vorgehensweise: das Einzelstück wurde stilistisch untersucht und interpretiert, übrigens durchaus verständlich bei dem Überfluss an prachtvoller Kunst. Magdalene von Dewall hatte freilich ganz andere Interessen und dementsprechend andere Vorgehensweisen im Sinn. Ihre Fragen zielten auf sozialanthropologische und historische Perspektiven. In ihrer Dissertation polemisiert sie gegen „bunte aber konturlose Materialfülle" und „lediglich kompilierende Arbeiten". Die Ausrichtung weg von der Stilanalyse hin zur Funktionszuweisung des formenreichen Geräte-Inventars war in dieser Zeit eher untypisch für eine Frau im Wissenschaftsbetrieb.

1961 schließt sie die Promotion ab; ihre Dissertation wird Band 1 der später hoch angesehenen Archäologie-Reihe „Saarbrücker Beiträge zur Altertumskunde". Bereits vor Ende des Studiums erhält sie ein postdoktorales Stipendium des British Council, das sie nach Abschluss der Promotion tatsächlich nochmals erringen kann und 1962 in Anspruch nimmt, um mit dem führenden China-Archäologen Cheng Te-kun in Cambridge an einem neuen Thema zu arbeiten: ein jüngst veröffentlichter, inhaltsreicher Gräberkomplex der späten Bronzezeit in Südwest-China. Ein weiteres Forschungsjahr führt sie 1963/64 an die Yale University, wo als führender China-Archäologe in Übersee Chang Kwang-chih ihr Berater wird.

Den Berufseinstieg vollzieht sie 1967 als Lecturer für Chinese Art and Archaeology am Dept. of Chinese Studies der University of Malaya in Kuala Lumpur auf Vermittlung ihrer zuvor dort tätig gewesenen Mentoren Wolfgang Franke und Cheng Te-kun. Die Zuwendung zu Südostasien und seiner Frühgeschichte, besonders der archäologischen Zeugnisse, verstärkt sich durch die neue räumliche Orientierung und die Mitwirkung an regionalen Felderkundungen. Schon zuvor, in Cambridge, blieb auch das Thema „Pferd und Wagen" aktuell. Dem Ausgräber von Anyang, Dr. LiChi, widmete Magdalene von Dewall eine kritisch-analytische Studie zu Fundstücken und Grabinventaren der frühen Chou-Zeit in seinem Jubiläumsband – als Dank für die seinerzeitige großzügige Überlassung noch unpublizierter Originalfotos von Wagenfunden aus der Shang-Nekropole an die Doktorandin. Pferd und Wagen werden in den Folgejahren – bis heute – immer wieder zentraler Angelpunkt weiterer Studien.

Ein weiteres bis in den südostasiatisch-pazifischen Raum reichendes Arbeitsfeld wurden die chinesischen Randkulturen der Bronze- und Eisenzeit und ihr Wechselspiel mit der frühen Kulturgeschichte Südostasiens, thematisch angerissen mit einem analytischen Aufsatz in der renommierten Zeitschrift „Antiquity". Das Beziehungsgeflecht zwischen der chinesischen Hoch- und Hofkultur mit Beginn der schriftlichen Geschichtsüberlieferung und den rand- oder außerchinesischen Kulturgruppen mit seinen Auswirkungen auf lokale und regionale Entwicklungen bietet eines der spannendsten Arbeitsfelder zur Vergleichenden Archäologie, kontrastiert es doch deutlich mit dem Erscheinungsbild ägyptischer Objekte als Fremdkörper im übrigen Afrika, oder auch mit der sporadischen Ausstrahlung von Orient oder Griechenland nach Alteuropa. Ein intensiver Schwerpunkt ergibt sich aus methodologischen und forschungssystematischen Überlegungen zur Rolle von Grabanlage und Totenbrauch auch in sozialgeschichtlicher Sicht. So z. B. interkulturelle Vergleiche zwischen Wagengräbern und Elitebildung im China der Zhou-Zeit und im Westlichen Hallstattkreis.

Magdalene von Dewall ist nicht der Macher-Typus, Publikator großer Materialmengen und Forschungsmanager, sie ist eher der Typus des nachdenklichen Gelehrten. Hier ist wohl eine der Grundlagen ihrer Freundschaft mit Karl Jettmar, der sie schon bald nach seiner Bestallung im neu gegründeten Südasieninstitut an die Universität Heidelberg zu holen trachtete. Diesem Ansinnen war letztlich Erfolg beschieden. Magdalene von Dewall wird Teil der Forschergruppe des SAI um Karl Jettmar, der dort eine veritable Gelehrtenrepublik begründete. Für ihn und seine Forschungen in Hochasien und Ausrichtung auf Zentralasien war die Teilnahme der Sinologin an Lehrveranstaltungen über Afghanistan und Nordindien von vitaler Bedeutung, ganz zu schweigen von seinem Interessenschwerpunkt – den Ordos-Bronzen: sie hat sich niemals verweigert und es waren spannende Seminare.

In dieser Zeit in Heidelberg, als das Südasieninstitut Teil der Fakultät für Orientalistik und Altertumswissenschaften wurde, habe ich Magdalene von Dewall kennengelernt, im Vorfeld meines Nebenfach – Rigorosums, das ich bei Karl Jettmar abgelegt habe. Als Repräsentant der heimischen Forschung hat Frau von Dewall auf Internationalen Kongressen in Neuseeland, Australien und in der VR China selbst teilgenommen, Vorträge gehalten und über ihre Tätigkeiten berichtet. Hier ging es um die überregionale und internationale Einbindung der Archäologie. Dafür waren – dank der langjährigen Verbindungen insbesondere in die angloamerikanische Forschung – hervorragende Voraussetzungen gegeben: sie ist beispielsweise seit den sechziger Jahren Mitglied der American Oriental Society. Im deutschsprachigen Raum bot die Deutsche Morgenländische Gesellschaft, deren Mitglied sie ebenfalls seit über vier Dezennien ist, ein wichtiges Forum. Sie hat aber zugleich kontinuierlich die Tagungen der heimischen Archäologen und Prähistoriker besucht, um Anregungen aus deren Erfahrungen für das eigene Forschungsfeld umzusetzen.

Frau von Dewall unterrichtete mit Freude und großem Engagement am Südasieninstitut und bildete den Forschungsnachwuchs heran. Diesem Ziel galt auch eine vielfältige Vortragstätigkeit an zahlreichen Universitätsinstituten um die chinesische Archäologie präsent zu halten. Bis heute kümmert sie sich mit Hingabe und Konstanz darum, auch einzelne Forscherinnen und Forscher aus dem Nachwuchs zu motivieren, sie zu ermutigen, vor den Doppelmühen der Sprach- und Fachausbildung nicht zu resignieren. Zugleich geht sie stets gegen die Scheu vor der fernöstlichen Archäologie an, versucht die Archäologie des fernen Ostens einzubeziehen, zu bewirken, dass man Weltgeschichte nicht allein und primär als Weltgeschichte Europas begreift und erfährt.

Ihre Initiative war entscheidend dafür, dass die Curt-Engelhorn-Stiftung im vergangenen Jahr im Rahmen des Curt-Engelhorn-Zentrums für Kulturgeschichte eine Ostasien-Forschungsstelle eingerichtet hat. Ziel ist es, einen Kristallisationspunkt für die sinoarchäologisch Engagierten und Interessierten aufzubauen. Ohne die Unterstützung Magdalene von Dewalls wäre das nicht möglich gewesen. Jeanette Werning ist hier im Hause die Zuständige, Partner ist Dr. Christoph Lind, Sinologe sowie Kunst- und Kulturgeschichtler.

Die zentralen Anliegen der Forschungsstelle werden einerseits durch die Erstellung eines Chinesisch-Deutschen Archäologischen Fachwörterbuchs gefördert, das buchstäblich den sprachlichen Zugang zur chinesischen Archäologie eröffnet. Dies Vorhaben wird von hier aus vorangetrieben und erfährt vielfältige Unterstützung von zahlreichen Gelehrten aus dem deutschsprachigen Raum. Andererseits sind es zahlreiche Forschungs- und Ausstellungsprojekte, die einen tief greifenden Einfluss auf Entwicklung und Ausrichtung der rem ausüben: nach dem Ostasien-Schwerpunkt in unserer Ausstellung zur Mensch – Pferd – Symbiose

steht sogleich ein Vorhaben an, das die Bedeutung Chinas für Asien und Europa vor Augen führt, ein Ausstellungsprojekt zu den Ursprüngen der Seidenstraße.

Hier kommt die intensive Verbindung zur Eurasien-Abteilung des Deutschen Archäologischen Instituts zum Tragen, der die CES nicht nur im Hinblick auf dies Ausstellungsprojekt, sondern auf die Entwicklung der Ostasien-Forschungsstelle vertraglich verbunden ist, vor allem dank der langjährigen persönlichen Freundschaft mit PD Dr. Mayke Wagner. Die stellvertretende Direktorin der Zentralasienkommission vertrat während des Symposiums am 8. Mai 2007 zu Ehren der Jubilarin Magdalene von Dewall den Präsidenten des DAI, Prof. Parzinger, sowie den Direktor der Eurasien-Abteilung, Svend Hansen, die aus terminlichen Gründen nicht teilnehmen konnten.

Unser Haus und die Forschungsstelle sind andererseits dem RGZM in Dank für Unterstützung verbunden: wir wollen gemeinsam die Archäologie Ostasiens in Europa präsent machen, die wechselseitigen Wirkmächte veranschaulichen, die menschheitsgeschichtlichen Kräfte dieses Weltenteils darstellen. So ist die gemeinsame Ehrung von Magdalene von Dewall nicht allein aufgrund der langjährigen Verbindungen mit Bettina Zorn, der dortigen Chinaspezialistin geschuldet. Der Generaldirektor selbst, Univ. Dozent Dr. Falko Daim, war während des Symposiums anwesend und hielt den Eröffnungsvortrag.

Wir sagen Frau von Dewall auf diesem Wege nochmals herzliche Glückwünsche, auch im Namen von jenen, die während der Veranstaltung aus Anlass des 80. Geburtstags der Jubilarin nicht anwesend sein konnten, Kollegen aus dem Lindenmuseum Stuttgart, aus dem Museum für Völkerkunde München, insbesondere Claudius Müller, und der Präsident der Landesarchäologen, Dr. Planck, um nur einige wenige zu nennen. Es war uns eine große Freude, dass sich so zahlreiche Persönlichkeiten versammelt haben, die Magdalene von Dewall und ihrem lebenslangen Forschungsanliegen verbunden sind.
MT

Magdalene von Dewall
Schriften und Vorträge

In prep.

China's expansion to the Southwest and its foreign policy under Han Wudi (Neubearbeitung eines Manuskripts von 1963 zur Publikation).

2004

Archaeology in China Studies: Pleading for the Significance of the Insignificant, XVth Conference Europ. Assoc. of Chinese Studies, Heidelberg (Vortrag).

2003

Some reflections on Late Bronze Age art traditions of Inner Asia from a peripheral Far Eastern viewpoint – Karl Jettmar († 2002) in memoriam, 29th Conference of South Asian Archaeology in Europe, Bonn 2003.

2003

Towards an archaeological discourse on bronze and the social life of things in Southeast Asian Late Bronze Age mortuary practice, in: Karlström, Anna / Källén, Anna (Hrsg.): Fishbones and Glittering Emblems. Southeast Asian Archaeology 2002 (9th Conference of Southeastasian Archaeology in Europe, Sigtuna 2002), Stockholm (Museum of Far Eastern Antiquities) 2003, S. 89 – 96.

1999

Chinas Südregion als Schauplatz frühgeschichtlicher Kulturbegegnung, in: Prüch, Margarete (Hrsg.) unter Mitarbeit von Schulenburg, Stefan von der: Schätze für König Zhao Mo – Das Grab von Nan Yue (Ausstellungskatalog), Heidelberg 1999, S. 96 – 108 (sowie Katalognummern 2, 6, 40 u. 41).

1999

Eine archaische Bronzeplastik aus Ost-Kalimantan, in: Leigh-Theisen, Heide und Mittersakachmöller, Reinhold (Hrsg.): Indonesien. Kunstwerke – Weltbilder (Ausstellungskatalog

Oberösterreichisches Landesmuseum), Linz 1999, S. 24 – 31.

1999

Unter dem Klang der Bronzetrommel, zur Ausstellung „Die Schätze des Zhao Mo" im Museum für Angewandte Kunst, Frankfurt (Vortrag).

1998

The traditional wind instrument sheng – its early appearance and its ritual performance within and without classical China, Conference Europ. Assoc. Chinese Studies, Edinburgh.

1996

Ancient Bronze Drum Imagery and its significance in visual and instrumental form, Conference Europ. Assoc. Southeast Asian Archaeologists, Leiden.

1996

Rezension von Donald B. Wagner: Iron and Steel in Ancient China (Handbuch der Orientalistik IV. 9, Leiden 1993), Technikgeschichte 63.2/1996, S. 155 – 156.

1995

Darstellung und Vorstellung in der archaischen Bronzekunst von Dian als Spiegel erlebter Wirklichkeit, XXVI. Orientalistentag vom 25. bis 29. September 1995, Sektion Kunst und Archäologie, Leipzig (Vortrag).

1995

Der "Dongson"-Stil Nord-Vietnams und Südostasiens – Revision eines Schlüsselbegriffs der regionalen Kulturgeschichte, 2. Dt. – Vietnamesische Wissenschaftskonferenz, München, Humboldt-Universität (Vortrag).

1994

Some observations on the ancient bronze drum tonggu and related sounding bodies as musical instruments in Late Bronze Age contexts from Southern China and Southeast Asia, in: Homo-Lechner, Catherine (Hrsg.): La Pluridisciplinarité en Archéologie Musicale, Symposium St. Germain-en-Laye, Oct. 1990, Paris (maison des sciences de l´homme), S. 389 – 405.

1994
Early China´s southern periphery and beyond: cultural persuasiveness in an archaeological perspective, Colloquy Percival David Foundation London "Art, Commerce and Interaction – Southeast Asia and China".

1993
Rezension von Raimund Th. Kolb: Die Infanterie im Alten China – ein Beitrag zur Militärgeschichte der Vor-Zhanguo-Zeit, AVA-Materialien, Bd. 43. Mainz 1991, Orientalistische Literaturzeitung 5/6, 1993, S. 582 – 588.

1993
The Early Zhou post-Conquest Generation and its Armoury in Historical Perspective, Symposium on Zhou-Qin Culture Shaanxi Archaeological Institute Xi´an.

1993
Das Problem der Stilbildung im archaischen Bronzedekor des südöstlichen Asiens aus kunst- und kulturgeschichtlicher Sicht. Symposium der DMG-Sektion „Kunst + Archäologie des Orients „Ornament, Dekor, Muster in der Kunst des Orients", Würzburg.

1993
Bi-metallic tools and weapons in cross-cultural perspective: Dian between Southeast Asia, China and Eurasia, 3rd Conference Southeast Asian Archaeologists in W. Europe, Brüssel (Vortrag).

1992
Ancient Chinese Lithophones in their music historical context. Symposium: Sons originels et le préhistoire de musique, Liège, Université (Vortrag).

1992
Problemfeld Frühgeschichte im südchinesisch-südostasiatischen Kulturraum – Rückschau und Ausblick, Kolloquium für Kulturtheorie WS 1991/92 Seminar für Ethnologie am SAI Heidelberg (Universität) (Abschiedsvortrag zum Ende des Dienstverhältnisses an der Universität Heidelberg).

1992
Die Archäologie Südostasiens im Dialog von Gegenwart und Vergangenheit – Merkzeichen von einer Erkundungsreise in Vietnam, in: Eberstein, B. / Staiger, B. (Hrsg.): China – Wege in die Welt. Festschrift für Wolfgang Franke zum 80. Geburtstag. Hamburg, Institut für Asienkunde, S. 205 – 235.

1991
The musical and social instrumentality of Bronze Age percussion metallophones in traditional communities of the Far Eastern Nanfang region, Beitrag zum Symposium The Archaeology of Music: Sources, Methods and Issues Darwin College, Cambridge, 7 – 10 December 1991.

1991
Music as performance – the social setting of Bronze Age instruments and ensembles in feast and ritual, Beitrag zum Symposium The High Bronze Age of Southeast Asia and South China, Hua Hin (Thailand), Social Science Research Council, Januar 1991.

1991
Studienbericht – Nord-Vietnam: Kurzbericht von ersten Reiseerfahrungen im Januar 1991, in: Die Kunstgeschichte Ostasiens in der BRD Nr. 22, S. 65 – 67.

1991
Dian und Han – Archäologische Beobachtungen zum frühchinesischen Kulturaustausch, XXV. Dteutscher Orientalistentag, München.

1990
Zum Diskussionsstand über archäologische

Neufunde aus südchinesischen Randkulturen: Jade-Insignien aus spätneolithischen Liangchu-Grabfunden, Zeitschrift der Deutschen Morgenländischen Gesellschaft, Supplementband 8, XXIV. Deutscher Orientalistentag vom 26. bis 30. September 1988 in Köln: Ausgewählte Vorträge: Diem, Werner / Falaturi, Abdoldjavad (Hrsg.): Stuttgart 1990, S. 565 – 581.

1990

Wagen und Gespanne in Qin, in: Lederose, Lothar / Schlombs, Adele (Hrsg.): Jenseits der Großen Mauer. Der erste Kaiser von China und seine Terrakotta-Armee, Gütersloh 1990, S. 49 – 57 und Katalogbeitrag zu Wagenmodell aus Bronze, S. 258 – 262.

1989

Wasserbau und Wassernutzung in China an technisch-historische Lösungsbeispielen großräumiger Versorgungsaufgaben, SAI-Kolloquium „Wasser – Lebenselement Südasiens" (Vortrag).

1989

Modellwagen und Wagenmodelle in frühchinesischen Gräbern, Zeitschrift der Deutschen Morgenländischen Gesellschaft, Supplementband 7, XXIII. Deutscher Orientalistentag vom 16. bis 20. September 1985 in Würzburg: Ausgewählte Vorträge: Schuler, Einar von (Hrsg.): Stuttgart 1989, S. 648 – 661.

1989

Recent finds from Southern China and their pre-civilizational significance. Southeast Asian Archaeology in Western Europe, in: Santoni, M. (Hrsg.): 2. Conference, Paris 1988.

1988

Further Dien burial assemblages in comparison with central Chinese and peripheral Late Bronze Age finds – their range and variation of contact phenomena and their socio-historical significance, Conference, Australian National University Field Camp, Kiao-loa/N.S.W.

1988

Cattle Imagery and Bronze Drum Decoration: their social meaning in Dian mortuary art and Bronze Age ritual traditions, International Conference on Ancient Bronze Drums and Bronze Cultures in South China and Southeast Asia, Kunming/Yünnan (Vortrag).

1987

A Comparative study of chariot-driving in ancient societies contemporary with Shang China, Shang-Yin-Konferenz, Anyang, VR China 1987 (Vortrag).

1986

Der Wagen in der Frühzeit Chinas, in: Treue, Wilhelm (Hrsg.): Achse, Rad und Wagen, 5000 Jahre Kultur- und Technikgeschichte, Göttingen 1986, S. 168 – 186.

1986

Rezension von Müller-Karpe, H.: Neolithische Siedlungen der Yangshao-Kultur in Nordchina, München 1982, Materialien zur Allgemeinen und Vergleichenden Archäologie, Müller-Karpe, H. (Hrsg.): Bonn, Prähistorische Zeitschrift 61/1986, S. 86 – 90.

1986

Rezension von Höllmann, Thomas: Neolithische Gräber der Dawenkou-Kultur in Ostchina, München 1983, Materialien zur Allgemeinen und Vergleichenden Archäologie, Müller-Karpe, H. (Hrsg.): Bonn, Prähistorische Zeitschrift 61/1986, S. 86 – 90.

1986

Die frühe Stammeskultur von Dian im Zeugnis der Archäologie, in: Lutz, A. (Hrsg.): Dian – Ein versunkenes Königreich in China. Ausstellungskatalog Museum Rietberg, Zürich 1986, S. 31 – 49 und Bibliographie S. 154 – 156.

1986

Dian und seine Bronzekunst – Archäologische Streiflichter auf eine frühe Stammeskultur am

Rand des kaiserlichen China, Zürich, Museum Rietberg (Vortrag).

1985

Chariotry, burial practice and elite formation in Zhou China and in the West Hallstatt culture of North Alpine W. Europe – a comparative study, Vortrag zu La Civiltà Cinese Antica. Venedig 1985.

1984

Tribal contact with Han chinese civilization and socio-cultural change in China's southwestern frontier region (late first millenium BC), in: Bayard, Donn (Hrsg.): Southeast Asian Archaeology at the XV Pacific Science Congress, Dunedin 1984, University of Otago Studies on Prehistoric Anthropology 16/1984, S. 188 – 217.

1984

New Evidence on the Ancient Bronze Kettledrum of Southeast Asia from Recent Chinese Finds, in: B. u. R. Allchin (Hrsg.): South Asian Archaeology, Cambridge 1981, S. 334 – 340.

1983

Chariotry and burial practice in Chou China: Some socio-historical observations. In: Snoy, Peter (Hrsg.): Ethnologie und Geschichte, Festschrift für Karl Jettmar zum 65. Geburtstag, Heidelberg 1983, S. 96 – 111.

1983

Frühe Kultformen Südostasiens im Licht archäologischer Zeugnisse zu Musik und Tanz. Deutscher Orientalistentag, Tübingen (Vortrag).

1982

Individualität, Anonymität und Kollektivität im Kunsthandwerk chinesischer Randkulturen zur Späten Bronzezeit, in: Gail, A. (Hrsg.): Künstler und Werkstatt in den orientalischen Gesellschaften, Graz 1982, S. 153 – 170.

1981

Bauen und Formen im schöpferischen Alltag

Chinas einst und jetzt, Hildesheim, Pelizaeus-Museum (Vortrag).

1981

Archäologie als Völkerkunde im Südwesten des Han-zeitlichen China, Berlin, Lessing-Hochschule (Vortrag).

1980

Neufunde aus der Provinz Guangxi und ihre Bedeutung für die Frühgeschichte Südostasiens, 21. Dt. Orientalistentag, Berlin 1980 (Vortrag).

1980

Cultural Legacies in Southeast Asia – Some Observations of Archaeology and Art in Preliterate Society, Malaysia in History 23. Kuala Lumpur, S. 117 – 129.

1979

Local workshop centres of the Late Bronze Age in Highland South East Asia, in: Smith, R. B. / Watson, W. (Hrsg.): Early South East Asia, Oxford (University Press), 1979, S. 137 – 166.

1979

Die Tien-Kultur und ihre Totenausstattung – Grabsitten einer randchinesischen Stammesgruppe der frühen Han-Zeit in Zentral-Yünnan, Beiträge zur Allgemeinen und Vergleichenden Archäologie 1/1979, S. 69 – 143.

1979

New Data on Early Chou Finds – their Relative Chronology in Historical Perspective, in: Symposium in Honor of Dr. Li Chi on his Seventieth Birthday, Teil II, Taipei, S. 1 – 66, pls. S. 1 – 8.

1977

Rezension von Bernhard Waurick: Von Sibirien durch China nach Indien – Eine ungewöhnliche Reise in den Jahren 1915 – 17, Schriften aus dem Museum für Völkerkunde Leipzig 1973, Tribus 26, S. 149 – 150.

1977

Decorative Metalwork in Gold and Silver from Early Southwest China, VIIth Congress Internat, Assoc. Historians of Asia. Bangkok (Vortrag)

1977

Sein und Schein, Kunst und „Kult" in der Grabgestaltung des chinesischen Mittelalters. Zeitschrift der Deutschen Morgenländischen Gesellschaft, Supplementband 4, XX. Orientalistentag vom 3. bis 8. Oktober 1977 in Erlangen, Vorträge, Voigt, Wolfgang (Hrsg.): Wiesbaden (Franz Steiner Verlag) 1977, S. 476 – 478.

1977

Grabmal und Bestattungsweisen im traditionellen China. Ein Beitrag zur geistes- und sozialgeschichtlichen Problematisierung archäologischer Befunde, Zeitschrift der Deutschen Morgenländischen Gesellschaft, Supplementband 3.2, XIX. Deutschen Orientalistentag vom 28. September bis 4. Oktober 1975 in Freiburg im Breisgau, Vorträge, Voigt, Wolfgang (Hrsg.): Wiesbaden 1977, S. 1575 – 1583.

1976

Grab und Totenbrauch in China. Tribus 25, S. 31 – 81.

1974

Stichworte Archäologie; Museen und Denkmalpflege, in: Franke, Wolfgang und Staiger, Brunhild (Hrsg.): China-Handbuch, Düsseldorf 1974, Spalten 41 – 44 u. 909 – 914.

1973

Late Bronze Age Discoveries in Southern China and the Problem of Regionalism in the Chou Period, XXIXth Internat. Congress of Orientalists, Paris (Vortrag).

1972

Decorative concepts and stylistic principles in the bronze art of Tien, in: Barnard, Noel (Hrsg.): Early Chinese Art and Its Possible Influence in the Pacific Basin, Bd. 2, New York, Intercultural Arts Press) 1972, S. 329 – 372.

1967

The Tien Culture of Southwest China and its Dongson Affinities, XXVIIth International Orientalists` Congress, Ann Arbor (Vortrag).

1967

The Tien Culture of Southwest China, Antiquity 41 (161), S. 8 – 21.

1966

Recent finds from Southwest China and the Late Bronze Age of Highland Southeast Asia, 30th International Congress of the Human Sciences in Asia and North Africa, Mexico, (Vortrag).

1964

Pferd und Wagen im Frühen China, Saarbrücker Beiträge zur Altertumskunde 1. Bonn, Rudolf Habelt, 1964.

1961

Das Älter-Chou-zeitliche Gräberfeld von Shangts'un ling (West-Honan) – Eine sozialgeschichtliche Analyse, Junioren-Sinologen-Konferenz, Hamburg Sept, 1961 (Vortrag).

1960

Der Gräberverband von Wu-kuan-ts'un/Anyang – Ein Einblick in die höfische Rangordnung der Yin-Zeit, Oriens Extremus 7, S. 129 – 151.

Dr. Hans-Peter Kraft
Vita und Bibliografie

geb. 15.3.1937
in Mannheim Volksschulen Edenkoben, Bad Dürkheim-Seebach und Feudenheim-Schule

1947 – 56
Bischöfl. Albertus-Magnus-Schule Viernheim

1956 – 63
Studium der Fächer Ur- und Frühgeschichte, Geschichte und Englisch

1963
1. Staatsexamen für das Höhere Lehramt Lehrtätigkeit am Lessing-Gymnasium Mannheim, am Goethe-Gymnasium Gaggenau und am Tulla-Gymnasium Mannheim

1975
Wahl zum Schulleiter des Johann-Sebastian-Bach-Gymnasiums Mannheim

2000
Ruhestand

wissenschaftliche Tätigkeit:
1968
Gründungsmitglied des Förderkreises Archäologie Baden, dort 1968 – 75 Schriftleiter der Zeitschrift „Archäologische Nachrichten aus Baden", bis heute Mitglied des Beirats

1970
Promotion zum Dr. phil. bei Prof. V. Milojcic, Heidelberg

1971 – 1980
mehrere Flächengrabungen im Kraichgau im Auftrag des Landesdenkmalamtes; Feldarbeit mit Flächenbegehungen vor allem im Kraichgau

1991
zusammen mit Prof. Wieczorek Gründung einer Gruppe von Ehrenamtlichen für Grabungen und Werkstatt der Reiss-Engelhorn-Museen Mannheim

Seither bis heute Betreuung der Werkstattgruppe (3x pro Woche je 4 Stunden)

2006 – 2008
Mitarbeit an einer ehrenamtlichen Arbeitsgruppe im Erkenbert-Museum Frankenthal zur digitalen Bestandsaufnahme und Anlage einer Datenbank (1x pro Woche 6 Stunden)

1995 – 2006
Lehrauftrag an der Universität Mannheim, dann zurückgegeben wegen Änderung der Semestertermine.

Ehrenamtliche Tätigkeit
von 1968 bis 1974
Schriftleitung der „Archäologischen Nachrichten aus Baden"

seit 1969
ehrenamtlicher Beauftragter des Landesdenkmalamtes, seit 1987 für den Stadtkreis Mannheim

seit 1991
ehrenamtlicher Mitarbeiter der Abt. Archäologische Denkmalpflege an den rem

1998 bis 2006
Lehrauftrag an der Universität Mannheim.

Grabungsleitungen im Auftrag des Landesdenkmalamts
1971, 1972, 1976 Bretten, 1980 Kraichtal-Gochsheim, 1983 Mannheim-Vogelstang.

Bibliografie Dr. Hans-Peter Kraft

Der Heiligenbuck bei Hügelsheim. Um Rhein und Murg (Jahrbuch des Landkreises Rastatt 9), 1969, 162 ff.

Oberflächenfunde von Gemarkung Rauental, Landkreis Rastatt, ein Beispiel für den Sinn von Feldbegehungen. Archäologische Nachrichten aus Baden, April 1969, S. 26 ff.

Fund und Befund. Ein Beispiel für den Wert der Detailbeobachtung. Archäologische Nachrichten aus Baden, Oktober 1970, S. 13ff.

Funde der jüngsten Linearbandkeramik aus Heidelberg und ihre chronologische Bedeutung. Archäologisches Korrespondenzblatt 1, 1971, S. 69ff.

Ein Grabfund der Rössener Kultur aus Ladenburg bei Mannheim. Archäologisches Korrespondenzblatt 1/1971, S. 137ff.

Eine jungsteinzeitliche Knochenpfeife aus Bretten. Archäologische Nachrichten aus Baden 6/1971, 8ff.

Vier außergewöhnliche vor- und frühgeschichtliche Grabbefunde. Archäologische Nachrichten aus Baden 7/1971, 8ff.

Ein reiches Grab der Frühbronzezeit von Ilvesheim, Landkreis Mannheim. Archäologische Nachrichten aus Baden 8/1972, S. 13ff.

Ein außergewöhnliches Gefäß der Linearbandkeramik aus Bretten, Landkreis Karlsruhe. Archäologische Nachrichten aus Baden 10/1973, S. 4.

Der Teufel steckt im Detail – aus dem Alltag eines vorgeschichtlichen Handwerkers. Archäologische Nachrichten aus Baden 10/1973, S. 19ff.

Eine besondere Grabüberschneidung. Archäologische Nachrichten aus Baden 11/1973, S. 6f.

Eine Grabung in einer jungsteinzeitlichen Siedlung in Bretten. Archäologische Nachrichten aus Baden 13/1974, S. 28f.

Zur neolithischen Keramik von Kesseleyk, Prov. Limburg. Archäologisches Korrespondenzblatt 6/1976, S. 271ff.

Linearbandkeramik aus dem Neckarmündungsgebiet und ihre chronologische Gliederung. Antiquitas Reihe 3/1977.

Frühe christliche Darstellungen auf fränkischen Bronzen. Archäologische Nachrichten aus Baden 22/1979, S.51ff.

Der Kraichgau, ein fundarmes Gebiet? Feldbegehungen als vorbeugende Maßnahme der Bodendenkmalpflege. Archäologische Nachrichten aus Baden 25/1980, S. 3ff.

Neolithische Funde aus dem Kraichgau. Fundbericht Baden-Württemberg 7/1982, S. 31ff.

Ein Gräberfeld der Urnenfelderzeit in Mannheim – Sandhofen, Scharhof. Archäologische Ausgrabungen in Baden-Württenberg 1993, S. 83ff. (zus. mit R.-H. Behrends und A. Wieczorek).

Ein jungsteinzeitliches Großgerät von Mannheim – Kirschgartshausen. Mannheimer Geschichtsblätter 1/1994, S. 27 ff.

Ein „wertloser" Fund vom Mannheimer Strandbad. Mannheimer Geschichtsblätter 2/1995, S. 485ff.

Ein „Fremdling" aus Mannheim-Seckenheim. Mannheimer Geschichtsblätter 3/1996, S. 455ff.

Neue Funde des Frühneolithikums aus Mannheim. Mannheimer Geschichtsblätter 4/1997, S. 13ff.

Ein keltisches „Fürstengrab" von Brühl (Rhein-Neckar-Kreis), Schulbericht Johann-Sebastian-Bach Gymnasium 2000.

Das Elsass, in: Erbe, Michael (Hrsg.): Vorgeschichte, 2002, S. 9-17.

Vorgeschichte. Beitrag in: Der Brockhaus Mannheim, 350f.

Neues zur Späthallstattzeit im Raum Mannheim. Arch. Nachr. Baden 72/73, 2006 (2007), S. 17 – 22.
Mittelneolithische Funde von Ilvesheim, Rhein-Neckar-Kreis. Archäologische Ausgrabungen in Baden-Württemberg 2006 (2007), S. 37 –39.

Jungsteinzeit. Mannheim vor der Stadtgründung (Probst, H. (Hrsg.)), Bd.1 (2007) .

Die frühen Kelten. Mannheim vor der Stadtgründung (Probst, H. (Hrsg.)), Bd.1 (2007).

Eleonore Kopsch

Eleonore Kopsch wurde 75 am 22.11.2007

Unser Vereinsmitglied Eleonore Kopsch hat seine Aufgabe gefunden. Damals, als sie mit 62 Jahren den Schuldendienst quittierte, stand für sie fest, dass sie ihr Pensionärinnendasein nicht hinter dem Ofen verbringen wird. Zunächst bot die vormalige Oberstudienrätin am Liselotte-Gymnasium nicht nur, wie man vermuten könnte, aus Anhänglichkeit an ihre alte Schule Liselotte-Vorträge und Liselotte-Seminare an, sondern einfach deshalb, weil Liselotte als Persönlichkeit und Verfasserin von vielen zehntausend Briefen für die ehemalige Deutsch- und Geschichtslehrerin so etwas wie eine Leitfigur war. Mit ihrem Liselotte-Seminar begeisterte

sie aber bald auch die Schwabenakademie im Kloster Irsee, sodass sie seither dort jährlich in einem Wochenendseminar Themen der kurbayerischen Geschichte behandelt.

1996 wurde sie von den rem und dem Altertumsverein um ein Liselotte-Seminar und um die Leitung einer Exkursion zur damaligen Liselotte-Ausstellung in Heidelberg gebeten. Der Erfolg war so überwältigend, dass sie seither jedes Jahr an vier oder sechs Nachmittagen ein Thema aus der kurpfälzischen und süddeutschen Geschichte des 16. bis 19. Jahrhunderts behandelt hat, und der Hörerkreis wuchs von Jahr zu Jahr.

Und dies waren die Themen ihrer Vortragsreihen im Museum:

1996
Liselotte von der Pfalz

1998
Stephanie Napoleon, die badische Herzogin

1999
Kurfürstin Elisabeth Auguste, Herzogin Maria Anna und Pfalzgräfin Franziska Dorothea, die Enkelinnen des Kurfürsten Carl Philipp

2000
Carl Theodors Zweibrücker Verwandtschaft

2001
Von Mannheim nach München – die Zweibrücker Wittelsbacher werden bayerische Könige

2002
Carl Theodor, Kurfürst von Pfalz-Bayern (1778-1799)

2003
Bayern und Pfalz – Gott erhalt's: Die bayerischen Könige und ihr pfälzisches Stammland

2004
Die Familie des Winterkönigs

2005
Neuburg an der Donau – Düsseldorf – Mannheim: Die wittelsbachische Linie Pfalz-Neuburg

2005
Schiller und Mannheim

2006
Die Vorfahren Carl Theodors: Die wittelsbachische Linie Pfalz-Sulzbach

2007
Standesungleiche Ehe bei Wittelsbachern und Zähringern in vier Jahrhunderten

2008
Prominente Gäste im Mannheimer Schloss

Eleonore Kopsch studierte Deutsch und Geschichte ab 1952 in Mainz, Freiburg, München und Göttingen – unter anderem bei Hermann Heimpel, Gerhard Ritter und Franz Schnabel. Ihre Referendarausbildung erhielt sie in Rheinland-Pfalz in Kaiserslautern und Bad Kreuznach, woran sich der Schuldienst in Ahrweiler und später Nordrhein-Westfalen in Bochum und Witten anschloss. Für zehn Jahre quittierte sie dann den Schuldienst, um sich um die Familie zu kümmern, bis sie 1974 ihre Wirkensstätte am Liselotte-Gymnasium fand.

Impressum

Herausgeber
Hermann Wiegand
Alfried Wieczorek
Petra Hesse-Mohr
Wilhelm Kreutz

Inhaltliche Kozeption
Hermann Wiegand
Alfried Wieczorek
Petra Hesse-Mohr

Leitung wissenschaftliche Redaktion
Petra Hesse-Mohr
Wilhelm Kreutz

Lektorat
Silvia Rückert
Frank Wanderer
Tobias Wüstenbecker

Unter Mitarbeit von
Wilhelm Kreutz
Petra Hesse-Mohr
Hermann Wiegand

Bildredaktion
Sofia Wagner

Grafisches Layout und Umschlaggestaltung
Sofia Wagner

Grafische Umsetzung
Sofia Wagner

Autoren
Wissenschaftsteil:
Peter Blastenbrei
Falko Daim
Ute Luise Dietz
Andreas Erb
Meinolf Hellmund
Rainer Kunze
Hans-Erhard Lessing
Manfred Loimeier

Ulrich Nieß
Karen Strobel
Friedrich Teutsch
Hans-Peter Uerpmann
Klaus Wirth

Magazin-Teil
Alexandra Berend (AB)
Sandra Gottsmann (SG)
Liselotte Homering (LHg)
Matthias Mayerhofer (MM)
Stephanie Oeben (SOe)
Annette Paetz gen. Schiek (APaeS)
Heidrun Pimpl (HP)
Cornelia Rebholz (CR)
Wilfried Rosendahl (WR)
Thomas Schirmböck (TS)
Benedikt Stadler (BS)
Michael Tellenbach (MT)
Tanja Vogel (TV)
Hermann Wiegand (HW)
Tobias Wüstenbecker (TW)

Produktion
Verlag Regionalkultur,
Heidelberg – Ubstadt-Weiher – Basel

Druck
Druckerei Diesbach, Weinheim

Abbildungen
© Reiss-Engelhorn-Museen Mannheim (Fotograf Jean Christen oder rem-Archiv), wenn nicht ausdrücklich andere Rechtsinhaber benannt sind. Sollte es vorgekommen sein, dass Rechtsinhaber nicht benannt sind oder nicht ausfindig gemacht werden konnten, bitten wir um entsprechende Nachweise die beteiligten Urheberrechte betreffend, um diese in künftigen Heften zu berücksichtigen oder/und im Rahmen der üblichen Vereinbarungen für den Bereich wissenschaftliche Publikationen abgelten zu können.

© 2008 Reiss-Engelhorn-Museen Mannheim und Mannheimer Altertumsverein von 1859 – Gesellschaft der Freunde Mannheims und der ehemaligen Kurpfalz

ISSN 0948-2784
ISBN 978-3-89735-559-0

Alle Rechte vorbehalten. Ohne ausdrückliche Genehmigung ist es nicht gestattet, dieses Buch oder Teile daraus auf fotomechanischem Wege (Fotokopie, Mikrokopie) zu vervielfältigen oder unter Verwendung elektronischer Systeme zu verarbeiten oder zu verbreiten.

In dieser Publikation wurden die aktuellen Rechtschreibregeln angewendet.